Janet Frame (1924-2004) werd geboren in Dunedin (Nieuw Zeeland) en groeide op in Oamaru. Na haar studie woonde ze lange tijd in Londen en Amerika. In 1947 werd er bij vergissing schizofrenie bij haar geconstateerd en werd ze opgenomen in het Seacliff Mental Hospital. Onder moeilijke omstandigheden bracht ze zeven jaar door in verschillende psychiatrische klinieken en onderging ze meer dan tweehonderd elektroshocks. In deze tijd publiceerde zij haar eerste boek, een verzameling korte verhalen die gebundeld zijn onder de titel *De lagune* (1951). Door haar literaire werk heeft ze medici ervan kunnen overtuigen dat zij niet geestelijk gestoord is.

Het verblijf in de klinieken vormde mede de basis voor haar wereldberoemde autobiografische trilogie *Een engel aan mijn tafel*, bestaande uit de delen *Naar het Is-Land*, *Een engel aan mijn tafel* en *De gezant van Spiegelstad*. In 1990 werd *An Angel at my Table* verfilmd door Jane Campion.

In augustus 2003 werd bij Frame leukemie geconstateerd. Ze stierf op 29 januari 2004.

Janet Frame

Een engel aan mijn tafel

Deel 2 van de trilogie *Een engel aan mijn tafel*

Vertaald uit het Engels door
Anneke Bok en May van Sligter

DE GEUS

Vijfde druk

Oorspronkelijke titel *An Angel at My Table*, verschenen bij
Women's Press, Londen
Oorspronkelijke tekst © Janet Frame, 1984
Eerste Nederlandstalige uitgave © Anneke Bok en May van Sligter
en De Geus BV, Breda 1991
Deze editie © De Geus BV, Breda 2007
Omslagontwerp De Geus
Omslagillustratie foto uit de film *An Angel at My Table* van Jane Campion
Drukkerij Haasbeek BV, Alphen a/d Rijn
ISBN 978 90 445 1021 8
NUR 302

Dit boek is gedrukt op FSC-gecertificeerd papier

Reste tranquille, si soudain
L'Ange à ta table se décide;
Efface doucement les quelques rides
Que fait la nappe sous ton pain.

RILKE, *Vergers*

Dit tweede deel is opgedragen aan de familie
Scrivener, Frank Sargeson, Karl en Kay Stead
en E.P. Dawson

Dankwoord

Met dank aan het New Zealand Literary Fund, de Yaddo Corporation, en mijn vrienden. En met dank voor toestemming voor de publicatie van de volgende fragmenten: 'The Stare's Nest by My Window', door W.B. Yeats; Michael B. Yeats, MacMillan London Ltd en MacMillan Publishing Company, New York, uit: *The Poems* door W.B. Yeats, redactie Richard J. Finneran, copyright 1928, MacMillan Publishing Company, Inc., herzien door George Yeats in 1956. Fragmenten uit 'Great Sea, Kona Coast, Hawaii' en 'A View From Rangitoto' door Charles Brasch: Alan Roddick en de erfgenamen van Charles Brasch. Een fragment uit 'Time' door Alan Curnow: de auteur. Fragmenten uit 'Lamentation' uit *Poems* door Lynette Roberts: Faber and Faber Ltd, Londen. Fragment uit 'Five Minutes More' door Jule Styne en Sammy Cahn: Morley Music Inc. De schrijfster en de uitgever hebben hun uiterste best gedaan andere rechthebbenden te achterhalen.

Inhoud

DEEL EEN

Wanhoopssprongen

Prospero: Wakk're geest!
　　　　　Wie was zo sterk, zo kalm, dat dit rumoer
　　　　　Zijn denken ongedeerd liet?

Ariel:　　Geen, wie niet
　　　　　een waanzinkoorts beving en die geen vlaag
　　　　　van wanhoop speelde.

SHAKESPEARE, *De storm*, Eerste bedrijf, tweede toneel.

1

De steen

De toekomst drukt als een vracht stenen op het verleden. De druk op de eerste jaren is het gemakkelijkst te verwijderen, zodat die tijd kan opveren als gras dat is platgetrapt. De jaren die volgen op de vroege jeugd raken versmolten met hun toekomst als de lagen van een steen, en vaak kan de tijd daaronder niet terugveren en verder groeien zoals jong gras dat doet: het groen is eruit gevloeid en de tijd ligt in een nieuwe gedaante onder de steen, verstrengeld met de tere, bloedeloze uitlopers van een andere, onbekende tijd.

2

Garden Terrace nummer vier, Dunedin

De zondagse stoptrein, een goederentrein met een personenwagon eraan gekoppeld, deed er zeven uur over om de honderdvijftien kilometer van Oamaru naar Dunedin af te leggen, omdat hij bij ieder stationnetje stopte en minstens een halfuur bleef staan wachten bij de gombomen van Waianakarua tot de middagsneltrein voorbij was geraasd op weg naar het noorden, om daarna in een slakkengang langs de met lathyrus omgeven loodsen te rijden – de 'vlagstations', haltes waar de trein alleen op verzoek stopte en waarvan ik nog altijd naïef veronderstelde dat ze zo genoemd werden naar de vlag- of moeraslelies, donkerblauwe bloemen met fletse, bleekblauw met geel bespikkelde kelen die in de talrijke moerasgebieden naast de spoorbaan groeiden. We stopten in Hampden waar we elk jaar naartoe waren gereisd voor de spoorwegpicknick; daar klauterden we uit de trein vlak voor het wildrooster bij de lagune en zijn schimmige massa zwarte zwanen, waarna we als een wanordelijke bende met manden en kleden naar de picknickplaats op het strand holden, waar het 'strandhuisje' stond met de houten bril die vol donkere vlekken zat en doormidden gebroken was, en waar ziltruikende modderplassen op de betonnen vloer lagen met hier en daar klodders zeemeeuwpoep, alsof de zeemeeuwen het hutje ook als 'huisje' gebruikten. Met herinneringen die waren opgebouwd uit het verleden, zoals een honingbij haar eigen zoete bouwsel maakt, keek ik uit over Hampden, de zwarte zwanen en de lagune en dacht aan de zee, het schelpenstrand, de vochtige vloer van het 'huisje' en aan de frambozenlimonade die je, gratis, van de spoorwegen kreeg.

Daarna maakte de trein zijn merkwaardige rondrit om Palmerston, waarbij het stenen monument op de heuvel verscheen, verdween en opnieuw verscheen, en de weinige passagiers in de wagon plotseling gingen verzitten, hun raampje opendeden en geïnteresseerd naar buiten keken, want Palmerston was 'voor verfrissingen'; maar de sneltrein was ons voor geweest en de passagiers daarvan hadden zich als sprinkhanen door de voorraad ham- en koffiebroodjes en warme pasteitjes heen gegeten en alleen de 'stoppels op het veld' overgelaten voor de mensen van de goederentrein die nu, net als iedereen altijd in Palmerston, geteisterd werden door honger en dorst.

De heuvels om Palmerston waren geblakerd door zonlicht en branden, met slechts hier en daar nog een dode boom in een rivierbedding of halverwege een helling, en soms een groepje bomen, waarvan sommige allang dood waren en andere er spiernaakt bij stonden met alleen een dun laagje glanzend blad. De bomen werden talrijker toen de trein Seacliff naderde en weer ontstond er beroering in de wagon, omdat de passagiers zich bewust werden van Seacliff het station en Seacliff het gesticht, de inrichting, waarvan je tussen de heuvels door een glimp kon opvangen, als van een kasteel van donkere steen.

De trein reed het station binnen. En ja hoor, de gekken waren er; iedereen keek naar de gekken die in Oamaru bekendstonden als mensen die 'per trein naar het zuiden werden gestuurd' en in Dunedin als mensen die 'per trein naar het noorden werden gestuurd'. Vaak viel moeilijk uit te maken wie de gekken waren. Er stapten een paar mensen uit – vast familieleden die er op bezoek gingen. Wij hadden geen gekken in de familie, maar kenden wel mensen die 'naar het zuiden' waren gestuurd, al wisten we niet hoe ze eruitzagen, alleen dat ze een vreemde blik in hun ogen hadden en je konden aanvallen met een broodmes of een bijl.

Ik was te gespannen door het vooruitzicht in een grote stad als Dunedin te gaan wonen om veel aandacht te hebben voor het station van Seacliff. De trein volgde nu het spoor dat zich om de steile rotsen slingerde en uitzicht bood op de vakantiekampen bij Waitati en Karitane, waar de meisjes van het groepje van school hun huisjes aan zee hadden, en waar alle mammies en pappies en jongere en oudere broers en zusters een leven vol pret leidden op hun strandje met hun boot en zon en vakantiespelletjes.

De trein kraakte, kreunde, kroop en hotste, en de zee lag kalm en grijs ver beneden ons, een beetje gerimpeld en met een glans als de pels van een zeehond. Toen kwam de tunnel, Mihiwaka; de passagiers kuchten, deden de raampjes dicht en open en weer dicht en de wagon vulde zich met rook; na de tunnel ontstond het onvermijdelijke gevoel te zijn aangekomen: Port Chalmers, Ravensbourne, Sawyers Bay; Dunedin-Haven en Dunedin-Station, een enorm, lawaaierig gebouw vol stoom, waar het niet zo druk was bij de aankomst van de goederentrein in de namiddag als het geweest zou zijn voor de sneltrein uit Invercargill of Lyttelton, maar desondanks boezemde het gebouw nog altijd angst en ontzag in: ik was alleen in mijn eerste grote stad. In mijn geest doemden dreigende verhalen op over de grote steden der aarde, en over Dunedin als een daarvan. Ik dacht aan de 'donkere satanische fabrieken', over mensen die 'gekooid waren als eekhoorns'; over branden, de pest en ronselaarsbenden; en hoewel ik bereid was het voorbeeld van de schrijvers te volgen en uiteindelijk van de nieuwe stad te gaan 'houden', zoals Charles Dickens, Hazlitt en Lamb van hun Londen hadden gehouden, kon ik in eerste instantie alleen aan de troosteloosheid en armoede denken die ik ongetwijfeld zou aantreffen, en aan hoe het wonen in de stad me te gronde kon richten –

Wij dichters vangen aan in jeugdige lichtzinnigheid;
maar dat mondt later uit in wanhoop en krankzinnigheid.

Ik, die mijn jeugd nauwelijks achter me had gelaten en de 'Aanzegging van Onsterfelijkheid' van Wordsworth uit mijn hoofd kende, had het dreigement ter harte genomen dat besloten lag in:

Al spoedig zal uw Ziel haar aardse last meedragen,
En plichten zullen op u drukken in lagen
Zwaar als rijp en even diep haast als het leven!

in de overtuiging dat die dreiging in een grote stad als Dunedin waarheid zou worden. Mijn troost op die vreselijke dag van aankomst school in het vooruitzicht van mijn nieuwe thuis bij tante Isy en oom George – Garden Terrace nummer vier, een zonnige plek met een terrastuin die uitzicht bood over de inhammen van het schiereiland; mijn kamer, met hetzelfde uitzicht, zonnig door zijn cretonnen gordijnen, een bijpassend beddensprei en lakens op het bed als voor een prinses. En ik zou naar de kweekschool gaan en in mijn vrije tijd naar de universiteit; ik zou mensen versteld doen staan door mijn verbeeldingskracht; iedereen zou me erkennen als een echte dichteres. Ik had de praktische details van het dichtersleven nog niet ingevuld, omdat het zelfs mijn verbeeldingskracht te boven ging om de overgang van fantasie naar werkelijkheid te maken – alle dichters die ik had bestudeerd waren veilig dood, al zo lang geleden gestorven in zulke verre landen, maar ook al had ik mijn eigen levenswijze nog niet bepaald, het waren de dichters die me gezelschap hielden op mijn eerste reis weg van mijn ouderlijk huis en broer en zusjes.

Ik wist maar heel weinig over tante Isy en oom George. Ik vond hen net als de meeste andere familieleden en volwassenen 'imponerend', omdat ze in een totaal andere wereld leefden, waar ik mezelf geen deel van zag uitmaken – een wereld waarin voortdurend melding werd gemaakt van het komen en gaan van talloze verwanten en vrienden, van plaatsnamen die stuk voor stuk werden uitgesproken alsof ze hun onbetwist eigendom waren, in de overtuiging dat elk mens zich op de voorbestemde juiste plaats bevond, en als dat niet het geval was, dan riep dat vragen en geruchten op die net zo talrijk waren als daarvoor de bevestigingen. Ik kende tante Isy alleen als de voormalige danseres op oude foto's van de twee mooie zusjes Isabella en Polly, gekleed in hun kilts, met hun lange haar dat in golvende zijden lokken tot hun middel reikte; als de tante die Myrtle, pa's eerstgeborene, vasthield op alle foto's waar ma niet op stond, waardoor wij vroegen: 'Ma, was Myrtle de baby van tante Isy? Waarom staat u nooit op de foto met baby Myrtle?'; als de vriendelijke tante die ieder jaar met Kerstmis een pakje stuurde, waardoor in de week voor kerst opwinding ontstond: '*Het pakje* is nog niet gekomen!'; en de laatste tijd had ik een beeld van tante Isy met haar tanteluchtje van mottenballen en kledingstoffen, die donkere kleuren droeg en werkte waar ze haar hele leven al had gewerkt, nu als cheffin in de Roslyn-fabriek, en die nog altijd met haar hoge stemmetje zei: 'Lottie, Lottie, Middlemarch, Middlemarch.' En ik kende haar man, oom George, als een bleke man in een grijze overjas; ik geloof dat hij handelsreiziger was.

Dunedin lag halfverscholen in een nevel van motregen. Mijn taxi maakte een korte rit van het station tot halverwege een straat op de heuvel, Carroll Street, en daar was Garden Terrace nummer vier, het vierde kleine bakstenen huis in een rijtje van zes woningen, waarvan de voor- en achterdeur vanaf Carroll Street bereikbaar waren via twee smalle paadjes. Overal stonden bakstenen en betonnen gebouwen, hoge schoorstenen staken in gelaagde rijen de lucht in, grauwe straten, het beeld dat ik in mijn geestesoog van een stad had gehad. Ergens naar het oosten lag de zee, die me trouw als altijd had vergezeld vanuit het koninkrijk Oamaru.

Tante Isy (met haar tanteluchtje) omhelsde me bij de voordeur. Ze rook naar kleerkasten vol kleding van stoffen als voile, tricotzijde, kamgaren en crêpe de Chine.

'O, Jean, we verheugden ons er zo op dat je zou komen. We zijn allemaal erg trots dat je onderwijzeres wordt. We kijken altijd of jouw naam of van een van de anderen in de krant staat als er prijsuitreikingen zijn geweest. Wat een knappe kinderen!'

Ik stond erbij met mijn verlegen lachje en kneep mijn lippen steviger op elkaar dan gewoonlijk, want mijn voortanden verkeerden nu in het laatste stadium van verrotting en het ziekenfonds vergoedde na de lagereschooltijd geen tandartskosten meer en thuis hadden we er geen geld voor.

De schoonzusters van tante Isy, die naast haar woonden op nummer vijf en die ik kende als tante Molly (de radiocoryfee) en tante Elsie, kwamen me begroeten.

'Zo, dus dit is Jean, en jij wordt onderwijzeres?'

'Ja.'

Het huis was net een groot poppenhuis, met een piepkleine keuken met een gootsteen en aanrecht vlak bij de achterdeur, aan de smalle gang daarnaast lag een zit- annex eetkamer die de 'kleine' kamer werd genoemd, en een iets grotere kamer, de 'mooie' kamer, vlak bij de voordeur. Boven waren twee kleine slaapkamers. De badkamer was beneden in de bijkeuken, die achter de keuken lag.

'Jouw kamer is hierboven', zei tante Isy. 'Boven aan de trap.'

Toen we bovenkwamen, ging ze rechtsaf, naar de kamer waar zij en oom George sliepen.

'Oom George ligt op bed', legde ze uit. 'Wil je hem even gedag zeggen?'

Ik wist dat oom George kanker had. Ik bleef bij het voeteneind van het bed staan.

'George, Jean is hier om je gedag te zeggen.'

'Dag, oom George.'

'Zo, ben jij nou het meisje dat onderwijzeres wil worden?'

Ik zag de grauwe kleur op zijn gezicht met de week uitziende huid als van een dode, en ik vroeg me af welke afschuwelijke aanblik verscholen ging onder het beddengoed. Er hing een olieachtige lucht en op de kaptafel lag een hele rij blauw met witte tubes lanoline, sommige leeggeknepen en opgerold. Omdat ik op seksueel gebied zowel nieuwsgierig als onwetend was, vroeg ik me af of de lanoline iets te maken had met 'het doen' en of tante Isy en oom George 'het deden'.

Misschien kon dat niet, als je kanker had?

'Hij ligt nu het grootste deel van de tijd op bed', zei tante Isy toen we naar beneden liepen voor een kop thee.

Later zat ik op bed in mijn kamertje, dat uitkeek op stenen muren en kilometers vol gebouwen met hoge schoorstenen. Als ik me uit het raam boog, kon ik vlak voor het tuinhek aan de voorkant, dat uitkwam op het steegje, de kleine tuin zien met de bloeiende geraniums die ik nooit eerder als stadsbloemen had beschouwd; er lag een laagje roet over hun vlammende fluweel. Ik was ineens een en al verwachting en opwinding toen ik me realiseerde dat ik alleen was in mijn eerste grauwe stad; daarna maakte de opwinding geleidelijk aan plaats voor angst. Zo was het dus om oog in oog met de Toekomst te staan – alleen zijn, niemand hebben om mee te praten, bang zijn voor de stad en de kweekschool en lesgeven, en moeten doen alsof ik niet alleen was, alsof ik heel wat mensen had om mee te praten, alsof ik me thuisvoelde in Dunedin en er mijn hele leven naar had verlangd om les te geven.

3

De studente

Mijn eerste week aan de kweekschool van Dunedin verliep minder pijnlijk dan ik had verwacht, omdat ik mijn nieuwzijn deelde met heel wat anderen die zich onwennig voelden en die er allemaal naar verlangden zich zo snel mogelijk het air van de zelfverzekerde student eigen te maken. De docenten, die lang niet zo afstandelijk waren als de volwassenen die ik daarvoor had gekend, verbaasden me door hun inzicht wanneer ze begrip toonden voor onze gevoelens bij hun pogingen ons op soepele wijze in te passen in de rol van student. Ze spraken ons aan met 'meneer' of 'juffrouw' en in sommige gevallen met 'mevrouw'; omdat de oorlog nog niet voorbij was, waren er maar weinig mannen en die werden algauw opgeëist door de knappe blondines, terwijl de anderen, onder wie ik, overleefden door te dagdromen over wat nog zou kunnen komen en onze adoratie te richten op de knapste docenten.

Ik voelde voor het eerst iets van zelfvertrouwen toen ik de nieuwe woorden hoorde die ik ook algauw zou gebruiken, maar die ik nu nog benaderde met ontzag en angst voor familiaire verwijzingen en afkortingen. Hoewel de andere nieuwe studenten het met groot gemak hadden over 'de kweek', 'de uni', 'Party' (voor meneer Partridge, de directeur) en lessen in 'litkrit', kon ik mezelf er niet toe brengen die magische woorden uit te spreken. Het geleidelijk leren van het taalgebruik, de opvattingen en regels voor gedrag en kleding, bracht een euforie van erbij-horen in me teweeg, die tegelijkertijd werd versterkt en afgezwakt door mijn eigenlijke gevoel van isolement. In afwachting van de komst van het docentenkorps en *Party* begonnen de tweedejaarsstudenten tijdens de ochtendbijeenkomst op donderdag 'hun' lied te zingen, dat binnenkort van 'ons' zou zijn. Toen de tweedejaars zongen, veerde mijn hart op door de enorme betekenis van dat moment:

O, de koster zakte af
O, de koster zakte af
en ging bidden in de kelder
en daar werd hij behoorlijk zat
en bleef dat de hele dag (en bleef dat de hele dag)
O, de koster zakte af
en ging bidden in de kelder
en daar werd hij behoorlijk zat
en bleef dat de hele dag
O, nooit zal ik de Heer nog bezwaren…

O, de duivel die heeft (O, de duivel die heeft)
de aard van een hypocriet…
Als je de taal van de duivel wilt leren,
Doe dan niet de wil des Heren…

Het vrolijke zingen vond ik net zo ontroerend als het gedeelte uit de *Messiah* dat met Kerstmis steevast door alle koorverenigingen werd uitgevoerd en dus ook bekend was bij mensen die niet vertrouwd waren met zulke muziek. Het idee dat ik binnenkort ook zou zingen: 'O, de koster zakte af' (er waren zelfs nu al eerstejaars die met het koor meezongen) leek me een hemelse belofte. Iedereen was opgewonden aan het lachen en praten en overal werd de nieuwe taal al met zo veel zelfvertrouwen en overtuiging gesproken!

Toen Party en de docenten binnenkwamen, hield het zingen op en iedereen, zelfs het docentenkorps, keek zelfvoldaan, alsof ze een geweldig geheim met elkaar deelden en het studentenleven het gelukkigste leven van allemaal was.

Later kwam ik twee oud-leerlingen van Waitaki tegen, Katherine Bradley en Rona Pinder.

'Vind je het niet enig op de kweekschool', zeiden ze.

Dat beaamde ik. 'Ja, het is heel leuk.'

Tijdens die eerste week, toen ik plannen maakte om Engels en Frans te gaan studeren aan de universiteit, waarvoor de sectie didactiek de kosten zou dragen, werd ik voor een gesprek bij meneer Partridge geroepen, die ook colleges didactiek gaf. Ik herinner me hem als een kleine, aardige donkere man in een donker pak. Zijn aura van macht kwam voort uit zijn rol van directeur en ik had gehoord dat hij in die hoedanigheid een briefje op het mededelingenbord hing als hij een gesprek met je wilde, en hoewel sommigen hun vermoedens hadden, wist niemand of een 'briefje van Party' zou leiden tot een compliment of een berisping.

Meneer Partridge informeerde naar mijn huisvesting.

'Woont u in een pension?'

'Nee, ik woon bij mijn oom en tante.'

Hij fronste zijn voorhoofd.

'Het is niet altijd goed om bij familie te wonen.'

'O, maar ik kan goed opschieten met mijn oom en tante. En ik betaal maar tien shilling kostgeld.'

'Waar woont u?'

'Garden Terrace nummer vier, Carroll Street.'

Hij fronste weer.

'Carroll Street? Dat is niet zo'n prettige buurt.'

Ik wist dat Carroll Street twee straten af lag van de beruchte McLaggan Street waar prostituees schenen te wonen en waar de Chinezen opium rookten in hun 'opiumkitten', maar Carroll Street kwam mij heel onschuldig voor: ik had ontdekt dat het de 'Syrische buurt' werd genoemd.

'Helemaal geen prettige buurt', herhaalde meneer Partridge afkeurend, maar hij lichtte zijn oordeel niet toe.

'U wilt dus Engels en Frans gaan studeren.'

Hij raadpleegde wat papieren op zijn bureau en trok weer een zorgelijk gezicht. 'Ik neem aan dat u zich wel realiseert dat het feit dat u goede cijfers haalde op school nog niet wil zeggen dat u het er op de universiteit goed af zult brengen. Er komen hier studenten uit het hele land, weet u. En de kweekschool is een volledige dagopleiding.'

Ik knikte timide. 'Ja.'

Hij gaf het niet op.

'Sommige studenten die het op school goed deden, zijn zelfs gezakt voor hun universitaire vakken.'

Met tegenzin gaf hij me toestemming voor de eerste fase van mijn studie Frans en Engels, en terwijl zijn afkeuring pijnlijk aan de volmaakte begrenzing van mijn pasgevonden wereld knaagde, verliet ik zijn kantoor en liep naar huis, Union Street uit, over het museumterrein naar Frederick Street, George Street in, langs het Octagon, Princes Street in naar Carroll Street, mijn nieuwe adres. Ik snapte echter nog steeds niet waarom Carroll Street geen 'prettige buurt' was. De mensen waren er weliswaar armer, er woonden maar weinig mensen die naar de kweekschool of de universiteit gingen, en soms waren er misschien wat meer dronken mensen op straat dan elders als het café om zes uur dichtging...

Ik merkte dat ik er niet in slaagde te voldoen aan het eerste vereiste: me thuis te voelen op de kweekschool. Het gebouw was nieuw en ik was bang voor dat nieuwe, dat naakte. Ik was nog nooit in zo'n schoon gebouw geweest. In tegenstelling tot de middelbare school, waar elke klas haar eigen lokaal had dat tijdens de schooldag als 'thuis' werd beschouwd, had de kweekschool de lokalen per vak ingedeeld – het didactieklokaal, het tekenlokaal – en het enige 'thuis' voor de studenten waren de kastjes in de kleedkamer waarin je wel bezittingen, maar geen mensen kon onderbrengen. Het eigenlijke 'thuis' voor studenten was de studentenzaal, die voor mij aan veiligheid inboette door het enorme vloeroppervlak en de nieuwheid ervan, hoewel ik het heerlijk vond om eindelijk te kunnen zeggen, met de oude dromen over de universiteit, Oxford, Cambridge, 'de Geleerde Zigeuner' en *Jude the Obscure* nog levendig in mijn herinnering: 'De studentenzaal. Ik ga naar de studentenzaal. Ze zijn in de studentenzaal.' In werkelijkheid kwam ik er zelden.

Ik was ook diep onder de indruk van de toiletten. Vlakbij de wastafel stond een verbrandingsapparaat met een bordje erbij: *Gelieve maandverband hierin te deponeren.* Je moest met je bebloede maandverband in de hand, zodat iedereen het kon zien, van het toilet over de echoënde tegelvloer naar de verbrander aan de andere kant van de ruimte lopen. In mijn twee jaar aan de kweekschool heb ik steeds mijn bebloede maandverbanden mee naar huis genomen, naar Garden Terrace nummer vier, om ze in het washok in de vuilnisbak te stoppen als tante Isy niet thuis was, en ze anders tussen de grafzerken van de Zuidelijke Begraafplaats aan het einde van de heuvelachtige straat te gooien, die mijn plek was geworden om te 'zijn', na te denken, gedichten te maken, mijn Dunedinse equivalent van de 'heuvel' in Oamaru. Wanneer tante Isy in het weekend de open haard in de eetkamer aanmaakte en discreet vroeg of ik 'iets te verbranden' had, zei ik: 'Nee, dank u.'

'Ja, graag.' 'Nee, dank u.'

De weinige kleren die ik had, deelden de lade van de kaptafel met de gebruikte maandverbanden die lagen te wachten tot ze zouden worden weggegooid op de begraafplaats, samen met de wikkels van Caramello-chocoladerepen die ik op mijn kamer at.

In mijn vurige verlangen een volmaakte kostgangster te zijn, had ik aan het begin van mijn verblijf tegen tante Isy gezegd dat ik een kleine eter was, dat ik vegetarisch at (ik had het boeddhisme bestudeerd) en dat het me goed uitkwam als ik mijn bescheiden maaltijd aan het werkblad in de keuken kon eten. Toen tante Isy zei dat ik welkom was in de eetkamer, kwam ik heel verlegen met het excuus dat ik graag studeerde tijdens het eten. Nu ik minder bang was voor de stad en zelfs gebruik leerde maken van de trams, kon ik het beeld van het meisje met de geringe eetlust niet meer ongedaan maken, waardoor ik vaak honger had. Ik viel aan op de heerlijke stukjes rundvlees die als 'te zenig' opzij waren geschoven op tante Isy's bord dat boven op de stapel vuile borden stond. En ik kocht Caramello-chocolade, één shilling per reep, om in mijn kamer op te eten.

Ik nam nauwelijks deel aan het studentenleven van de kweekschool. Ik hunkerde ernaar een kreukelige gabardine regenjas te kunnen kopen (het studentenuniform). In mijn volslagen onwetendheid op het gebied van liefde en seks, keek ik met jaloerse verwondering naar de manier waarop vrouwen leefden die, als ze hun 'man' gevonden hadden, niet alleen aan hun eigen verwachtingen voldeden, maar ook aan die van hun familie en vrienden, en zo een zweem van zekerheid aan hun bestaan toevoegden. Mijn enige romance was met poëzie en literatuur tijdens de colleges aan de kweekschool en die aan de universiteit die pas waren begonnen, waar ik mijn droomtijd doorbracht. Op de universiteit werd niet van me verwacht dat ik me gedroeg als een onderwijzeres. Ik kon in de collegezaal zitten luisteren, er werd me zelfs niet gevraagd iets te zeggen, en dus kon ik ongehinderd door kritiek of commentaar dromen over wat er in het college werd behandeld en soms over de docent die het college gaf. Ik concentreerde me heel intens. Ik verwonderde me over al die nieuwe kennis, over het enthousiasme en het talent van de docenten en over het voor mij nieuwe jargon, dat voor studenten aan de kweekschool en de universiteit heel verschillend was. Ik genoot van de Engelse colleges van professor Ramsay en Gregor Cameron waarin het taalgebruik van Shakespeare en Chaucer op een nieuwe manier werd belicht, en professor Ramsay elk woord van Shakespeare analyseerde en zijn eigen verwondering over Shakespeares woordkeus en de betekenis ervan op ons overbracht. Net als de zee van Oamaru waren Shakespeare en zijn woordkeus met me meegereisd naar Dunedin, en ze waren me dierbaar omdat ze mijn nieuwe leven én het leven van 'het meisje dat er niet meer was' met me deelden. We bestudeerden *Maat voor maat* van Shakespeare, dat ik nooit eerder had gelezen maar dat nu een van mijn favoriete toneelstukken werd, waarvan elke regel een scala van ideeën bij me opriep die wegen vol dromerijen bevolkten, en me inspiratie gaf voor dichtregels en examenessays aan het einde van het eerste jaar, maar tot mijn spijt niet voor de literaire essays die ik graag had willen schrijven. Het was toen niet gebruikelijk dat docenten aan de universiteit eerste- en tweedejaarsstudenten om geschreven of gesproken commentaar vroegen. Soms kon ik op de kweekschool bij opdrachten voor Engels mijn behoefte om proza te schrijven bevredigen.

Een groot deel van mijn ervaringen tijdens mijn studententijd is nu voor me afgesloten door de materie die vrijkomt bij het beleven van elk belangrijk moment en door hoe ons leven door die belangrijke momenten in beslag wordt genomen. Ik kan me mijn gevoelens nog wel herinneren en herbeleven, maar nu snak ik naar een verklaring voor wat toen zo onvermijdelijk leek. Ik realiseerde me niet hoe eenzaam ik was. Ik klampte me vast aan de literatuur zoals een kind zich aan haar moeder vastklampt. Ik weet nog hoe *Maat voor maat*, het uitvoerig besproken toneelstuk waarin de onschuld veelvuldig geschonden werd, met zijn seksuele problemen en toespelingen, zijn lange discussies over

het leven, de dood en onsterfelijkheid, mijn hart stal en me bijbleef en me in mijn dagelijks leven *vergezelde*:

> Wat blijft ervan, wat men leven noemt? Toch schuilen in dit
> leven wel duizend doden, en toch vrezen wij de dood die
> alles effent.

Het is een toneelstuk met klare taal, over troost en bijstand, en
met analyses van wraak en vergelding en leven en dood die in
de waagschaal worden gesteld. Nu ik dit schrijf, heb ik geen geduld met wie ik als studente was, zo ongevormd, zo onvolwassen,
zo wreed naïef. Hoewel ik toen niet wist dat andere studenten
soms ook zo onwetend waren, heb ik naderhand gehoord dat
heel veel studenten, uit bedeesdheid, verlegenheid en onwetend-
heid, net zo'n bizar leven leidden als ik. Ik heb verhalen gehoord
over andere studentes die een omweg maakten langs het door
struiken omgeven recreatiegebied om zich van hun maandverbanden te ontdoen; en over een vrouw die haar eerste week in
het studentenhuis in het donker doorbracht, omdat ze te verlegen was om te vragen of de lamp vervangen kon worden en ze
geen geld had om er een te kopen. Onze levens waren kwetsbaar,
vol van vreselijke gêne en spijt, verkeerd begrepen contactpogin-
gen en boordevol gevoelens van intense verwondering over de
stroom van ideeën die loskwam door boeken, muziek, kunst,
andere mensen; het was een tijd om bescherming te zoeken bij
abstracte begrippen met enorme hoofdletters: Liefde, Leven,
Tijd, Eeuwigheid, Jeugd, Fantasie.

De Zuidelijke Begraafplaats, waar ik mijn beschamende afval
weggooide, werd mijn lievelingsplek. Ik was te verlegen om samen met tante Isy in de kleine eetkamer bij de haard te zitten,
en als het uitzicht op blinde muren en trieste achtertuinen met
overvolle vuilnisemmers te deprimerend werd, liep ik de heuvel

op, en terwijl ik in het hoge gras of op een van de ommuurde graven zat, keek ik uit over mijn nieuwe stad – Caversham met het grijsstenen gebouw dat op een werkhuis leek en waarvan ik eerst dacht dat het de nijverheidsschool was, maar waarvan ik later hoorde dat het Parkzicht was, een tehuis voor ouden van dagen; de 'spoorwegkant' van het Carisbrook-rugbyveld; het cricketveld met zijn doordeweekse plassen regenwater en zeemeeuwen; het drukke, arme en door overstromingen geteisterde St. Kilda, waar ik de eerste zes weken van mijn leven had gewoond. Ik keek ook uit over het schiereiland en het water van de haven, en daar voorbij naar de open zee, de Stille Oceaan, míjn Stille Oceaan.

Míjn Stille Oceaan, míjn stad: ik maakte vrienden op mijn eigen manier. Terwijl ik zo tussen de oude doden van het oude Dunedin zat (want de nieuwe doden lagen op een speciale plek, een landtong die uitkeek over zee, bij Anderson's Bay), kreeg of ontnam ik iets van hun vrede, daar in het zachtwuivende hoge gras te midden van de uienbloemen en wilde lathyrus en diepgewortelde veldzuring, die je vroeger altijd op begraafplaatsen aantrof, een vast element van zowel de spoorbanen als de doden. Ik maakte een gedicht dat ik later als ik terug was in Garden Terrace op zou schrijven. Maar als ik aan het begin van de straat langs de telefooncel liep, leek het plotseling alsof het gezelschap van de doden niet voldoende was, en op een avond belde ik juffrouw Macauley op, die niet meer aan Waitaki was verbonden omdat ze met pensioen was gegaan en nu met haar bejaarde moeder in St. Clair woonde. Toen ze opnam, drong het tot me door dat ik niets te zeggen had, maar ik bleef me vastklampen aan de telefoon en stopte er de ene penny na de andere in als er wéér drie minuten verstreken waren. Ik belde haar een aantal malen op tijdens mijn eerste maanden in Dunedin. Met die gewoonte was het op een avond abrupt afgelopen toen juffrouw Macauley zei:

'Het heeft je nu al een shilling gekost, Jean!'

Ik had me niet gerealiseerd dat ze kon horen dat ik het geld in de gleuf liet vallen. Mijn schaamte was groot. Ik durfde niet toe te geven dat ik eenzaam was. Keer op keer vertelde ik hoe fantastisch het was op de kweekschool en de universiteit. En de Franse colleges? (Juffrouw Macauley had Engels en Frans gegeven.) O, daar genoot ik zo van! Dat was waar – zowel de colleges Frans als Engels hielden me op de been in mijn nieuwe leven als kwekelinge. Ik belde niet meer naar St. Clair.

Een paar weken later namen Katherine Bradley, Rona Pinder en ik, alledrie oud-leerlingen van juffrouw Macauley, de uitnodiging aan om 's middags bij haar thuis op de thee te komen. We dronken thee en aten plakken chocoladecake met chocoladeglazuur in een huis vol met kussentjes en donkere meubelen: een doodgewoon huis. We praatten over onze studie en wisselden beleefdheden uit met de oude mevrouw Macauley, dit alles in aanwezigheid van de 'schaduw' die tussen 'het ideaal en de werkelijkheid' viel. Omdat ze gepensioneerd was, had ik verwacht dat ze haar studie Franse en Engelse literatuur weer had opgevat, misschien wel essays zou schrijven. Onze conversatie was weinig inspirerend. Ik werd bevangen door het idee dat alles wat ons op school was geleerd maar schijn was geweest, dat de grote literatuur eerder 'verdragen' was dan 'genoten' en daarna aan de kant was geschoven voor wereldse zaken. Zou dat echt zo zijn? Ik voelde me verraden. Maar ik was ervan overtuigd dat mijn docenten aan de universiteit hun studie zouden voortzetten tot ze doodgingen. Professor Ramsay en Gregor Cameron waren onlosmakelijk verbonden met Shakespeare en Chaucer.

Zouden zij zich van hun literatuur laten afhouden als ze een oude moeder te verzorgen hadden, als ze vrouwen waren geweest? Het gaf me een triest gevoel dat juffrouw Macauley van haar plaats was weggerukt door dezelfde huiselijke beslommeringen die mijn moeder het zicht op haar plaats hadden ontnomen.

'Kom me nog maar eens opzoeken', zei juffrouw Macauley.

Ik ging er niet meer heen.

Mijn bezoekjes aan thuis werden zeldzamer. Ik kocht een 're-ductiekaartje' voor de nachttrein van vrijdag, die tussen één en twee uur 's morgens in Oamaru aankwam, en ging op zondag te-rug met de stoptrein. Op weg naar huis stelde ik me voor dat alles vreedzaam, anders zou zijn in Eden Street 56, maar zodra ik er was, wenste ik dat ik niet was gekomen. Isabel en June gingen op in hun eigen drukke leven, de vijandigheid tussen mijn vader en mijn broer was groter geworden, terwijl moeder zichzelf weg-cijferde, vasthield aan de rol van kokkin, vredestichtster en dich-teres, en een nieuwe droom koesterde die thuishoorde bij 'publi-catie' en de Wederkomst van Christus – een droom waardoor ze iemand uit een sprookje leek: dat ieder van haar inmiddels grote dochters een wit vossenbontje zou krijgen voor haar eenentwin-tigste verjaardag. Haar droom dat Bruddie gezond werd of be-roemd zou worden ondanks zijn ziekte, bleef onveranderd.

Mijn onvrede over het leven thuis was groot. De onwetend-heid van mijn ouders maakte me razend. Ze wisten niets over Sigmund Freud, over *De gouden tak*, of over T.S. Eliot. (Ik was voor het gemak vergeten dat aan het begin van dat jaar mijn kennis over Freud, *De gouden tak* en T.S. Eliot ook heel gering was.) Diep onder de indruk van de vloedgolf van nieuwe kennis spuide ik al mijn ideeën over de Geest, de Ziel en het Kind – zowel het Nor-male Kind als de Jeugdige Delinquent – terwijl ik pas sinds kort wist dat er zo'n schepsel als Het Kind bestond. Dit alles werd door mij beschreven, afgebakend, geklasseerd en tot in detail toege-licht, terwijl mijn ouders het verbijsterd aanhoorden. Net zo en-thousiast was ik over mijn pasverworven kennis op het gebied van landbouw en geomorfologie. Ik praatte over compost en rotsformaties. Ik legde theorieën uit alsof ik ze zelf had bedacht. Ik had de opvattingen over de classificatie van mensen geaccepteerd, deels omdat ik me liet overdonderen door de nieuwe taal en haar machtige woordenschat. Ik kon nu tegen mijn huisgenoten zeggen: 'Dat is een rationalisatie, dat is sublimeren, in feite ben je seksueel gefrustreerd, dat zegt je superego, maar je id is het er niet mee eens.'

Moeder bloosde toen ik het woord 'seksueel' gebruikte. Pa fronste zijn wenkbrauwen en zei niets, behalve: 'Dus dat is wat ze je op de kweekschool en de universiteit bijbrengen.'

Ik legde aan mijn zusjes de betekenis van hun dromen uit en vertelde dat 'alles fallisch was'. Ik praatte ook heel belerend over T.S. Eliot en *De gouden tak* en *Het barre land*. 'Ik vind lesgeven heerlijk', zei ik en ik legde uit dat we een maand op de kweekschool leskregen en dan een maand op een lagere school doorbrachten, dat we colleges literatuurkritiek kregen, dat er praktijkdagen waren waarop we zelf een hele dag voor de klas stonden, en dat we aan het einde van de maand een beoordeling kregen.

'Tante Isy zegt dat je een alleraardigst meisje bent', zei moeder trots. 'Ze zegt dat ze helemaal geen last van je heeft, dat ze nauwelijks merkt dat je er woont.'

'O, mooi', zei ik, ingenomen dat zowel zij als pa daar blij mee was.

'En je bent een hele hulp in huis, nu oom George ziek is.'

Oom George. Tja, dat was een raadsel. Soms stond hij op en ging een eindje wandelen, ik wist niet waarheen, maar dan droeg hij een grijze overjas, liep de grijze avond in en wanneer hij terugkwam was zijn gezicht ook grijs en dan hielp tante Isy hem uit zijn jas, deed zijn sjaal af en hielp hem naar boven, naar zijn bed en soms riep ze naar beneden: 'Jean, zou je bij Joe de Syriër even een tube lanoline willen halen?'

En dan haalde ik weer zo'n blauw met witte tube.

'En hoe gaat het nu met oom George?' vroeg moeder. (Ik was 'ma' 'moeder' gaan noemen als teken van mijn volwassenheid.)

'Ik weet het eigenlijk niet', zei ik. 'Soms gaat hij een eindje wandelen. Niemand praat erover dat hij ziek is.'

Ik wist dat ze deden alsof hij niet ziek was. Ik haatte dat. Ik haatte het ook om thuis te zijn, want ik had het gevoel dat ik voorgoed het huis uit was gegaan en dat ik afgezien van af en toe een bezoekje nooit meer terug zou komen. Er lag zo duidelijk een doem over ons gezin dat ik er bang van werd. Ik vond dat mijn moeder in een wereld leefde die op geen enkele manier verband hield met de 'echte' wereld, en het leek alsof ieder woord van haar iets verhulde, een leugen was, een wanhopige weigering inhield om de 'werkelijkheid' onder ogen te zien. Ik was me er zelfs niet van bewust dat ik op mijn beurt deel was gaan uitmaken van de wereld van schone schijn die ik in anderen zo veroordeelde.

Ik zag mijn vader als een hulpeloze figuur die tegen de geselende stormen van een wrede wereld optornde. Ik kon hem in gedachten zien zoals hij op de fiets de heuvel in Eden Street op reed, met zijn lichaam voorovergebogen, vastberaden het niet af te leggen tegen de helling en de tegenwind die regelrecht van de sneeuw uit het noorden kwam, van 'de kant van Hakataramea' bij de Zuidelijke Alpen. En ik zag mijn broer met zijn blozende gezicht en zijn bruine haar dat rechtovereind stond net als het haar van oom Bob, en zijn mond die huilerig stond door alle tranen die hij had vergoten omdat hij hulpeloos stond tegenover zijn belager; en mijn zusters – Isabel, die zo op Myrtle begon te lijken in haar manier van doen, uitdagend, gewaagd, een rebelse meid die ieders lieveling was; en June, met de blauwe ceintuur van Wilson House die op de een of andere manier paste bij haar rustige aard, die zo vol was van zweverige poëzie en muziek en die de meest geschikte deelgenote werd van mijn voorkeur voor bepaalde boeken en die begrip had voor mijn mijmeringen over de Grote Abstracties – al mijn familieleden maakten deel uit van dat gedeelde 'wij' dat ik als verloren beschouwde. Ik probeerde 'wij' te zeggen wanneer ik het had over mijn leven als studente, maar ik wist dat het vergeefse moeite was, dat ik beschreef wat 'zij', de studenten deden, waar ze naartoe gingen, hoe ze zich voelden, wat ze zeiden, maar om te overleven moest ik mijn 'ik', wat ik echt voelde, dacht en waar ik over droomde verbergen. Ik was van de eerste persoon meervoud overgegaan naar een schaduwachtig 'ik', dat nauwelijks bestond, als een vrouwelijk niemandsland.

Ik werd een 'studente' genoemd, 'een van hen', over wie werd geklaagd door de bevolking van Dunedin, die door de docenten liefderijk of afkeurend werden betiteld als 'O, jullie studenten!', en over wie mijn familieleden trots zeiden 'Een studente, weet u'. Bij alle activiteiten zag ik de opwinding en het plezier van mijn medestudenten – bij toneel, sport, discussiegroepen, dansen, 'uitgaan' met iemand van de andere sekse – en ik raakte bijna buiten mezelf van opwinding als ik het studentenleven bezag. Ik moet een fortuin aan verbijstering en verwondering hebben uitgegeven, alleen al door het besef dat ik er óók was; en maar weinig ervaringen wogen op tegen de vreugde die het me gaf op de universiteit te zijn, iets wat ik vrijwel uitsluitend door middel van de Engelse literatuur beleefde – Gregor Cameron was voor mij de taalkundige uit 'De begrafenis van een taalkundige':

Hier – hier is zijn plaats, waar meteoren schieten, wolken
    ontstaan,
Bliksemschichten vrijkomen,
Sterren komen en gaan! Laat vreugde losbarsten met de
    storm,
En vrede gezonden worden door de dauw!

Verheven gedachten vallen ons moeiteloos in;
Laat de verhevene die daar ligt
Met rust – verhevener nog dan de wereld vermoedt,
In leven en sterven.

Gregor Cameron had er geen idee van dat hij tijdens 'Beowulf' en 'Piers Plowman' in Lower Oliver, het Engelse lokaal, op het podium stond als Brownings 'Taalkundige' – 'onze meester, vermaard, kalm en dood'.

Het leven was er uitzinnig meeslepend, meedogenloos; zelfs de eerbiedwaardige muren van de universiteit kolkten van geheim leven, maar daar waar het menselijk leven zich openlijk afspeelde, zoals in de studentenzaal en de mensa, durfde ik me nooit te vertonen. Het studentenweekblad, de *Critic*, lag vlak bij de ingang van het gebouw van de studentenvereniging, met de uitnodiging: 'Neem er een mee.' Slechts een keer of drie, vier tijdens mijn studententijd was ik dapper genoeg om een exemplaar van de *Critic* te pakken. Hoe kon ik toelaten dat ik mezelf, met zo veel vrijheid om me heen, zo beperkte? Ik verlangde ernaar dat ik dapper genoeg zou zijn om een gedicht in te sturen naar de *Critic*. Wanneer ik gretig de kruimelpagina's weggriste die op een lessenaar of stoel in de gang waren achtergelaten, bekeek ik de verhalen en gedichten en droomde ervan mijn gedichten in druk te zien, me dapper en vrij te uiten, briljant te zijn in weerwil van mijn verlegenheid, isolement en angst voor De Wereld. Ik wist dat er in het gebouw van de studentenvereniging een kopijbus hing voor ingezonden werk, maar ik was niet dapper genoeg om het gebouw binnen te gaan. Hoewel ik ervan droomde gedichten te schrijven die mensen versteld zouden doen staan en voldoening zouden schenken door hun genialiteit, wist ik dat ik niet het talent, het zelfvertrouwen en de ongelofelijke volwassenheid bezat die zo duidelijk uit de poëziepagina's van de *Critic* spraken. Iedereen schreef vrije verzen, liet hoofdletters en leestekens achterwege en vaak viel je midden in het gedicht doordat het onderwerp weggelaten was: 'Gedroomd... hoge hemel, laaghangend...' enzovoorts.

Er waren ook voorkeurswoorden die met overtuiging werden gebruikt – 'overvloed', 'dijen', 'fallisch', 'hoertjes', 'onsterfelijk', 'woordeloos', 'ademloos', 'het oog', 'het hart', 'de geest', 'de schoot'; moeilijke gedichten vol levenservaring, het ene moment bondig, het andere breedsprakig. Sterk beïnvloed door John Donne, schreven de mannen gedichten over vrouwen, gecompliceerde metaforische uitwisselingen van harten, bedden, zielen en lichamen, terwijl de vrouwen schreven over bloemen, bossen en de zee. Beïnvloed door het 'dronkemansritme' van Hopkins en de woordkeus van Dylan Thomas, schreef ik mysterieuze gedichten vol beelden die ik had ontleend aan mijn verleden, hulpverledens en mijn heden, allemaal gezien door mijn pas verworven freudiaanse lens met de kleur van T.S. Eliots geraniums die in *Het barre land* en bij Garden Terrace nummer vier groeiden, en getint door de dood, door elkaar gehusseld als door een krankzinnige.

Net als mijn moeder voelde ik me verbonden met de dichters. Ik hing buitenissige overtuigingen aan. Nadat ik dit gedicht van Shelley had geleerd:

Ware liefde verschilt in zoverre van klei en goud
Dat zij bij deling haar waarde behoudt.
Liefde is als begrip dat helder oplicht
Als het vele waarheden beziet, ze is als uw licht
Verbeeldingskracht! die uit aarde en hemel,
En uit de diepten van menselijke verbeelding...

36

verkondigde ik aan mezelf en iedereen die het wilde horen dat ik 'geloofde' in 'vrije liefde' en 'polygamie' – ik probeerde de overvloed te grijpen terwijl ik nog niet eens zicht had op een sprankje liefde!

Het meest betoverende woord was voor mij nog steeds 'Verbeelding', een schitterend, betekenisvol woord dat er altijd in slaagde zijn eigen innerlijke licht te creëren. Ik leerde veel over wat het begrip inhield doordat we op de universiteit als 'verplichte literatuur' *Biographia Literaria* van Coleridge bestudeerden. De volgende passage leerde ik uit mijn hoofd:

De Verbeelding is naar mijn mening primair of secundair. De primaire Verbeelding acht ik de levende Kracht en het werkend Beginsel van alle menselijke Perceptie, en een herhaling in de eindige geest van de Goddelijke Scheppingsdaad in het oneindige Ik Ben. De secundaire Verbeelding beschouw ik als een weerklank van het eerstgenoemde, die naast de bewuste wil aanwezig is, maar die door de aard van haar werking toch identiek is aan de primaire vorm en daarvan alleen verschilt door de mate waarin en de wijze waarop ze functioneert. Ze ontbindt, verstrooit en verspreidt om te herscheppen; en als dit proces wordt belemmerd, zal ze toch altijd streven naar idealisering en eenwording. Ze is in essentie vitaal, terwijl alle objecten (qua object) in essentie onveranderlijk en dood zijn... De Fantasie daarentegen kent geen andere tegenkrachten om mee te spelen dan onveranderlijkheden en bepaaldheden. Hoewel de Fantasie niets anders is dan een wijze waarop het Geheugen zich uit, heeft zij zich toch vrijgemaakt van de orde van tijd en ruimte; terwijl ze wordt vermengd met en veranderd door het empirische fenomeen van de wil, wat we aanduiden met het woord Keuze. Maar net als het gewone geheugen moet de Fantasie al haar materiaal kant en klaar aangedragen krijgen via de wet van associatie. Gezond verstand is het lichaam van het dichterlijk genie, Fantasie het omhulsel ervan, Beweging is het leven en Verbeelding de ziel die overal en in iedereen aanwezig is en alles tot één gracieus en intelligent geheel maakt.

Ik werd geboeid door de impliciete kloof, de duisternis, het barre land tussen Fantasie en Verbeelding, en de eenzame reis wanneer je voorbij het punt van Fantasie kwam en alleen de Verbeelding nog voor je lag. Het werd mijn doel, een soort religie. Niemand had ooit de omgang met Verbeelding verboden, of er zijn wenkbrauwen over gefronst, en hoewel ik me weinig illusies maakte over mijn aandeel, klampte ik me eraan vast in mijn geheime dichtersleven, het stroomde tussen de poëzie en proza die ik las en mijzelf, en zelfs de voor de hand liggende spot van anderen of mijn eigen nog frequentere zelfspot over 'frustratie' en 'sublimatie' konden het niet kwetsen of teniet doen, want het was zoals Coleridge en alle andere dichters hadden gezegd 'het allerhoogste', en in die fase van mijn leven waarin ik leerde dat het leven een voorschoteling is van vele feestmalen en men vaak bang is daarvan te worden weggestuurd, stond het feestmaal van de verbeelding haast liefdevol aangericht voor me klaar, een en al vriendelijkheid en overvloed.

De oorlog duurde voort. Ik maakte me zorgen over mijn verwoeste gebit, mijn kleding, geld en lesgeven. Als ik op betaaldag mijn cheque voor negen pond, drie shilling en negen pence had geind bij Arthur Barnett, ging ik met een paar andere studenten naar de Silver Grille en bestelde 'gegrild vlees, graag'. Er waren zelfs studenten die kóffie dronken. Zij, wij – de rustiger types – praatten met afgunst over de wilde escapades van meisjes die met een student medicijnen 'gingen', want van zulke studenten werd gezegd dat ze 'alles over seks wisten'. 'Ik zal je eens laten zien waar je zwevende rib zit', zeiden die.

En de oorlog duurde voort en legde een waas van onwerkelijkheid over het bekende waas van onwerkelijkheid heen, wat een sfeer van triestheid, medelijden en hulpeloosheid creëerde. De eeuwige vraag was Waarom.

Op Garden Terrace nummer vier nam het bleke gezicht van oom George het grijs van de naderende dood aan. Hij ging niet meer uit wandelen en kwam niet meer beneden om tante Isy gezelschap te houden in de zitkamer en te praten met haar en Billy de Parkiet, die kon zeggen: Mooie jongen, Mooie jongen, Billy, De trap op naar bed, De trap op naar bed. Meer en meer tubes lanoline werden uitgeknepen en weggegooid. Voor ik naar mijn kamer ging zei ik oom George gedag, bleef aan het voeteneinde van het bed staan en speurde zijn verhulde lichaam af naar tekenen van de kanker die hij en tante Isy zo goed verborgen hielden en zo rijkelijk voedden met Sharlands Lanoline.

Toen ik op een zondag terugkwam van een wandeling over de begraafplaats, wachtte tante Isy me bij de deur op.

'Oom George is overleden, Jean.'

Ik had hem niet gekend. Oom George de handelsreiziger die ooit in Middlemarch had gewoond. Middlemarch. Middlemarch. Te horen aan de manier waarop tante Isy dat zei, dacht ik dat ze Middlemarch en de wereld bezat, maar in werkelijkheid was oom George haar bezit geweest. En hoewel ik niet eens van hem had gehouden, voelde ik een fel verdriet toen ik met zijn dood werd geconfronteerd, barstte in tranen uit en rende naar boven naar mijn kamer. De volgende dag ging ik niet naar de kweekschool en toen meneer Partridge vroeg waarom ik absent was geweest, antwoordde ik, terwijl ik bewust een verdrietige klank in mijn stem legde die paste bij een sterfgeval: 'Mijn oom is in het weekend overleden en ik ben thuis gebleven om mijn tante te helpen.'

De zusters van oom George hadden hem voor de begrafenis overgebracht naar hun huis op nummer vijf, en ik had het gevoel dat een langdurig meningsverschil over wie aanspraak kon maken op oom George was opgelost door zijn verhuizing naar het buurhuis.

Het grote bed in de kamer naast de mijne kreeg een nieuwe lentefrisse sprei, terwijl de vuilnisbak waar ik stiekem mijn snoeppapiertjes en maandverband in stopte, vol zat met de vertrouwde blauw-witte, lege tubes.

Tante Isy bleef zwijgen over de ziekte en de dood. Ze nam nauwelijks vrij van haar werk, een dag of twee om het huis op te ruimen en een bundel beddengoed te wassen of te verbranden. Soms hadden haar gezicht en ogen een donkere uitdrukking, zoals wanneer je verdrietig bent maar er geen tranen komen. Maar ze praatte wel nog steeds over 'Middlemarch' en legde daar alle gevoel in dat ze nu nergens anders meer kwijt kon.

4

Alweer 'Een landschap vol rivieren'

Ik hield de aanhoudende oorlog binnen de perken van de Moderne Literatuur en wanneer er een nieuwe student kwam die iets ouder was, hinkte, of één arm of been had, zag ik hem vanuit de veilige beschutting van de mythe als 'de oude soldaat die terugkeert uit de oorlog'. Ik kwam knipperend met mijn ogen tevoorschijn vanuit het halfduister van Dostojevski en de met sterren en hemel gevulde grandeur van de wereld van Thomas Hardy, waar de isolerende, verstikkende en onverschillige hand van het noodlot op ieder personage drukt; dat wil zeggen: ik kwam bij schrijvers vandaan die dood waren en ontdekte dat er schrijvers waren die nog maar pas overleden waren, of die nog leefden en tijdens de oorlog doorschreven. Ik las James Joyce, Virginia Woolf, de gedichten van Auden, Barker, MacNeice, Laura Riding (en ontdekte dat ze de vrouw van Robert Graves was geweest) en Dylan Thomas, die toen vast de held was van iedere student die gedichten las of schreef. Ik kocht een dichtbundel van Sydney Keyes, keek heel lang naar zijn foto en treurde om zijn vroege dood. Mijn dierbaarste bezittingen waren een bundeltje van T.S. Eliot, een grote bloemlezing, *Londense poëzie*, met tekeningen van Henry Moore en tekst van Henry Miller, en mijn *Poëzie in oorlogstijd*, waardoor ik de luchtaanvallen op Londen en de dagelijkse routine van de brandwachten en blokhoofden meebeleefde, los van onze eigen lijst van gesneuvelden en de dood van jongemannen die we gekend hadden in Oamaru, broers of zonen van buren – veel van de gedichten waren geschreven 'tijdens de brandwacht'. '1 September 1939' van Auden kende ik uit mijn hoofd, net als gedichten over de 'Vier oorlogsseizoenen' en Lynette Roberts' 'Klaaglied':

> Vijf heuvels beefden en vier huizen bezweken
> bij de luchtaanval die ik niet kan vergeten.
> Ogen glansden star als gebarsten porselein,
> de levenden bloedden dood, doden lagen er smartend.
> Dood als ijsbot dat de heg doorklieft,
> dood als aarde die het goede hart ontbeert.
> Dood als bomen, sidderend van angst
> bij de hete dood uit het vliegtuig.

De oorlogsinspanning was een nationale activiteit die ook mijn leven binnenkwam, omdat iedereen werd geacht eraan deel te nemen. In de zomer van dat jaar werden andere studenten en ik 'ingezet' om frambozen te plukken op de boerderij van Whittaker in Millers Flat, in Midden-Otago. Ik vond het spannend daarheen te gaan, 'boven in Midden-Otago', de plek die me al sinds mijn kinderjaren achtervolgde. Toen dacht ik dat er een hoge ladder was met smalle sporten waarlangs ooms en tantes omhoogklommen, de wolken in, er een weekend of langer bleven, dan weer naar beneden kwamen en met grote voldoening zeiden: 'Zo, ik ben boven in Midden-Otago geweest.'

In werkelijkheid was het een reis in een oude autobus over stoffige wegen door een maanlandschap vol verschroeide kale heuvels die vrijwel loodrecht omhoogrezen uit de dalen, naar een vruchtbare vlakte aan de oever van een wildstromende, groene, witgekarnde rivier, die daar de Molyneux werd genoemd, maar verder stroomafwaarts de Clutha heette. Vanaf de allereerste aanblik van de rivier voelde ik dat die deel van mijn leven uitmaakte (hoe gretig eiste ik de natuurlijke kenmerken van het land op als 'deel van mijn leven'), vanaf haar oorsprong in de sneeuw van het hooggelegen land (daar waren we bijna), met al haar woeste en naar verluidt, hier en daar vredige stukken, tot waar ze in zee uitmondde met haar natuurlijke last van water en beweging en haar kleurenscala: sneeuwgroen, blauw, modderbruin, en haar aan het licht ontleende regenbogen; en de haar toegevoegde last van de dood, die te wijten was aan haar machtigheid – verlepte of ontwortelde planten, de lijken en beenderen van rundvee, schapen en herten; en soms van mensen die waren verdronken.

Nadat ik een jaar alleen maar in de stad had doorgebracht, studerend, schrijvend en me altijd bewust van de begrenzing van gedrag en gevoel in mijn nieuwe rol van volwassene, stond ik nu oog in oog met de Clutha, een wezen dat volhardde, ongeacht de druk van rotsen, steen, aarde en zon, dat leefde als een vrij element, maar niet geïsoleerd was, met de hemel en het licht verbonden door de smalle regenboog die boven het water glinsterde. Ik had het gevoel dat de rivier een bondgenote was, dat ze voor me zou spreken.

Ik werd verliefd op Midden-Otago en de rivier, waar de naakte heuvels met hun wisselende schakeringen goud alleen in hun plooien bedekt werden door hun eigen schaduw, en met de hemel die elke ochtend het daglicht zag zonder een spoor van bewolking en die in de avond inkeerde tot haar dieppaarse tinten. Dag en nacht probeerden we de hitte van de zon te verdragen, die de lucht buiten schroeide en die bleef hangen in de golfijzeren wanden en het dak van de grote schuur waar we woonden en sliepen. We plukten elke dag, de hele dag, frambozen zoals het ons was geleerd: op onze hurken melkten we ze voorzichtig van het steeltje en lieten de zachte fluwelige bolletjes in het tinnen blik vallen dat we aan een koord om onze hals droegen. Onze handen waren vlekkerig van het frambozenbloed en opengehaald aan de frambozendoorns die elk afzonderlijk zacht aanvoelden, maar die in groten getale bijeen aan de tak prikten als spelden. Mijn gezicht en armen en benen waren roodverbrand door de zon. Ik was een trage plukster en verdiende nauwelijks genoeg voor mijn kaartje naar huis, naar Oamaru.

De pluksters, die uit vreemde plaatsen kwamen zoals Whakatane, Matamata en Tuatapere, leken in mijn ogen godinnen, fascinerend in alles wat ze zeiden en deden. De boerenzonen waren als jonge goden: ik bekeek hun gezicht, hun ogen, bestudeerde hun handen, armen en benen en keek vluchtig maar vaak naar de bobbel, de in sneeuwgras ingebedde sneeuwbal, tussen hun benen. De wereld was een feest waar ons niets werd ontzegd, behalve door de markering van onzichtbare grenzen: wij waren geen rivieren. De paar andere studentes die ik kende, waren geïntimideerd door hun omgeving, het besef dat het oorlog was, hun eigen onzekerheden. We waren nu halverwege onze opleiding: zouden we de eindstreep halen? Hoe zou het volgende jaar zijn? Dan had je de scriptie voor maatschappijleer, waarvan gezegd werd dat je er een jaar mee bezig was en waarvan (zeiden sommigen) verwacht werd dat het de omvang van een boek had. En hoe zouden we het er afbrengen in het jaar van het 'C'-certificaat? En hoe zou het met ons liefdesleven gaan? We praatten over begeerte en liefde, vertelden onze smachtende dromen over die onbereikbare, schaarse mannelijke studenten – toekomstige mijnbouwkundigen, artsen – over hoe we ons vastklampten aan ieder terloops, vriendelijk woord dat we met een al te gretig oor opvingen, en dat een rechtvaardiging was om sentimentele dichtregels te herhalen, zoals:

Mijn liefste bezit mijn hart, en ik het zijne,
In eerlijke ruil aan elkander geschonken

's Avonds wandelde ik over de heuvel tussen de matagouri, een woestijndoornstruik met grillige korte takken en kleine grijze bladeren, als bezoedelde vlokjes sneeuw. Ik werd verliefd op de matagouri, want hoewel hij ook op de heuvels rond Oamaru groeide, was de naam ervan nieuw voor me, gehoord van een van de goden of godinnen als antwoord op mijn vraag: wat is dit voor een schitterende struik? Matagouri (tumatakuru) liet zijn pracht ineens opbloeien in mijn pas ontwaakte wereld. Op de heuvels zag ik ook een grassoort die ik sinds mijn vroege kinderjaren niet meer had gezien – sneeuwgras, met net zulke goudachtige halmen als het berggras of *tussock*, waarvan ik vroeger dacht dat het naar tussorzijde was genoemd, een materiaal waar we van droomden toen we klein waren, toen schoolblouses van rayon of katoen waren en alleen een paar bevoorrechte mensen tussor droegen, in een roomkleurige tint met grove draden erin die in de ritselende zachtheid statisch waren als je ze aanraakte. Ik wist nog hoe Myrtle er een fantasie op na hield dat ze een 'tussorzijden jurk' in de kast had hangen en hoe ze erover opschepte: 'Ik heb een jurk van tussor.'

Die zomer was een tijd die werd overheerst door zon en liefde die je met iedereen zou willen delen, en was van een intensiteit die niet geëvenaard kon worden door het geschreven woord uit het verleden: de wanhoop, de verrukking, het nog onschuldige verlangen, het pijnlijke genot en de genotvolle pijn (we hadden het 'pijn-genotprincipe' behandeld); de herinnering leeft voor mij in de vrijgevigheid van de rivier en het landschap, de matagouri en het sneeuwgras, het gave blauw van de lucht, naast de nachtmerrie van het brandend hete golfplaat dat ons met zijn vuur omsloot.

Ik keerde terug naar huis waar mijn zomerliefde geleidelijk aan bekoelde. Ik begreep nu waarom familieleden hun verrukking hadden uitgesproken over 'boven in Midden-Otago' en hoe ik als kind had gedacht dat 'boven in Midden-Otago' bereikbaar was via een ladder die tot in de hemel reikte.

Bij Eden Street 56 lag het verdorde gras vol met droge zaadjes van de kropaar en verbleekt edelman-bedelmangras. Er stond ook moederkoorn, dat verzameld moest worden voor de oorlogs-inspanning; en in de stierenwei stonden wilde rozenstruiken vol rozenbottels die bijna rijp waren.

Isabel en ik lagen op het grasveld, terwijl ik, haar grote zus, uitlegde hoe het toeging op de kweekschool, wat Isabel met haar gebruikelijke scepsis aanhoorde. Ze was zich aan het voorbereiden op haar eerste jaar. We zouden samen bij tante Isy logeren op Terrace Garden nummer vier. Ik werd paniekerig bij het idee dat ik 'opgewassen' moest zijn tegen Isabel.

5

Isabel en de groei van de steden

Hoewel Isabel en ik goed met elkaar konden opschieten, waren we vrijwel elkaars tegenpolen in gedrag, uiterlijk, ervaring en ambities. Isabel was degene die June en mij wegwijs maakte in 'wereldse zaken', dat wil zeggen, vertelde hoe je een vriendje kreeg, wat je moest doen als je hem had en hoe je van hem afkwam als hij overbodig geworden was; hoe je een mooie huid en een goed figuur kreeg zodat je je verzekeren kon van een vriendje; en hoe je autoriteit en bekrompenheid kon trotseren. Isabel leerde ons het liefst dingen door het voorbeeld te geven: ze had heel wat uitgaanservaring en ze had altijd een vriendje. Ze beschreef tot in detail wat ze samen deden, en hoewel ze nog niet 'tot het uiterste' was gegaan, legde ze met een mengeling van feiten en verzinsels beeldend uit wat er gebeurde, terwijl op de achtergrond een in die tijd populair liedje klonk van Fats Waller met zijn hese stem:

Please don't put your lips so close to my cheek,
Don't smile or I'll be lost beyond recall
...all or nothing at all...

Isabel was fantasierijk, intelligent, de beste van haar klas in Engels en Frans en ze won de prijs voor redevoeringen en een gymnastiektrofee; ze veroverde ook een prijs in een eerder gehouden verspringwedstrijd. Zelfs in ons wereldje vol concurrentie overschatten we zulke prijzen niet; ze gaven echter aanzien en gingen vaak vergezeld van een mooi boek, medaille of een cheque.

Ik benijdde Isabel om haar vermogen beschrijvingen op papier te zetten en om al de details die ze uit haar fantasie putte, waardoor het in mijn ogen leek alsof ze de hele wereld had afgereisd en in heel wat tijdperken op tal van plaatsen had gewoond; ze wist gewoon alles. Toen haar ambitie om arts te worden werd gedwarsboomd door haar afkeer van studeren en de kosten van de opleiding, besloot ze het in het onderwijs te proberen zonder zelfs maar de zesde klas te doen.

Verlegen, ingetogen en gehoorzaam als ik was, met een beeld van mezelf als verantwoordelijk en volwassen, was ik verontrust door Isabels allereerste stap: 'regelrecht uit de vijfde' naar de kweekschool te gaan zonder een jaar of twee in de zesde door te brengen als een soort 'training voor het leven'. Ik zag mijn eigen wereld in duigen vallen, al mijn zorgvuldig opgebouwde gedrag verpulveren door de kracht waarmee Isabels onverwachte invloed op me inwerkte. Het was zwaar om zowel aan de kweekschool als aan de universiteit te studeren, en daarbij kwam nog de scriptie voor maatschappijleer (het onderwerp was al opgegeven – 'De groei van de steden'), die geacht werd de lengte van een boek te hebben, en ik zag niet hoe ik Isabel en mijn ongerustheid over haar overlevingskansen kon 'inpassen'. Doordat ik me gewoonlijk gedroeg zoals van me verwacht werd – 'gehoorzaam, helemaal geen last van' – en doordat ik opging in de wereld van de literatuur, was het mogelijk om een kloosterleven te leiden, want hoezeer ik er ook naar verlangde om onderweg afgeleid te worden, mijn streven bleef gericht op poëzie. Ik keek niet ver vooruit, en wanneer ik om me heen keek naar anderen die hun verschillende wegen gingen, bleef mijn blik beperkt. Ik wenste dat Isabel net zo zou zijn als de poppen van vroeger (in doekjes gewikkelde knijpers), die we in een klein doosje propten en daar veilig ingepakt en knus lieten liggen, alleen met onze hulp in staat zich te bewegen. Ik wilde dat ze een goede studente zou zijn die zich zou 'gedragen', gehoorzaamde, studeerde en de goedkeuring kon wegdragen van de studenten en docenten, zodat de directeur (hoewel ik dat voor mezelf niet verwoordde) zou kunnen zeggen: 'We hebben er goed aan gedaan die meisjes Frame toe te laten tot de kweekschool, ze zijn twee van onze beste studentes en onderwijzeressen.' Tante Isy, die een tweede deemoedige Frame verwachtte die haar best zou doen onzichtbaar te zijn en zonder mopperen de situatie zou accepteren zoals ik die over mezelf had afgeroepen, nodigde Isabel uit ook bij haar te komen wonen. Maar toen we aankwamen op Terrace Garden nummer vier en Isabel en ik alleen waren in het kleine kamertje dat we moesten delen, was Isabel woedend van ongeloof bij de gedachte het ijzeren eenpersoonsledikant met me te moeten delen. Dat kwam door mij; ik had bedeesd gezegd: 'O, dat zal wel gaan', toen tante Isy had gevraagd of dat zou lukken.

'Maar dat ze zoiets in haar hoofd haalt', zei Isabel boos.

'Ach, zeg nou maar niets', zei ik om Isabel te sussen. We wisten allebei dat je nergens anders terecht kon voor tien shilling in de week.

We sliepen weinig, ergerden ons voortdurend, maakten ruzie met elkaar, vochten ieder om een deel van de dekens, zoals we dat vroeger thuis deden. Vol afgrijzen over de gelaten manier waarop ik ons karige etensrantsoen voor lief nam en het feit dat ik aan het werkblad in de keuken at, dreigde Isabel ermee 'ma te vertellen' dat tante Isy ons uithongerde, dat ze ons in de keuken liet eten en in een smal bed in een klein kamertje liet slapen waar je je nauwelijks kon omkeren, en dat we het dag en nacht steenkoud hadden door de kille wind die zo vanuit de haven of door de North-East Valley uit Flagstaff en de omringende heuvels blies, terwijl tante Isy in de eetkamer at en haar tenen roosterde voor de laaiende open haard.

Ik haalde Isabel over er niets van te zeggen.

'Niet nu, wacht maar tot het einde van het trimester.'

In de eerste weken dat Isabel op de kweekschool zat, maakte ze vriendinnen en vond een vriendje die haar 'vaste verkering' werd voor de tijd dat ze daar was, al had ze van tijd tot tijd ook andere vriendjes, en ze gedroeg zich zoals ik had gevreesd; ze sprong 'uit de band' met een uitgelatenheid die alleen alarmerend was voor mijn overdreven gevoel van ingetogenheid. Ze ontdekte het rolschaatsen en werd er een kei in. Ze was iedere avond op de rolschaatsbaan te vinden, terwijl ik mijn droom voor haar toekomst zag vervliegen en haar 'opleiding' verloren zag gaan – waarom studeerde ze niet, waarom greep ze de kans niet aan om te lezen, iets te leren? Tegen haar zei ik er niet veel over, omdat ik wel wist dat het mijn dromen waren, en ik me herinnerde dat ik over Myrtle net zo had gedacht.

Maar 's nachts, wanneer we de dekens naar onze kant toe trokken, drukte de extra venijnige ruk naar mijn kant iets uit van mijn teleurstelling over Isabel.

Met Isabel erbij op Garden Terrace nummer vier kende het leven zijn 'tijdperken'. Zo was er het 'tijdperk van de bonbons'. Ik had ooit eens stiekem een blik geworpen in de kleine zitkamer aan de voorkant, waar de rolgordijnen altijd naar beneden waren, en had daar boven op een rand voor schilderijen een onafgebroken rij grote bonbondozen zien staan, versierd met satijnen linten en bedrukt met afbeeldingen van Engelse en Schotse landschappen en vertederende dierenfoto's. Toen ik Isabel over de bonbondozen vertelde, zei ze op een dag toen tante Isy weg was: 'Laten we eens op onderzoek uitgaan in de voorkamer.'

Vlak achter de deur stond een hoge ladenkast vol kleding en foto's. In de onderste lade vonden we een heleboel gebreide witte babykleren, verpakt in vloeipapier; er waren ook wiegendekens bij en luiers. We wisten dat pa's zusters Polly en Isy doodgeboren baby's hadden gekregen, of baby's die niet langer geleefd hadden dan een paar dagen of weken, en wij hadden een doodgeboren broertje gehad, en zelfs als kind al hadden we een soort honger bespeurd in de gevoelens van tante Polly en tante Isy voor ons, vooral door tante Isy's belangstelling voor Myrtle en de door tante Polly uitgesproken wens om Chicks of June te 'adopteren'. Snel deden we de lade dicht en richtten onze aandacht op de bonbondozen. We zagen dat de cellofaanverpakking nog intact was.

'Ze kan ze toch niet al die jaren hebben bewaard', zeiden we. We wisten dat tante Isy de bonbons had gewonnen met haar Schotse dansen.

'Laten we er een openmaken om te kijken', stelde Isabel voor.

'O nee, dat kunnen we niet doen.'

'We maken er een open om ze te proberen.'

Ik wilde net zo graag als Isabel de bonbondozen bekijken, maar me bewust van mijn verantwoordelijkheid als oudere zus, was ik toch blij dat ik taal kon gebruiken om het morele probleem te verdoezelen.

'Goed dan, laten we ze proberen.' Proberen is immers iets anders. Als er inderdaad bonbons in de dozen zaten was *proberen* iets anders dan *opeten*.

We haalden een doos van de rand, maakten voorzichtig het lint los, schoven het cellofaan eraf, lichtten het deksel half op en zagen rijen bonbons in hun bruine geplooide papiertjes.

We gingen op de divan zitten en begonnen te proeven.

'Ze zijn nog goed, helemaal niet muf.'

We aten verder en toen we de doos leeg hadden, stopten we de papiertjes erin terug, deden het deksel erop, schoven de doos terug in het cellofaan en knoopten het satijnen lint tot een strik aan de voorkant. We klommen omhoog om de doos op de rand terug te zetten.

In de tijd dat we in Garden Terrace woonden, aten we langzamerhand alle bonbons uit alle dozen die op de rand stonden, en als we ze op hadden, zetten we de lege dozen terug. Telkens wanneer we de verduisterde kamer binnenglipten, moesten we aan de nieuwe babykleertjes denken, maar we bekeken ze niet meer. Terwijl we ons te goed deden, werden we nieuwsgierig naar tante Isy en hoe haar leven was geweest en ik vertelde Isabel over de bedlegerige oom George en over de lanoline, en als we de lege papiertjes terugpropten in de lege doos voelden we allebei afkeer over wat we aan het doen waren – tante Isy's dierbare aandenkens opeten: eten, eten. De ribbelrand van de papiertjes leek op de uitgelubberde ribbelrand van de kleine schelpen die je op het strand openbreekt en waarin je een klein dood hoopje met een zwart dood oog aantreft.

Aan het einde van het tweede trimester kwam de uitbarsting. Isabel schreef eindelijk naar huis om zich erover te beklagen dat tante Isy mij een jaar lang had uitgehongerd en dat we nu allebei honger leden en die winter in één bed in een klein kamertje hadden liggen vernikkelen van de kou. Isabels brief ontlokte een snelle reactie van moeder gericht aan tante Isy, die vervolgens naar pa, haar broer, schreef en de mening ventileerde dat 'Lottie altijd al een slechte huisvrouw was geweest'. Moeders verontwaardigde antwoord werd gevolgd door tante Isy's beschuldiging dat ze het bij het verkeerde eind had als ze dacht dat Isabel en ik 'keurige meisjes' waren. We hadden alle bonbons die ze als aandenken bewaarde opgegeten! Kennelijk had ze bij een van haar schaarse bezoeken aan de voorkamer een verdwaald bonbonpapiertje op het kleed aangetroffen.

In de briefwisseling wisten de zusters van oom George heel wat laatdunkende dingen te zeggen over de 'afschuwelijke Frames', over de kinderen die nooit onder de duim waren gehouden en maar rondzwierven over de heuvels van Oamaru, over het huis van de Frames dat wel een varkensstal leek en over moeder die geen flauw benul had hoe je een huishouding moest voeren. Deze verbitterde correspondentie werd voortgezet tussen pa en tante Isy (moeder weigerde zich 'te verlagen' en schreef na haar eerste twee brieven niet meer), waarbij pa nu ma's officiële naam, Lottie, gebruikte.

Het gevolg van dit alles was dat Isabel en ik weggingen uit Garden Terrace nummer vier, ik vol schaamte en gêne en een gevoel van verlies dat er niet meer over me werd gedacht als een 'keurig meisje waar je helemaal geen last van hebt', en Isabel vol triomf, omdat we voor onze 'rechten' waren opgekomen. Isabel bofte en ging gezellig bij vrienden in een pension wonen waarvan de hospita een goede naam had en geliefd was bij vele generaties studenten; ik ging naar de enige andere beschikbare woonruimte, Stuart House, een logement waar ik voor de rest van het jaar een 'studeercel' huurde – een kleine ruimte in een grote kamer waar elk bed was afgeschot met een twee meter hoge wand van vezelplaat – waar ik maar weinig alleen was en nauwelijks privacy had om te studeren, lezen, schrijven of zelfs te slapen.

Toen Isabel pas een paar weken in Dunedin was, wist ik al dat ze voor mij verloren was en ik vond het triest om haar te verliezen: zij was immers Emily geweest:

Nooit ben ik laf geweest,
noch beefde ik ooit in 't wereldse getij.

Ik geloof dat ze zich van me losmaakte tijdens de avonden waarop ze almaar rondjes schaatste op de rolschaatsbaan, haast alsof ze een verankerende draad van haar lichaam afwikkelde. Ze bracht urenlang door in het zwembad en kwam thuis op Garden Terrace met een groenige tint in haar blonde haar van het chloor, en als ze de deur van onze kamer opendeed, zag ik achter het gezicht van de studente die was wezen zwemmen altijd het gezicht van het kind dat thuiskwam uit het zwembad op de dag dat Myrtle was verdronken.

De verhuizing van Garden Terrace maakte onze scheiding vrijwel compleet. Als we elkaar op de kweekschool tegenkwamen, zeiden we elkaar wat gegeneerd gedag. En toen de brief van thuis kwam, praatten we even over het vreselijke nieuws: Eden Street 56, dat we al die jaren van onze jeugd hadden gehuurd, was verkocht en de nieuwe eigenaar die binnenkort ging trouwen, had ons aan het einde van het jaar de huur opgezegd.

Niet lang daarna werd ik bij de decaan van de kweekschool geroepen, en toen ik verbaasd arriveerde voor het gesprek, begon ze met: 'Ik wil met u praten over uw zuster Isabel.'

Ze zei dat Isabel zich belachelijk maakte, zowel door haar gedrag als door de kleren die ze droeg, vooral door een overgooier met een giraffe erop.

'Stelt u zich voor, een overgooier met een giraffe erop!' zei de decaan.

Ik mompelde iets ten gunste van Isabel. Wij keken nooit raar op van haar kleren; ze waren boeiend, origineel. Wetend hoeveel uur wij meisjes Frame hadden doorgebracht met het naaien van onze eigen kleding, het afbiezen met biaisband, het afspelden van zomen, het afpassen van die lastige kop van een mouw zodat de goede mouw in het juiste armsgat zou passen, vond ik de geappliqueerde giraffe van Isabel het summum van naaiwerk. De waarheid was dat niemand anders een overgooier had met een giraffe erop, daarom werd Isabel veroordeeld om haar anderszijn. De macht van 'niemand anders' was een bekend verschijnsel in ons leven.

'Als haar oudere zus bent u verantwoordelijk voor haar', zei de decaan. 'Probeer haar eens duidelijk te maken dat ze niet zo... zo... buitenissig moet doen.'

Ik, stemmig gekleed in mijn doodgewone bedrukte katoentje en gebreide vest, zei als de ene volwassene tegen de andere: 'Ze is nog erg jong', en alsof ik de oorzaak kende van Isabels gedrag (waarom zou Isabel niet de ellende van de zesde klas doormaken?) voegde ik eraan toe: 'Ze is te jong op de kweekschool gekomen.'

Omdat ik geschrokken en verontwaardigd was en me ongelukkig voelde, mompelde ik daarna iets over 'huiselijke omstandigheden'. Er was bij ons thuis iemand ziek, zei ik en ik barstte in tranen uit. 'En we worden uit ons huis gezet en moeten voor de kerst iets anders zien te vinden.'

'Tja', zei de decaan. 'Zie maar wat u kunt doen om uw jongere zuster te beïnvloeden.'

Ik zei niets tegen Isabel over mijn gesprek met de decaan. Ik was boos dat er zo veel drukte werd gemaakt over een giraffe en nu, zo veel jaar later, lijkt het een ongeloofwaardig voorval waar je wrang om kunt lachen, maar het geeft wel aan welke mate van conformiteit van ons werd verwacht. Ik schaamde me er ook over dat ik in tranen was uitgebarsten, hoewel ik achteraf hoopte dat het voorval zou bijdragen tot mijn rol van dichteres – 'ziektegeval in het gezin – misschien wel drank? – uit haar huis gezet... echt een achtergrond voor een dichteres... wat een tragisch leven...'

Een paar weken later moest ik opnieuw bij de decaan komen, die me dit keer feliciteerde met een kinderverhaal dat ik had geschreven en me vroeg of ik er wel eens over had gedacht om voor kinderen te gaan schrijven. Mijn werk getuigde van verbeeldingskracht en was veelbelovend, zei ze, terwijl ik rustig toeluisterde, maar er innerlijk op neerkeek mijn leven aan iets anders dan poëzie te wijden; ik was te veel gehecht aan het beeld van mezelf als dichteres. Aan het einde van ons gesprek zei de decaan: 'Ons gesprekje lijkt wel effect te hebben gehad op uw zuster; ze is veel rustiger en draagt nooit meer die overgooier met de giraffe erop.' Ik legde niet uit dat de giraffe was losgeraakt en dat Isabel hoopte hem er weer op te naaien als ze 'tijd' had. Ik wist dat haar tijd in beslag genomen werd door Steve, haar vriendje, die lang, knap en blond was en een vriend had die Morrie heette, die lang, knap, donker en heel verlegen was. Tijdens een van onze ontmoetingen om te praten over 'het zoeken van een huis', stelde Isabel voor dat ik 'de studie de studie zou laten' en mee uit dansen zou gaan met haar en Steve, met Morrie als partner. Onbesuisd ging ik akkoord en bracht een voor mij nieuwe en nogal opwindende avond door met Morrie als partner, die zijn tijd verdeelde tussen dansen (en heel weinig zeggen) en met mij naar het dansen staan te kijken, terwijl hij danspasjes maakte met zijn voeten en op en neer hupte in een zelfbedachte jig en met zijn lijzige Southlandse accent zacht voor zich uit meezong:

Missed the Saturday dance
got as far as the door,
couldn't bear it without you,
don't get around much any more...

en nog eens het refrein herhaalde: 'Don't get around, don't get around, don't get around much any more'. Ik genoot van het nieuwe van zijn aanwezigheid naast me, maar we waren allebei erg verlegen en als we elkaar aankeken, zag zijn gezicht donkerrood en ik weet dat het mijne ook een onbehaaglijke blos vertoonde.

De opmerkingen van de decaan over mijn schrijven gaven me de moed om te overwegen mee te doen aan de dichtwedstrijd van de kweekschool aan het einde van het jaar, om haar en anderen te laten zien dat ik een échte dichteres was. Voor het zover was, had ik zo veel te doen en zo veel om over na te denken, dat mijn enige rustpunten bestonden uit de colleges Engelse literatuur aan de universiteit, waar ik leefde binnen de wereld van Shakespeare en het Oudengels, en de zaal met naslagwerken in de openbare bibliotheek van Dunedin, waar ik moderne poëzie las en James Frazer, Jung en Freud. Ik was nog niet eens begonnen met het schrijven van 'De groei van de steden', een onderwerp dat me enthousiast maakte door zijn mogelijkheden en me tegenstond door het vooruitzicht dat ik er misschien saaie geografische en historische details in moest verwerken. Door het cultiveren van wat ik beschouwde als een 'dichterlijke geest', kon ik geen geduld meer opbrengen voor alles wat ik tot 'saaie details' bestempelde, omdat ik er in mijn ideale dichterlijke wereld weinig waarde aan toekende, óf omdat het me eraan herinnerde dat ik niet zo intelligent was als ik wilde zijn; ik werd me steeds bewuster van de grenzen van mijn geest, maar weigerde die te accepteren. Ik kon zelfs niet het soort gedichten schrijven dat in de *Critic* stond. Wie dacht ik wel dat ik was door me te verbeelden dat ik dichteres was?

Met 'De groei van de steden' in het vooruitzicht voelde ik me vreselijk mislukt. Mijn enige hoop was om op mijn eigen manier een lang essay te schrijven (en te illustreren), dat wil zeggen mijn eigen giraffe toe te voegen aan de gewone, conventionele prozanonsens. Uiteindelijk werd de tekst een geografische, historische en sociale versie van *De golven*, met bizarre illustraties die ik uit tijdschriften had geknipt, omdat ik geen 'flair' had voor tekenen. Ik hoorde later dat het oordeel over mijn 'Groei van de steden' hetzelfde luidde als het oordeel over Isabels kleding, hoewel ik ook hoorde dat iemand had gezegd dat er misschien 'meer in me stak dan ze beseften'.

De twee allerleukste dingen dat laatste jaar aan de kweekschool waren het ontdekken van kunst door de inspirerende colleges van Gordon Tovey en de uitvoering van het koor van de kweekschool waarin iedereen meezong, zelfs degenen die geen welluidende stem hadden. We zongen 'De vrouwe van Shalott', 'In Flores op de Azoren' (de Ballade van Richard Grenville) en de

'Ode aan de vreugde' uit de *Negende Symfonie* van Beethoven, onder leiding van George Wilkinson, die we Wilkie noemden. Ik herinner me het eindeloze repeteren om dan eindelijk te zingen, vol tranen door het indrukwekkende karakter van het gebeuren, omgeven door zingende stemmen, in het besef dat we in de hoogste regionen van geest en hart verkeerden en een vreugde beleefden waarvan ik wilde dat er geen einde aan kwam. Zelfs nu nog herinner ik me die avond in het stadhuis van Dunedin, het enorme koor en het enorme publiek, en mensen van wie je dacht dat ze nooit zouden zingen, onder wie ook ik, die zongen:

Zacht en lieflijk komt het tot ons
'n klank die ons tot vreugde stemt...

Ik herinner me het gelukzalige gevoel daarbij en beschouw het als een beloning voor de verbondenheid met een groot kunstwerk, waarbij het was alsof er plotseling een beroep op gewone stervelingen werd gedaan om de plaats van engelen in te nemen.

Het jaar liep ten einde. Ik stuurde mijn gedichten op naar het blad van de kweekschool en won de eerste prijs van tien shilling voor 'Kat'.

Doof voor het dreunende raam
en het miauwen van de gekke jongen
laat ik de verscheurde muizen achter
om door zijn lege ogen te stromen
en ga zitten, gesteund door een lijvig denken.
Maar de wil van de beukende jongen
dringt mijn oor binnen, kruipt
als een kroelende kat mijn geest binnen, spint en slaapt
en vleit me het huis uit
naar de geschramde wolken en de geklauwde maan;

en de wind stroomt als verscheurde muizen
langzaam door mijn lege ogen.

Een ander gedicht dat ook werd geplaatst, was 'Stranddoorgang'.

De zeemeeuwstruik – overblijfsel van zeemeeuw,
geworteld in zee, bedolven onder groene pijn –
maakt genoeg smeekbeden los om daarmee
de dode oren van de rots te vervullen met gehuil
of de ogen van de wereld eindeloos van tranen te voorzien.

Hier in de doorgang, afgesneden van pijn, neemt de
zeemeeuwstruik
onze wijkende keel met een witte bloemensliert in een
   wurggreep,
erkent geen wortels
los van de groene guillotine en de zeevrouw die om
stilte huilt.

Alleen waar licht sijpelt, waar stenen mensen
die de kust plaveien, de woonstee van hun hart een kerker
   noemen,
als slagersvlees, slinkse Spartaanse knapen,
daar breken de stenen geesten, de waanzingeesten
en wortelen de zee en de witte vogel
in een struik, oneindig en alleen.

Ik haal deze gedichten aan omdat ze, passend in de tijd, blijk geven van mijn beïnvloeding door George Barker en Dylan Thomas, en van mijn strijd om mezelf te accepteren en de verantwoording op te brengen voor mezelf als één geheel, zonder mijn innerlijke dromen te hoeven verbergen om ze te kunnen behouden, en zonder te hoeven huichelen door de rol van onderwijzeres te spelen, te glimlachen en gelukkig te zijn als 'het keurige meisje waar je helemaal geen last van hebt'.

Sommige herinneringen zijn verwaterd, voornamelijk door de stormvloeden die volgden of werden toegediend; de kleur van deze herinneringen is weggespoeld, hun vorm is verdwenen. Ik wist dat ons gezin wanhopig op zoek was naar woonruimte. Pa, die de geldzaken regelde, kocht aandelen in een pasopgericht bouwfonds in de hoop bij de maandelijkse loting een lening te krijgen, terwijl moeder, die nooit geld van zichzelf had gehad, haar geloof bijdroeg: 'God weet wat je nodig hebt, zelfs voordat je erom vraagt', en wonderlijk genoeg leverde de volgende loting een lening van driehonderd pond op, net voldoende om een vervallen, van ratten vergeven oud huisje te kunnen kopen dat op anderhalve hectare grond stond aan de rand van Oamaru, net voorbij het stadspark en het kampeerterrein. Ik moet me zo veel zorgen hebben gemaakt over het vinden van woonruimte en de verhuizing dat ik me er niets meer van kan herinneren. Toen het jaar aan de kweekschool erop zat, ging ik met de Bradleys en Rona Pinder naar Stewart Island, waar we in een strandhuisje logeerden. Mijn herinneringen aan die tijd zijn alleen gevangen in een paar foto's waarop we in onze zelfgemaakte zonnepakjes op het strand lopen te paraderen, eten koken boven een vuurtje dat werd gestookt door twee jongemannen, en van de binnenkant van ons huisje, waar ik in bed lig met de dekens opgetrokken tot aan mijn kin, terwijl een van de jongemannen de afwas van de vorige dag staat te doen, nadat we ons 'bierfeest' hadden gehouden, indertijd het symbool van volledige volwassenheid.

Toen ik naar Oamaru terugging, waren we verhuisd van Eden Street 56 naar het oude huisje op het terrein dat Willowglen werd genoemd.

6

Willowglen

Willowglen was bewoond door een reeks van asociale gezinnen waarover zelden in het enkelvoud werd gesproken, maar alleen als over de 'vreselijke D.'s of 'die X.'en', waarvan de kinderen op blote voeten, in lompen gehuld en soms ziek naar school gingen en als ze groter werden degenen waren die maatschappelijke misstappen begingen en werden uitgestoten. In de crisistijd waren zij de echte armen geweest, die van runder- en varkensbeenderen en tweede keus fruit leefden, en die jutezakken met kleren van het 'nooddepot' kregen. Als je bij het nooddepot moest aankloppen, was je wel heel diep gezonken; mensen zeiden dan dat het stom van je was en dat je het wel nooit zou leren, dat het zonde van hun tijd was zich met je bezig te houden en dat je een slecht voorbeeld voor anderen was. Ik was altijd gefascineerd door het woord 'depot', met dat hoedje als een zottekap boven de o, waarvan ik later leerde dat het een circumflex was, teken van een verloren 's'; ik stelde me de ravijnen voor in het landschap van woorden waar de verloren letters in vielen.

Het huis had leeggestaan sinds de M.'s uit de stad waren vertrokken. De anderhalve hectare was in het begin van de eeuw door een landschapsarchitect beplant met Engelse bomen: vijf eiken, allerlei soorten dennen, waaronder een enorme noordse den met afhangende takken die we de 'spookboom' noemden; taxus en een cypres; een boomgaard met appel-, kersen-, kweepeer- en pruimenbomen; een hoge perenboom die achter het huis over het dak hing, en massa's voorjaarsbloemen – narcissen, luciferplantjes en krokussen, die langs de oevers groeiden van het beekje dat het erf doorsneed. Langs het pad waarover het vee werd gedreven – dat gemeentebezit was en waarop wij recht van overpad hadden – was een kwekerij met jonge denne-naanplant. Willowglen werd aan drie kanten omgeven door velden vol matagouri en door moeras, en aan één kant liep de spoorlijn die vanuit Oamaru naar het zuiden voerde.

Ik herinner me nog hoe machteloos en ontredderd ik me voelde toen ik onder het afdak door liep dat aan de achterkant van het huis tegen de heuvel aan was gebouwd en dat bedolven lag onder vloedgolven van de stroom van perenboombladeren van het vorige jaar, en de keuken zag, die voor een deel een aar-den vloer had, omdat de oude houten vloer het begeven had. Er stond een groot kolenfornuis in de keuken en in de grotere, aan-grenzende bijkeuken stond een oud elektrisch fornuis. Door de muur van de bijkeuken stak een kraan die van de roestige water-tank afkwam die buiten stond. Verrassend genoeg was er achter de bijkeuken een kleine badkamer aangebouwd met een bad en een wastafel, maar zonder warm water en tot de watertank gere-pareerd kon worden of er een waterleiding werd aangelegd, was er helemaal geen water. Het huis had vier kamers, en de keu-ken, bijkeuken en badkamer, en in twee van de kamers was een dubbelzijdige open haard die allang in onbruik was en vol lag met losgeraakt vuil uit de schoorsteen; en elke kamer had zijn hoopje goudstof van de boorkever, dat voortdurend aangroeide doordat elke menselijke voetstap op de verrotte vloeren zijn tril-lingen doorgaf naar het van boorkevers vergeven plafond.

Buiten, naast de enorme macrocarpa, die vol zat met orgelvo-gels, stond een vervallen washok met in een hoek een koperen wasketel voor het uitkoken van kleren die daarna gewassen wer-den in de houten wastobbes. Aan het pad dat naar het afdak leidde, stond naast de cypres het 'huisje', zodat het algauw 'de cy-pres' werd genoemd en dat was overgroeid met kleine, geurige witte roosjes, die wij 'huisjesrozen' noemden. Er zat geen deur

in en de bril van het huisje, lang en breed als die in een strandhuisje, zat boven een diep gat dat half gevuld was met oude 'kiki'
(ons woord voor uitwerpselen) in verschillende tinten bruin,
met bovenop verbleekte stukken krant, de *Oamaru Mail* en de
Otago Daily Times.

De anderen vertelden me dat Isabel en June het huis hadden
geboend, dat ze geholpen hadden een deel van het meubilair
het steile pad op te dragen, maar dat het meeste 'beneden op de
vlakte' had moeten achterblijven in een van de oude stallen en
schuren. Bruddie en pa waren hun geschillen tijdelijk vergeten
en maakten samen plannen voor de watervoorziening, een sep-
tic tank en de reparatie van het dak. Moeder was dolgelukkig omdat ze voor het eerst een elektrisch fornuis kon gebruiken en
maakte plannen om ronde theegebakjes, cakejes, rotsjes en ris-
soles te bakken, en toen ze voor het eerst het elektrische strijkijzer gebruikte om pa's werkhemden en zakdoeken te strijken,
riep ze spijtig: 'Hadden we maar zoiets gehad toen de kinders
nog klein waren!' Wij meisjes hadden ook plezier van de elektrische strijkbout, nadat we jarenlang de oude strijkbouten op het
fornuis hadden moeten verwarmen waarmee we, als we soms
vergaten het roet van de onderkant te vegen, onze schooluniform-
men en blouses brandmerkten met zwarte vegen die je er niet
meer af kon boenen; hoe snel konden we nu geen zomen en
plooien persen!

Ondanks de bouwvallige staat van het huis voelden we ons er
al thuis, zíj in ieder geval wel, maar ik had het proces van verhuizen gemist en mijn komst was als een hereniging met familie nadat het overlijden en de schok van het overlijden en de begrafenis
al achter de rug waren. Pa had er al een gewoonte van gemaakt
om 'overtollige' steenkool van de locomotief te gooien als hij de
trein langzaam de bocht bij het stadspark door stuurde en de
steile helling opreed naar Maheno, en de anderen waren er al

aan gewend met een jutezak door de afrastering van ijzerdraad bij de acacia te klauteren om tussen de pollen wilde lathyrus door de kostbare brokken spoorwegkool te verzamelen, de 'heldere' kool, Kaitangata, of de 'doffe' kool, bruinkool uit Southland. En het inderhaast gerepareerde kippenhok was al voorzien van een tiental witte leghorns, deels om de roestige molen te rechtvaardigen die in de oude schuur was gevonden, waarmee je oesterschelpen tot gruis voor de kippen kon vermalen. De vervallen koeienstal waar geen dak meer op zat en die een kapotte sluitboom had, stond te wachten aan de voet van de heuvel bij de appelschuur.

Toen ik de aarden vloer zag en de ontheemde binnenkant van het huis, voelde ik me depressief en eenzaam en wist dat Willowglen nooit mijn thuis zou zijn; het was te klein, we zaten allemaal te dicht op elkaar; als in de keuken de radio aanstond, kon je die in de kamer horen alsof je ernaast zat. Je kon ook de luidkeelse ruzies horen en moeders zacht fluisterende pleidooi, waarvan je wist dat het luidde: 'Verhef je stem niet tegen elkaar.' Mijn zusters en broer en ik hadden nu de leeftijd waarop ons leven een 'binnenkamer' had die verborgen bleef voor de anderen, hoewel we elkaar nog steeds opgewekt onze dromen vertelden en onder veel gelach de 'geestige kant' van alles zagen. Die zomer bestempelden we de nieuwe eigenaar van Eden Street 56 zelfs tot een fictionele 'slechterik' door elkaar verhalen over hem te vertellen en over het lot dat hem zeker zou wachten, en voegden hem toe aan onze lijst van schurken – juffrouw Low, de inspecteur van de geneeskundige dienst, het kamerlid dat niet had gereageerd op ons verzoek om geld voor kleding – die we allemaal zorgvuldig hadden ingekapseld, machteloos hadden gemaakt, door ons web van het gesproken woord.

We schonken aan het land dat bij Willowglen hoorde het soort liefde dat we niet aan Eden Street 56 hadden gegeven, hoewel

elk blad en insect, alle planten en de aarde zelf en het samenstel-
sel van gebouwen en bomen ons onbaatzuchtig hadden gediend.
Willowglen was het eerste huis dat echt van ons was. Natuurlijk
moest het bouwfonds worden terugbetaald, en het boekje van
Starr-Bowkett met zijn afgestempelde ontvangstbewijzen had
een ereplaats op onze nieuwe schoorsteenmantel, naast pa's
blikje met sixpences – een cacaoblik met een gleuf in het deksel
waar hij al zijn sixpences in deed tot het vol was, waarna hij repen papier afscheurde van werkbriefjes, de munten in een lange
rij rangschikte en ze zorgvuldig inrolde voor hij ze naar de stad
bracht en omwisselde voor 'echt' geld.

We droomden wat af die zomer! Als we in de winter naar Willowglen waren verhuisd, hadden we onze dromen misschien
niet kunnen koesteren, maar het was zomer, de kerst was net
voorbij en we hadden onze eigen hulstboom en voor het eerst
in ons leven onze eigen dennentakken in plaats van macrocarpa
– wat kon het ons nu schelen dat we geen bruikbare open haard
hadden? De rijkdom aan bloesem die de boomgaard droeg, de
narcissen die uit hun verdorde omhulsels net boven het hoge
gras uitstaken, de luxe van zo veel bomen en zo veel gras, van
purperkoeten en eenden en paling en waterlelies in het riviertje,
van zo veel zomerse hemel, en 'beneden op de vlakte' een kwekerij met jonge dennen om naar te luisteren als de wind erdoor-
heen blies, dat alles gaf zo'n heerlijk gevoel dat we verliefd werden op de omgeving van Willowglen. Tijdens die verrukkelijke
groene en gouden zomerdagen vond ik een plek bij het riviertje,
met een oude boomstam, net als de oude berkenstam van jaren
geleden. Ik zat er urenlang te kijken naar het water, de eenden,
de moerasvogels en, door de gammele afrastering van ijzerdraad, naar de schapen die het gras afknabbelden in het weiland
dat deels uit moeras en deels uit matagouri bestond, *mijn matagouri*. Mijn zusters en ik verkenden de wegen die naar de stad

voerden en verder, en de Old Mill Road die deel had uitgemaakt van onze vroege jeugd- en puberteitsfolklore toen 'ver voorbij de Old Mill' wonen, betekende zo ver als 'voorbij de middelbare jongensschool' aan de andere kant van de stad, en toen 'om de Old Mill lopen' met een jongen precies betekende wat je verwachtte dat het zou betekenen.

Tijdens de eerste januaridagen, toen de eerste herfstdauw op het gras verscheen, verzamelden we paddestoelen bij onze eigen dennenkwekerij en op de heuvel aan de overkant vanwaar je door de gombomen kon uitkijken over de boerderij van Robertson. Zij voorzagen de stad van melk. Ze hadden een zoon, Norman, die met een beurs naar de universiteit ging. Ik had hem een keer of twee gesproken. Ik weet nog dat ik hoopvol dacht dat hij en ik misschien verliefd op elkaar zouden worden en zouden gaan trouwen.

Als pa thuis was, had hij ook zijn vaste plek. Van zijn kant van de tafel vlak bij het kolenfornuis kon hij door het raampje kijken of er bezoek aan kwam over het pad en had hij licht om bij te lezen. De sofa die tegen de wand stond, vlak voor de keukendeur, was Bruddies plek; zijn jachtgeweer om konijnen mee te schieten hing erboven aan de wand, en op momenten dat er spanningen waren in het gezin, pakte Bruddie zijn geweer en begon het traag en demonstratief schoon te maken, terwijl moeder angstig toekeek en pa met boos samengeknepen lippen de werkbriefjes gladstreek die voor hem op tafel lagen, of zijn cacaoblik pakte en zijn sixpences begon te tellen. Of hij vroeg: 'Waar is mijn krijt, ma?'

Al jarenlang had pa maagpijn en omdat hij vermoedde dat hij kanker had, weigerde hij naar een dokter te gaan; in plaats daarvan nam hij een drankje in dat tante Polly en tante Isy hem hadden aangeraden en dat 'krijt' werd genoemd.

En ma pakte het krijt, maakte een dosis klaar en gaf het hem.

En dan was die episode weer voorbij, tot de volgende zich voordeed.

Net zoals wij allemaal, had moeder ook haar dromen over Willowglen. Vanuit haar zelfopgelegde gevangenschap van ploeteren (want we vonden dat we volwassen waren en wilden best helpen, deels om onze nu ongemakkelijke herinneringen aan moeders rol als eeuwige dienstbode teniet te doen), keek moeder uit over haar droomplek, die in werkelijkheid vlakbij was, maar schijnbaar ver verwijderd van haar gevangenis. Ze droomde over de keer dat ze 'naar de vlakte beneden zou gaan', 'in de koelte van de avond', om er gewoon wat te zitten, misschien wat te picknicken onder de dennenbomen en te luisteren naar de wind die door de bomen joeg. We ontdekten dat Willowglen zijn eigen karige portie zon kreeg toebedeeld. In tegenstelling tot Eden Street 56, waar het land helemaal was blootgesteld aan zon en hemel, lag het huis van Willowglen tegen de westhelling van een heuvel en keek uit op een heuvel in het oosten, terwijl de noordgrens bestond uit haagdoorn, meidoorn en wilgen, waardoor het huis 's morgens maar heel kort zon kreeg en het er zelfs in de zomer koel was. Maar als je vanuit die koele en vaak koude wereld van het huis keek, zag je beneden op de vlakte bij het riviertje en daar voorbij, een wereld waarin de zon tot laat scheen, 's zomers tot de avond viel; en zo zou je, als je naar buiten keek zoals moeder deed, wanneer het bijna gedaan was met de dag en de werklust, het gevoel kunnen krijgen dat 'beneden op de vlakte' een onbereikbare wereld vol zon was.

Als ik mijn moeder probeerde over te halen om mee te gaan naar de vlakte beneden in de zon, zei ze op een toon die ze bewaarde om over publicatie en de Wederkomst van de Heer te praten, en nu ook over het witte vossenbontje dat ze ons voor onze eenentwintigste verjaardag wilde geven: 'Een dezer dagen.'

In bijbelse taal die de 'vlakte' verder weg en droomachtiger maakte, voegde ze eraan toe: 'Een dezer dagen zal ik "in de koelte van de avond" onder de dennenbomen in de zon gaan zitten.'

In januari kwam er bericht dat ik moest gaan lesgeven aan klas twee van de Arthur Street School in Dunedin. Ik had mijn voorkeur uitgesproken voor kinderen in de leeftijd van de 'latente fase', van wie werd aangenomen dat ze nog plooibaar, aanspreekbaar en probleemloos waren, en dat de 'moeilijkheden' die er waren, versluierd waren, niet bewust. Ach, hoe goed dachten we het mythische 'kind' te kennen!

Als reactie op mijn advertentie in de *Otago Daily Times*: 'Rustige studente zoekt kosthuis bij Arthur Street School', kreeg ik bericht van een zekere mevrouw T. uit Drivers Road, Maori Hill, die me 'volledige kost en inwoning' aanbood. En dus reisden Isabel en ik weer zuidwaarts met de vertrouwde stoptrein naar Dunedin, Isabel voor haar tweede jaar aan de kweekschool en naar mevrouw R. in Union Street waar ze woonde sinds we bij tante Isy waren weggegaan, en ik naar het huis van mevrouw T. in Maori Hill en mijn jaar als kwekelinge op de Arthur Street School.

7

1945: Een

Toen we als kind experimenteerden met onze identiteit en plaats in het leven, door uitgaande van onszelf de planeten te omvatten in onze voortdurend herhaalde opschriften – naam, straat, stad – Oamaru, Noord-Otago, Otago, Zuidereiland, Nieuw-Zeeland, het Zuidelijke Halfrond, de Wereld, het Universum, de Planeten en de Sterren, maakten we een eenvoudige reis in woorden en deden misschien een voorspelling van het zijn; we waren lyrische dichters die gedwongen werden in te zien dat er ook epische poëzie bestond en als vanzelfsprekend namen we die epische mogelijkheden op in ons gewone denken. Ik vertel dit omdat 1945, een jaar dat voor mij als een persoonlijk en lyrisch gedicht begon, door een samenloop van omstandigheden, door gebeurtenissen op landelijk en wereldniveau, eindigde als een epos dat het universum, de planeten en de sterren omvatte, dit keer uitgedrukt in daden, niet in woorden.

Ik kwam met mijn ontluikende zelf in Dunedin aan. Eind augustus van dat jaar zou ik mijn eenentwintigste verjaardag vieren. Een 'meerderjarigheidsfeest', zoals dat werd genoemd, maakte onderdeel uit van het doorlopende ritueel van volwassen worden, want dan werd je 'mondig', een meerderjarige die mocht stemmen, een testament opmaken, en, zoals het liedje wilde:

I'm twenty-one today.
I've got the key of the door,
I've never been twenty-one before.
I'm twenty-one today.

Aan het einde van het jaar hoopte ik na mijn proefjaar aan de Arthur Street School mijn onderwijsakte te behalen. Ik wilde ook graag een ander vak naast mijn letterenstudie doen en omdat ik dacht dat Engels III een te groot deel van mijn belangstelling zou opslorpen, besloot ik Psychologie I te gaan doen, het eerste jaar van de studie psychologie.

Mijn geheime wens om dichteres te worden, gevoed door de publicatie van twee van mijn gedichten in het universiteitsblad ('Nu zullen ze ontdekken dat ik een echte dichteres ben!') nam een groot deel van mijn tijd in beslag. Ik wilde even graag indruk maken met mijn verbeeldingskracht als tijdens mijn schooltijd, alleen waren er hier zo veel meer mensen die ieder zo veel meer verbeeldingskracht hadden, overal waren schrijvers en dichters, want ik had geleerd om exemplaren van de *Critic* te bemachtigen door schijnbaar nonchalant rond te hangen bij de ingang van de universiteit in de buurt van de mand met *Critics* met de uitnodigende tekst: 'Neem er een mee.' Voor bijdragen was nog steeds een bezoek aan het kantoor nodig, waar je het verhaal of gedicht kon afgeven. Ik snap niet waarom ik mijn bijdrage niet over de post verstuurde. Ik vermoed dat ik op het gebied van de meeste menselijke activiteiten onwetend en naïef was, zelfs waar het ging om het posten van een brief. Ik was nog steeds niet op de hoogte van de talloze alledaagse karweitjes die door gewone mensen werden gedaan. Uitgaande van mijn leven thuis, verkeerde ik in de veronderstelling dat je alleen een brief verstuurde naar een andere stad en dan alleen met nieuws over zaken als geboorten, sterfgevallen, huwelijken, of reizen die al waren gemaakt of nog zouden worden ondernomen, terwijl het verzenden van een telegram voornamelijk een snelle manier was om melding te maken van een sterfgeval, of de aankomsttijd van een trein met bezoekers die 'op doorreis' waren of met familieleden die kwamen logeren; en pakjes betekenden Kerstmis. Ik was nog maar nauwelijks begonnen de grondbeginselen van het volwassen leven te bestuderen. Ik wist van blijdschap en van liefde die werd ontdekt op het punt van verlies, en ik had de dood aanvaard. Ik dacht dat ik de gevoelens kon aflezen die schuilgingen achter de gezichten van mensen, of die uit hun ogen spraken en uit hun bestudeerde of vluchtige, onbeheerste gezichtsuitdrukkingen en uit de woorden die ze zeiden. De oorlog hield me nog steeds bezig en bracht me in verwarring – 'de deernis van de oorlog, de deernis die oorlog teweegbrengt' – en het waren de dichters die voor mij de plaatsen verlichtten die ogenschijnlijk niemand anders wilde bespreken of bezoeken. Ik dacht vaak verlangend aan de profetie: 'Geen volk zal tegen een ander volk het zwaard opheffen, en zij zullen de oorlog niet meer leren.'

Ik was in de kost bij mevrouw T., een weduwe met een getrouwde dochter, Kathleen, die in een nieuwbouwwijk in Wakari woonde, waar mevrouw T. het grootste deel van haar tijd doorbracht. Na het ontbijt nam ze de bus – 'Ik ga naar Kathleen' – en kwam terug rond de tijd dat ik uit school kwam. Het enige gespreksonderwerp van mevrouw T. was 'Kathleen, Bob en de kinderen', wat ze deden, wat ze zeiden, hoe ze zich voelden, en een groot deel van haar gedachten werd in beslag genomen door wat ze hun cadeau zou doen. 'Ik zag vandaag iets in de winkel van Arthur Barnett en toen zei ik bij mezelf: "Dat is net iets voor de jongste van Kathleen. Kathleen heeft er stad en land voor afgezocht."' Bob werkte bij het energiebedrijf, in de showroom in Princes Street, en kon met korting kachels kopen.

Voor de vorm gebruikte ik soms de maaltijden met mevrouw T. in plaats van ze mee naar mijn kamer te nemen 'omdat ik stof moet inhalen en lessen na moet kijken en voorbereiden...' en dan zat ik tegenover haar en luisterde geboeid hoe zij haar dag 'bij Kathleen' beschreef – dat ze samen de was hadden gedaan en het huis hadden opgeruimd, dat Kathleen en Bob hoopten ooit een keer 'kamerbrede' vloerbedekking in alle kamers te hebben. 'Dat zie je tegenwoordig al heel vaak, kamerbreed tapijt.' Ik, de 'rustige verlegen onderwijzeres, waar je echt helemaal geen last van had', bracht het grootste deel van mijn vrije tijd op mijn kamer door met het nakijken van huiswerk, het voorbereiden van lessen en het uitknippen van papieren sterren in allerlei kleuren om de kinderen mee te belonen, en met het bestuderen van mijn handboek psychologie en het schrijven en lezen van gedichten.

Het huis van mevrouw T. deed denken aan het huis van Jessie C. in Oamaru – een plek waar 'andere mensen' woonden; met tapijten en met rozen bedrukt behang, met heel veel meubelen en prullaria en sofa's waarvan de bekleding niet gescheurd was; en in het hele huis geen spoor van de vulling van het meubilair of van het hout van de vloer of de tengel achter het behang. Er was comfort met een sfeer van verhulling. Omdat ik was grootgebracht in een huis waarvan we altijd wisten en in veel gevallen konden zien wat zich achter de muren en onder de vloer afspeelde, voelde ik me nooit helemaal thuis in het huis van 'andere mensen'. Zelfs in Willowglen wekte de armoedigheid van de aarden vloer zo'n sterk gevoel van realiteit op (zo sterk dat het irreëel werd), dat die meer deel van het leven uitmaakte dan de beklede geheimzinnigheid in een huis als dat van mevrouw T.

Ik genoot van de kinderen op school en van het lesgeven. Ik zat vol ideeën om hun individuele ontwikkeling te stimuleren. Ik was verrukt over de tekeningen en gedichten van de kinderen, want ze schreven bijna elke dag gedichten en verhalen, die ik samen met de tekeningen aan de wand prikte, zodat iedereen ervan kon genieten. Ik deed ook veel extra moeite voor andere vakken. Maar ik schoot tekort als collega; ik was verlegen in gezelschap van andere mensen, vooral van diegenen die gevraagd zouden kunnen worden mijn functioneren als onderwij-zeres te becommentariëren en te beoordelen, wat maakte dat ik mijn vrije tijd alleen doorbracht. Ik was te verlegen om 's mor-gens en 's middags thee te gaan drinken in een kamer vol andere leerkrachten en verzon daarom excuses als 'ik heb nog iets te doen in mijn lokaal', en was me ervan bewust dat ik inging tegen alle instructies over de noodzaak 'je in volwassen gezelschap te begeven, deel te nemen aan sociale activiteiten en gesprekken met andere leerkrachten en ouders', en dat 'de theepauze 's mor-gens in de lerarenkamer' een bijna heilig ritueel was. Mijn angst te worden 'geïnspecteerd' door de hoofdonderwijzer of de in-specteur gaf me de inspiratie iets te verzinnen om de dag des oor-deels uit te stellen, en ik bedacht een vervolgverhaal waarmee ik verder kon gaan zodra ik maar voetstappen van het gezag door de gang hoorde naderen, zodat een bezoek van de hoofdonder-wijzer aan een klas die volkomen geboeid zat te luisteren (de in-houd van het verhaal verzekerde me van een geboeid gehoor), mijn geschiktheid als onderwijzeres kon 'bewijzen', met als ge-volg dat ik mijn 'C'-certificaat zou 'halen' aan het einde van het jaar.

Ik kon het lesgeven ontvluchten door de psychologiecolleges te volgen en naar het psychologisch laboratorium te gaan waar we een scala van interessante experimenten en proeven uitvoer-den onder leiding van twee pas afgestudeerde jonge docenten, Peter Prince en John Forrest, die we meneer Prince en meneer Forrest noemden, maar die ik de bijnaam Z.K.H. en Ash gaf (naar Ashley, de blonde jongeman uit *Gone With the Wind*, een rol van Leslie Howard). Omdat deze twee jongemannen – zó van de universiteit, in een wereld waar jongemannen schaars waren – in zekere zin bestemd waren voor gebruik door gemeenschap en studenten, werden ze het onderwerp van geruchten, specula-ties en fantasieën. Ik mocht Z.K.H. het liefst omdat hij, in tegenstelling tot Ash, een 'introvert type' leek, en volgens de magisch vastgestelde indeling van mensentypen waren de 'introverten' de kunstenaars, de dichters. Ik zag Z.K.H. wel eens met zijn hoofd wat achterover, zijn pijp in de mond, met zijn langbenige, verende pas door Frederick Street naar de universiteit lopen, en dan dacht ik: 'Hij verkeert in hoger sferen.' Hij bloosde ook snel en net als de door mij bewonderde G.M. Cameron had hij iets verterend onhandigs in zijn manier van spreken en bewegen. Ash was niet zo lang, maar knap en blond met een haarlok over zijn voorhoofd gedrapeerd, en anders dan Z.K.H., die donkere pakken aanhad, droeg Ash een roestkleurig sportjasje en tomaatrode sokken, waar hij zelfs een keer de aandacht op vestigde in het laboratorium: 'Wat vinden jullie van mijn tomaatrode sokken?' waarbij hij 'tomaat' uitsprak op zijn Amerikaans.

Sommige vrouwen zwijmelden weg bij Ash.

Ash – meneer Forrest – was degene die regelmatig grammofoonconcerten organiseerde in de gehoorzaal van de muziekafdeling.

'Al die platen en zo weinig mensen om ze te beluisteren', zei hij zonder veel omhaal. (Hij kreeg de reputatie 'openhartig' te zijn en onconventionele kleding te dragen.) Op een dag besloot ik naar het recital te gaan en toen ik voor de deur van de gehoorzaal bleef staan om moed te verzamelen, hoorde ik de piano. Ik deed de deur open, keek stiekem naar binnen en zag dat meneer Forrest piano speelde. Hij hield er meteen mee op en begon de platen klaar te leggen. Maar ik had hem horen spelen, op en neer over de toetsen met zwierige gebaren als een concertpianist, en hij reeg de noten aaneen met een doelbewuste kracht die ergens toe leidde en sloeg niet simpelweg noten aan om een 'wijsje' te krijgen zodat ze van elkaar gescheiden werden en geen zeggingskracht kregen in het hele stuk. Afgezien van de geliefde liederen van Schubert en de 'wijsjes' uit Walt Disneys *Fantasia* en de nieu-

we liedjes die we op de kweekschool hadden geleerd, waaronder
oude kerstliedjes als

Ik denk dat dit kindje blij,
Timmerman wordt net als wij.
Dan krijgt hij al wat ik bezit,
Mijn schaaf en spijkers en mijn hout
Mijn hamer die zo vrolijk tikt.

en:

Kindje Jezus, slaap lief en zacht
Onder deze warme schapenvacht

had ik nog steeds weinig verstand van klassieke muziek en ik had
nog nooit naar een lang muziekstuk geluisterd – naar een symfonie of concert. Die dag liet meneer Forrest een plaat horen van
Tsjaikovski's *Symphonie Pathétique*, en met een handjevol studenten luisterde ik naar de voor mij nieuwe klanken die hun vreselijke doemslast eindeloos voortsleepten, en toen de muziek bij het
'wijsje' kwam dat ik kende als:

Dit is het verhaal van een sterrennacht
De verbleekte praal van een sterrennacht...

voelde ik de verrukking die herkenning met zich meebrengt. Ik
bleef luisteren tot het eind, verliefd op de muziek en haar kolkende droefheid, en Tsjaikovski werd (na Schubert) mijn lievelingscomponist.

'César Franck kennen jullie natuurlijk allemaal wel', zei meneer Forrest.

De toehoorders keken alsof ze César Franck kenden.

'Volgende week draaien we César Franck', zei meneer Forrest en hij sprak de naam heel zelfverzekerd en met vertrouwdheid uit.

De muziekkamer werd een andere plek waar ik me thuis voelde en waar ik leerde luisteren naar muziek die langer dan drie of vijf minuten duurde. Waarom had ik niet eerder geweten dat het luisteren naar een symfonie net zoiets was als het lezen van een boek, met al zijn ontwikkelingen, zijn speciale vorm en stille en heftige momenten? Ik leerde om achteloos te zeggen: 'Het Adagio – vond je het Adagio mooi? En die passage in het Andante...' Ik begon naar pianorecitals te gaan in de lunchpauze en hoewel ik in het begin op de verkeerde momenten applaudisseerde omdat ik dacht dat de muziek afgelopen was, leerde ik al snel hoe het hoorde. Ik ging net zo praten als mensen doen die regelmatig naar recitals en symfonieconcerten gaan: 'O, ruik je de mottenballenlucht uit die bontjas! Zij luisteren maar eens per jaar naar muziek. Stel je voor, één keer per jaar! En al dat gehoest, net midden in dat langzame gedeelte, ze hoestten niet eens op die momenten waarop ze dachten dat je wel even stiekem kon hoesten of je keel kon schrapen!'

En op een dag zag ik John Forrest ineens met heel andere ogen, toen hij in de gehoorzaal zei: 'Maar Schubert is mijn lievelingscomponist.'

Schubert! *Ode aan de muziek. Gij heil'ge kunst in vele uren van droefheid.*

Ondanks mijn zorgen over het lesgeven en mijn toekomst vond ik het jaar over het algemeen prettig. Op de kweekschool en de universiteit dacht ik weinig aan thuis en mijn familie, en als ik een van mijn zeldzame weekends thuis doorbracht, probeerde ik me los te maken van die plek en de mensen. Mijn familieleden leken wel vermoeide geesten die voor die gelegenheid tot leven probeerden te komen; zowel moeder als pa werd nog steeds geteisterd door geploeter, en de extra vermoeidheid school nu in de lange tocht de heuvel op; pa met zijn zelfgemaakte leren werktas boordevol spoorwegkolen, en overdag wanneer er niemand thuis was, sjouwde moeder de boodschappen omhoog die de jongen van de Self-Help of de Starwinkel bij het schuurtje had afgeleverd. Als ik in het weekend thuiskwam, had moeder altijd een pot koffie gekocht, die donkere, zoete vloeistof met de vieze smaak die Greggs Coffee heette, en de fles cichorei-aroma waarvan de buitenkant plakkerig werd door de gemorste siroop. Koffiedrinken was een teken van volwassenheid; daarom dronk ik koffie. Ook had een van de docenten aan de universiteit me aangesproken met de naam Janet, terwijl ik altijd Jean werd genoemd; daarom liet ik me nu officieel Janet noemen. In het weekend nam pa een stapel bibliotheekboeken van Sexton Blake voor me mee om te lezen, en dan schoot ik door de avonturen van Sexton Blake en Tinker heen zodat ik er met hem over kon praten. De gebruikelijke attenties van mijn ouders maakten me verdrietig, tevreden en woedend, en lieten een gevoel van hulpeloosheid bij me achter – wat kon ik voor ze doen? Ik kon het patroon van hun voorbije leven langzaam zien verschijnen, als een scenario dat met onzichtbare inkt was geschreven en nu voor mij zichtbaar werd gemaakt, verwarmd door het vuur dat eenvoudigweg oplaaide doordat ik volwassen werd. Ik zag ook het licht dat door datzelfde vuur ontstond, de schaduwen die tevoorschijn kwamen als herkenbare gedaanten van een taal die vol betekenis voor me was: de taal van liefde en verlies en vreugde en de kwelling een duidelijke plaats in te nemen in een gezin, terwijl al mijn ontwakende verlangens erop gericht waren me met wortel en al los te maken, snel, zonder zenuweinden achter te laten, afgebroken draden die het gevaar liepen zich te herstellen.

Het jaar was half om. Mijn eigen lyrische gedicht begon zijn stille angstaanjagende opmars naar de planeten en de sterren. Aan het begin van de maand waarin ik mijn eenentwintigste verjaardag zou vieren, de maand waarin ik meerderjarig werd, was de oorlog ineens afgelopen, nadat die me alle jaren van mijn officiële puberteit had vergezeld, deel van de ontwikkeling van mijn lichaam en geest was geweest, bijna een bestanddeel van mijn bloed was dat overal zijn sporen achterliet, zelfs in mijn haar en mijn (afgepulkte of afgebeten) vingernagels. Dat jaar viel de gebruikelijke voorjaarssneeuw die de pasgeboren lammeren doodde, maar de vroege krokussen in leven liet. Iedereen was dolblij dat de oorlog voorbij was en het was voldoende om blij te zijn en niet na te denken over het feit dat de atoombom het licht had gezien en ook zijn eigen leven en verantwoordelijkheid had gekregen. Mijn meerderjarigheid werd verlicht door het paddestoelvuur dat iedereen die in de helderheid ervan gevangen werd tot een schaduw maakte; een spectaculaire belichting van de riten van de dood: 'Gij zijt stof en tot stof zult gij wederkeren.'

Op 28 augustus werd ik 'meerderjarig', zonder feestje, maar ik kreeg wel een paar bijzondere cadeaus van mijn familie – 'dingen' die lieten zien dat ik toch een deel van de wereld was: ik kreeg een nieuw armbandhorloge en een nieuw paar Schots geruite pantoffels met pompons en een voering van schapenvacht. Als een soort afroming van alle gevoelens die ik had laten sudderen tot ik oud was, schreef ik in die maand mijn eerste korte verhaal: 'Naar de universiteit', waarvoor de *Listener* twee guineas betaalde.

Het jaar ging nu snel voorbij en de doorslaggevende eindbeoordeling van de schoolinspecteur naderde met rasse schreden. Het was onvermijdelijk dat ik op een onbewolkte ochtend met narcissen en rode ribes en een glans op de bladeren van de struiken langs Queen's Drive, mijn dagelijkse route naar school, met een zweem van warm goud in het scherpe citroenkleurige zonlicht, op school kwam en ontdekte dat het inspectiedag was. Halverwege de ochtend kwamen de inspecteur en de hoofdonderwijzer mijn lokaal binnen. Ik begroette hen vriendelijk op mijn bestudeerde docentachtige manier en ging aan de zijkant van het lokaal staan waar ik alle tekeningen had opgehangen, terwijl de inspecteur wat met de klas praatte voordat hij ging zitten om mijn optreden als onderwijzeres te observeren. Ik wachtte. Toen zei ik tegen de inspecteur: 'Wilt u me even excuseren?'

'Natuurlijk, juffrouw Frame.'

Ik liep het lokaal en de school uit en wist dat ik nooit terug zou komen.

8

1945: Twee

Aanvankelijk genoot ik alleen maar van de sprankelende ochtend, dronken door het gevoel van vrijheid en doordat alle zorgen verdwenen waren. Toen de werkelijkheid de overhand nam, richtte ik mijn schreden naar London Street, een straat waar veel artsen woonden, koos een artsenpraktijk onder aan de heuvel uit en ging naar binnen voor een consult met dokter William Brown, de onschuldigste en meest anonieme naam die ik had kunnen vinden. Ik legde aan dokter Brown uit dat ik me erg moe voelde en vond dat ik een paar weken rust nodig had. 'Het is het eerste jaar dat ik lesgeef', zei ik en ik barstte in tranen uit.

Dokter Brown was zo vriendelijk me een attest voor het schoolhoofd te geven om mijn tijdelijke afwezigheid te verklaren.

Nadat ik het attest op de hoek van de straat op de post had gedaan, lagen er drie weken van louter vrijheid voor me. Ik volgde colleges aan de universiteit en ging naar muziekrecitals. Ik las en schreef. 'Ik heb drie weken verlof', vertelde ik mijn hospita, die, omdat ze helemaal opging in haar familie, meteen begon te praten over wanneer Bob zijn jaarlijkse vakantie zou krijgen. Kathleen en de kinderen wilden zo graag naar Queenstown.

'Ik heb zo veel te doen', zei ik, 'dat u me waarschijnlijk niet vaak zult zien bij de maaltijden en zo, maar ik zal ruim van tevoren een briefje neerleggen als ik er niet ben met het avondeten.'

'Wat ben je toch attent', zei mevrouw T. 'Ik mag me gelukkig prijzen met zo'n rustige studente. Je merkt haast niet dat je er bent, zo rustig ben je!'

(Een keurig meisje waar je helemaal geen last van hebt.)

Aan het einde van mijn derde week, toen de school weer dreigend voor me opdoemde, was ik gedwongen me te realiseren dat zelfmoord mijn enige uitweg was. Ik had me zo zorgvuldig omgeven met een dichtgeweven laag van 'helemaal geen last van, een rustige studente, altijd een glimlach paraat (als ik mijn verwoeste tanden maar kon verbergen), altijd even opgewekt', dat zelfs ik de draad van het weefsel niet kon doorbreken. Ik voelde me volledig geïsoleerd. Ik kende niemand die ik in vertrouwen kon nemen of aan wie ik advies kon vragen, en ik kon nergens naartoe. Wat kon ik in vredesnaam doen om de kost te verdienen en toch als mezelf te leven, zoals ik mezelf kende. Tijdelijke maskers, wist ik, hadden hun nut; iedereen droeg ze, ze waren een menselijke modegril; maar niet maskers die vastgemetseld waren zodat de drager ervan geen adem meer kon halen en uiteindelijk zou stikken.

Op zaterdagavond ruimde ik mijn kamer op, zette mijn spullen netjes neer, slikte een doosje aspirines en ging op bed liggen om dood te gaan; ik was er vast van overtuigd dat ik dood zou gaan. Mijn wanhoop was buiten alle proporties.

De volgende morgen werd ik rond het middaguur wakker met een geraas in mijn oren en een bloedneus. Mijn eerste gedachte was niet eens een gedachte, het was een gevoel van verwondering en verrukking en dankbaarheid dat ik leefde. Ik kroop mijn bed uit en bekeek mezelf in de spiegel; mijn gezicht zag donkerrood. Ik begon over te geven, keer op keer opnieuw. Uiteindelijk hield mijn neus op met bloeden, maar het geraas in mijn oren bleef. Ik ging weer naar bed, viel in slaap en werd rond tien uur die avond wakker. Mijn hoofd bonkte nog steeds en mijn oren tuitten. Ik rende naar de badkamer, draaide de kraan open en begon weer over te geven. Mevrouw T., die het weekend bij Kathleen had doorgebracht en net een paar uur thuis was, verscheen in de deuropening van haar slaapkamer.

'Gaat het wel goed met je?' vroeg ze.

'O, ja hoor', riep ik. 'Het gaat prima. Ik heb een drukke dag gehad.' (Je hebt geen last van haar, helemaal geen last van haar.)

'Kathleen en Bob hebben een rijk leven', zei mevrouw T., iets wat ze niet verder uitlegde, maar waar ze duidelijk mee ingenomen was. 'Een rijk leven.' We wensten elkaar welterusten en ik ging naar mijn kamer en sliep verder.

De volgende morgen, de gevreesde maandag, had ik alleen nog wat hoofdpijn toen ik wakker werd.

'Mijn verlof is verlengd', vertelde ik mevrouw T. 'Ik moet onderzoek doen.' Ik was nu zo dolgelukkig dat ik nog leefde terwijl het mijn bedoeling was geweest om dood te gaan, dat de school een ondergeschikt probleem leek. Ik geloof dat ik telefonisch en naderhand per brief aan het schoolhoofd heb uitgelegd dat me was aangeraden het lesgeven eraan te geven. Ik zei er niet bij dat het mijn eigen advies was.

Ik vond een baantje als bordenwasser in de mensa. Ik probeerde mijn toekomst hoopvol tegemoet te zien en wist dat ik er nooit meer voor zou kiezen mezelf te doden.

Toevallig maakte het schrijven van een korte autobiografie deel uit van onze cursus psychologie. Toen ik de mijne geschreven had, vroeg ik me af of ik mijn zelfmoordpoging moest vermelden. Ik was nu hersteld; maar eigenlijk was ik er nogal trots op, want ik kon me niet meer voorstellen dat ik het gedurfd had. Aan het eind van mijn autobiografie schreef ik: 'Misschien moet ik nog vertellen dat ik pas een zelfmoordpoging heb gedaan...' en ik beschreef wat ik had gedaan, en om de poging indrukwekkender te doen lijken, gebruikte ik de scheikundige naam van aspirine – *acetylsalicylzuur.*

Later die week zei John Forrest aan het einde van een college tegen me: 'Ik heb genoten van je autobiografie. Alle andere waren zo stijf en serieus, maar de jouwe was zo natuurlijk van toon.

Je hebt echt aanleg om te schrijven.'

Innerlijk glimlachte ik superieur. Aanleg om te schrijven, wel ja. Schrijven werd mijn beroep!

'Ik schrijf ook', zei ik. 'De *Listener* heeft een verhaal van me gepubliceerd...'

Daar was hij van onder de indruk. Iedereen was ervan onder de indruk geweest en zei: 'In de *Listener* word je niet snel geplaatst.'

John Forrest keek me scherp aan. 'Het moet je moeite gekost hebben om al die aspirines te slikken.'

'O, ik heb ze met wat water ingenomen', antwoordde ik rustig.

Toen ik die avond naar bed wilde gaan, riep mevrouw T., die had opengedaan omdat er op de voordeur werd geklopt: 'Er zijn drie heren voor je. Van de universiteit.'

Ik ging naar de deur en daar stonden meneer Forrest, meneer Prince en het hoofd van de faculteit, die als eerste sprak.

'Meneer Forrest vertelde me dat u zich de laatste tijd niet zo goed voelt. We dachten dat u misschien wel een poosje rust zou willen nemen.'

'Dank u, maar ik voel me goed.' (Geen last van, helemaal geen last van.)

'We hoopten dat u misschien met ons mee zou willen gaan naar het ziekenhuis – het Dunedin-ziekenhuis – gewoon om een paar dagen uit te rusten.'

Ineens vielen alle zorgen van me af: er werd voor me gezorgd. Ik kon me niets heerlijkers voorstellen dan veilig en warm in bed te liggen, bevrijd van lesgeven en geld verdienen, en zelfs bevrijd van mevrouw T. en haar comfortabele huis; bevrijd van mijn familie en mijn zorgen over hen; en van het steeds sterkere gevoel van isolement in een moedige vrolijke wereld vol moedige vrolijke mensen; bevrijd van de oorlog, en eenentwintig en verantwoordelijk zijn; alleen niet bevrijd van mijn rotte gebit.

'John zal je komen bezoeken', zei het hoofd van de faculteit.

John! Het bij de voornaam noemen, wat onder jonge docenten en hun studenten heel gewoon was, maar voor mij nog steeds nieuw, streelde me en maakte me bang. 'Dat is heel aardig van u, meneer Forrest', zei ik keurig.

En zo werd ik opgenomen in het Dunedin-ziekenhuis, op de Colquhoun-afdeling, die een psychiatrische afdeling was, zoals ik tot mijn schrik algauw merkte.

De artsen, Marples en Woodhouse, twee jonge interne artsen, waren belangstellend en vriendelijk. De verpleegster, Maitland Brown, die lid was van de evangelische kerk en in opleiding voor zendelinge, praatte met me over haar hoop en dromen. Ik herinner me maar één andere patiënte, in het bed naast het mijne, een merkwaardige vrouw die een operatie had ondergaan en dat bleef ontkennen. Omdat ik was opgegroeid in een filmsterwereld waar je je oordeel baseerde op de eerste indruk van het uiterlijk van mensen, vond ik dat ze afstotelijk lelijk was met haar rode gezicht, grove huid, haar kleine ogen met hun rode wimpers en haar uitdunnende rode haar. De afkeer van haar was algemeen. Ik vraag me nu af hoe de behandeling is van psychiatrische en andere patiënten van wie de uitnodiging afstraalt (als ging het om een chemische stof) om niet gemogen te worden en die daarom moeten vechten voor sympathie en eerlijkheid (en die daardoor nog meer antipathie en vijandigheid oproepen). Toen er op een dag twee ambulancebroeders kwamen om de lelijke patiënte naar 'een ander ziekenhuis' te brengen, hoorde ik dat het 'andere ziekenhuis' Seacliff was. Seacliff, aan de hoofdspoorlijn, het grijsstenen gesticht dat op een kasteel leek. Seacliff, waar de gekken naartoe gingen. 'Daar ga jij natuurlijk niet heen', zei Maitland. 'Met jou is er niets aan de hand.'

Nadat ik drie weken voor observatie in het ziekenhuis had doorgebracht, was dat inderdaad het vonnis. Moeder werd gevraagd naar Dunedin te komen om me mee naar huis te nemen, want na een vakantie thuis zou ik zo weer de oude zijn, zeiden ze.

Toen ik plotseling met het vooruitzicht werd geconfronteerd naar huis te gaan, voelde ik alle zorgen van de wereld terugkeren, al het verdriet van thuis en het eeuwigdurende geploeter van mijn ouders en de wekelijkse afbetalingen van de dekens en het nieuwe dekbed van Calder Mackay, en de afbetalingen aan het Starr-Bowkett bouwfonds omdat we anders weer ons huis uit zouden worden gezet; en de ruzies thuis en moeders eeuwige tussenkomst als vredestichtster; en mijn rotte gebit; en mijn onvermogen om een plek te vinden in het Is-Land dat bleef voortbestaan door steeds sneller iedere volgende dag te absorberen. Had ik maar openlijk en zonder me ervoor te hoeven schamen de wereld van poëzie gehad, zonder dat ik die heimelijk in mezelf verborgen moest houden!

Toen ik mijn moeder bij de deur van de afdeling zag staan in haar meelijwekkende 'beste' kleren, haar marineblauwe pakje en haar marineblauwe strohoed met het toefje kunstbloemen bij de rand; met een zweem van angst in haar ogen (want ik had immers op een 'psychiatrische' afdeling gelegen) en haar gezicht dat overduidelijk de uitdrukking van 'Alles is in orde' probeerde aan te nemen, wist ik ondanks mijn paniek over de toekomst dat thuis de laatste plek was waar ik wilde zijn. Ik schreeuwde tegen moeder dat ze weg moest gaan. Ze vertrok en mompelde in verwarring: 'Maar ze is zo'n opgewekt meisje, ze is altijd zo'n opgewekt meisje geweest.'

Ik ging er toen van uit dat ik een paar dagen langer in het ziekenhuis zou blijven, ontslagen zou worden, werk zou zoeken in Dunedin, mijn studie aan de universiteit zou voortzetten en het lesgeven er voorgoed aan zou geven. Ik realiseerde me niet dat het alternatief voor naar huis gaan een opname in Seacliff was. Niemand dacht eraan te vragen waarom ik tegen mijn moeder had geschreeuwd, niemand vroeg me wat mijn plannen voor de toekomst waren. Ik werd meteen een derde persoon, of zelfs persoonloos, zoals blijkt uit de officiële aantekening over mijn moeders bezoek (zoals ik vele jaren later hoorde): 'Weigerde ziekenhuis te verlaten.'

Ik werd (derdepersoonsmensen worden in de lijdende vorm behandeld) naar Seacliff gebracht in een auto waarin al twee meisjes uit de jeugdgevangenis zaten met een vrouwelijke politiefunctionaris, juffrouw Churchill. Juffrouw Churchill! Hoe merkwaardig bewogen gebeurtenissen en mensen en plaatsen en namen zich niet tussen fictie en feiten!

9

1945: Drie

Het schrijven van een autobiografie, dat gewoonlijk wordt gezien als terugzien, kan net zo goed *overzien* zijn of *doorzien*, omdat het verstrijken van de tijd een röntgenvermogen aan het oog verleent. Bovendien is tijd die verstreken is nog geen tijd die voorbij is, het is tijd die zich ophoopt bij de waard, die doet denken aan de sprookjesfiguur die onderweg gezelschap kreeg van steeds meer mensen die geen van allen van elkaar, noch van de waard konden worden gescheiden, en van wie sommigen zo vast zaten dat hun aanwezigheid fysieke pijn veroorzaakte. Als je aan die mensen alle gebeurtenissen, gedachten en gevoelens toevoegt, dan heb je een massa tijd die soms een kleverige smurrie is, en soms een juweel groter dan de planeten en de sterren.

Wanneer ik 1945 doorkijk, zie ik een skelet van dat jaar dat wordt verduisterd door zowel de schaduw van de dood als van het leven – de atoombom, de aloude krokussen die overleefden in de late lentesneeuw, verjaardagen en sterfdagen en twee of drie andere gebeurtenissen waardoor de planeten en sterren waarover zo veel was gedroomd, binnen de privé-wereld van mijzelf en vele anderen in Nieuw-Zeeland werden gebracht. Die gebeurtenissen waren de publicatie van *Achter de palissade*, gedichten van een jonge student aan de universiteit, James K. Baxter, van een bundel *Nieuw-Zeelandse verzen*, onder redactie van Allen Curnow, en van een verhalenbundel onder redactie van Frank Sargeson, *Spreken voor onszelf*. Als kind beschouwde ik Nieuw-Zeelandse literatuur als het domein van mijn moeder, en wanneer ik wilde dat mijn omgeving – de heuvel, de dennenkwekerijen, Eden Street 56, Oamaru, het drooggevallen strand en de zee –

zou ontwaken voor de verbeeldingswereld, was het enige wat ik kon doen ze bevolken met personages en dromen uit de dichterlijke wereld van een ander halfrond en uit mijn eigen verbeeldingen. Er bestond een creatie die Nieuw-Zeelandse literatuur heette; ik had verkozen die te negeren en was me er zelfs nauwelijks van bewust. Er werd weinig over gesproken, alsof het een beschamende ziekte was. Alleen in de Moderne Boekhandel op Moray Place stonden dunne Nieuw-Zeelandse uitgaven van kleine uitgeverijen op de plank; ik had er zelfs een paar gekocht en had vergeefs geprobeerd gedichten in die trant te schrijven. De gedichten van James Baxter met hun wereldwijde zelfvertrouwen vond ik ook imponerend. De verzamelbundels waren echter anders: hun kracht en verscheidenheid boden me hoop voor wat ik zelf schreef en wekten tegelijkertijd in mij het bewustzijn op van Nieuw-Zeeland als een plek waar schrijvers woonden die begrepen hoe ik me had gevoeld toen ik J.C. Squire importeerde om mijn geliefde rivieren van het Zuidereiland te beschrijven, en hoewel ik het gedicht keer op keer overlas, moest ik me tevreden stellen met de Congo, Nijl, Colorado, Niger, Indus en Zambesi: prachtige namen, maar uit een andere wereld.

Maar hier, in de bundel *Nieuw-Zeelandse verzen* (ze waren nog steeds niet dapper genoeg om het 'poëzie' te noemen) kon ik in Allen Curnows gedichten lezen over Canterbury en de vlakten, over 'stof en afstand', over ons land dat zijn aandeel in de tijd had en niet hoefde te lenen uit een noordelijke Shakespeariaanse rijkdom. Ik las er ook over het verleden en wat ontbrak en over zaken die alleen wij konden ervaren, en over wezenlijke dingen die je bijbleven door de unieke invloed die ze op ons leven hadden: het gedicht 'Wild IJzer' maakt voor mij deel uit van de geschiedenis van Nieuw-Zeeland en zijn bevolking.

En dan was er nog Denis Glover, die de namen van onze eigen rivieren en plaatsen gebruikte, en zelfs over de orgelvogels schreef en een volmaakte beschrijving gaf van hun gekrijs op een mistige herfstochtend. Iedere dichter sprak op zijn of haar eigen manier en vanaf zijn of haar eigen plaats, zoals bijvoorbeeld Charles Brasch, die zijn vertrouwen stelde in de zee, net als ik woordeloos mijn vertrouwen had gesteld in de Clutha: 'Spreek voor ons, machtige zee.'

Ook de verhalen overweldigden me door hun sfeer van 'erbij horen'. Het voelde bijna zo alsof ik een weeskind was dat ontdekt dat haar ouders nog in leven zijn en in het meest begerenswaardige huis wonen – pagina's vol proza en poëzie.

De tijd geeft ook het voorrecht om te kunnen schikken en herschikken, iets waar je niet van had kunnen dromen tot het Verstreken Tijd werd. Ik schreef zojuist over mijn herinneringen aan de publicatie van verhalen en gedichten. In de werkelijke herinnering zit ik te praten met twee meisjes uit de jeugdgevangenis, en ben ik op weg naar Seacliff, de inrichting waar ik gedwongen word opgenomen als patiënte.

10

1945: Vier

De zes weken die ik in Seacliff doorbracht in een wereld die ik nooit had gekend, tussen mensen van wie ik het bestaan niet voor mogelijk had gehouden, werden voor mij tot een spoedcursus over de verschrikkingen van de waanzin en de verblijfplaats van mensen die geestelijk gestoord werden genoemd, en ze scheidden me voorgoed af van de voordien aanvaardbare realiteit en zekerheid van het dagelijks bestaan. Vanaf het allereerste moment dat ik daar was, wist ik dat ik niet kon terugkeren naar mijn gewone leven zonder te vergeten wat ik in Seacliff had gezien. Ik had het gevoel dat mijn hele leven op zijn kop werd gezet door deze plotselinge onderverdeling van mensen in 'gewone' mensen op straat en deze 'afgezonderde' mensen, die weinigen hadden gezien of gesproken maar over wie veel mensen verachtelijk, lacherig of angstig praatten. Ik zag mensen met ogen die staarden als het oog van een cycloon, die hier omgeven waren door een kolkende, ongeziene en onhoorbare commotie die vreemd contrasteerde met de stilte. Ik leerde mijn medepatiënten kennen en van ze houden. Ik was onder de indruk van en verdrietig over hun – ons – vermogen om de verwoorde en niet-verwoorde regels van het inrichtingsleven aan te leren, na te leven en dat vaak ook prettig te vinden, en van de trots over de dagelijkse routine die aan de dag werd gelegd door patiënten die al heel lang in de inrichting zaten. Er school een persoonlijke, geografische en zelfs taalkundige exclusiviteit in deze gemeenschap van geestelijk gestoorden, die echter naar buiten toe geen wettelijke of persoonlijke identiteit hadden – geen eigen kleren om te dragen, geen handtasje, portemonnee, geen andere bezittingen dan een bed om tijdelijk in te slapen met een kast ernaast en een kamer waar ze konden zitten en voor zich uit staren, die het 'dagverblijf' heette. Veel patiënten die in andere paviljoens van Seacliff zaten, hadden zelfs geen naam, alleen een bijnaam; geen verleden, geen toekomst, alleen een opgesloten Nu, een eeuwigdurend Is-Land zonder de horizonten die daarbij horen, zonder vaste voet of houvast en zelfs zonder de altijd veranderlijke hemel.

In mijn boek *Gezichten in het water* heb ik tot in detail de sfeer en de gebeurtenissen beschreven in de verschillende inrichtingen waar ik de acht jaar die volgden doorbracht. Ik heb ook beschreven waar mijn behandeling uit bestond en wat ik daarvan vond. Het fictionele van het boek schuilt in de portrettering van de hoofdpersoon, die geënt is op mijn leven maar voornamelijk fictionele gedachten en gevoelens heeft meegekregen om een beeld te creëren van de ziekte die ik om me heen zag. Toen op een dag een medepatiënte, die buiten werklui een afvoergeul zag graven, tegen me zei: 'Kijk, ze zijn ons graf aan het graven', besefte ik dat ze daarvan overtuigd was. Haar woorden zijn een voorbeeld van het taalgebruik en het gedrag waar ik uit putte om Istina Mavet te portretteren. In de zes weken die ik er doorbracht, leerde ik, alsof ik een vreemd land had betreden, veel over de taal en het gedrag van de inwoners van dat land. Anderen leerden ook snel – de meisjes uit de jeugdgevangenis waren er heel goed in hun dag wat op te vrolijken door een op nabootsing gebaseerde 'voorstelling' te geven.

Mijn vorige leefgroep was mijn familie geweest. In *Naar het Is-Land* gebruik ik steeds de eerste persoon meervoud: 'wij', niet 'ik'. Mijn tijd als studente was een 'ik'-tijd. Als patiënte van Seacliff maakte ik opnieuw deel uit van een groep, maar ik was nu veel intenser alleen. Ik was zelfs geen gespleten 'ik' meer. Ik werd 'zij', een van 'hen'.

Toen ik in december 1945 wegging uit Seacliff voor een proef-verlof van een halfjaar, om terug te keren naar een Willowglen-zomer, de schitterendste tijd in Willowglen, wist ik dat ik een enorme verandering in me meedroeg die was veroorzaakt door-dat ik in een gesticht had gezeten. Ik keek naar mijn familie en besefte dat zij niet wisten wat ik had gezien, dat zij niet wisten dat er op verschillende plaatsen door het hele land mannen, vrouwen en kinderen werden opgesloten, weggeborgen, met niets anders dan een bijnaam. Ik merkte dat het gedrag van mijn familie op subtiele wijze was veranderd doordat ik in Seacliff had gezeten, waar de gekken woonden. Waarom heb ik nu de neiging om terug te grijpen naar de metafoor van de spin? Om-dat ik door mijn verblijf in de inrichting als een spin talloze dra-den om me heen had geweven, die zich onzichtbaar uitstrekten naar iedereen die het 'wist', en ik hen zo als het ware dwong tot het hanteren van vaste poses en gezichtsuitdrukkingen en ge-voelens, waardoor ik me weliswaar ongelukkig en eenzaam voelde, maar die me ook de erkenning gaven dat ik degene was die het web geweven had en dat ik de mensen die erin gevangen raakten, had gereduceerd tot machteloosheid.

Toen ik een week of twee thuis was, ontspande mijn familie iets in mijn aanwezigheid – die verandering was zichtbaar door de verminderde angst in hun ogen; wie weet wat ik zou kunnen doen, ik was immers een gek? Moeder begon, wat typerend voor haar was, alles te ontkennen. Ik was een opgewekt meisje, zei ze. Er moest een vergissing zijn gemaakt. Ik merkte dat iedereen blij was als ik de zaak als een grap afdeed en grappige voorvallen over 'het landgoed' vertelde en het vergeleek met een hotel. Ik be-schreef de omgeving. 'Het is net een dorp', zei ik. 'Ze hebben hun eigen boerderij, hun eigen rundvee en varkens, en alle etens-resten gaan naar de varkenstrog. Ze hebben er een moestuin en ook bloemen. En er staan veel bomen op het terrein en vlak bij het huis van de directeur staat een magnolia.'

Het was makkelijker erover te praten als ik deed alsof ik een kind was en vertelde wat ik tijdens mijn vakantie had gezien en welke avonturen ik had meegemaakt.

Ik vertelde ze niet dat ik door de omheining had staan gluren naar een gebouw dat Simla heette en ver weg op de heuvel stond, waar vreemde mannen in gestreepte hemden en broeken en sommigen zonder broek, almaar rondliepen op een veld waar het gras was platgetreden; en dat ik ook een terrein vol vrouwen had gezien in diezelfde donkerblauw gestreepte kleren; en dat er een kar was, een soort riksja, die elke dag volgeladen met steenkool langs de afdelingen kwam, en dat twee mannen tussen de disselbomen ingespannen stonden om de kar met steenkool te trekken, die gemend werd door een van de opzichters; dat ik, nieuwsgierig als altijd, naar binnen gegluurd had in een kamer waar het naar urine stonk en waar kinderen in ledikantjes lagen, rare kinderen, baby's ook, die rare geluiden maakten; hun gezichten nat van de tranen en het snot; en ik vertelde niet dat er een speciale afdeling was voor patiënten met tuberculose en dat hun borden werden uitgekookt in een benzineblik boven het openhaardvuur in de eetzaal, en dat de verpleegsters een deel van hun tijd in een kleine linnenkamer doorbrachten met het vouwen van de dagelijkse voorraad kartonnen doosjes, die eruitzagen als aardbeidoosjes, waar de tb-patiënten in konden spugen.

Na de kerst werd gesuggereerd dat een vakantie misschien 'goed' voor me zou zijn en dus vertrokken June en ik voor twee weken naar Picton, moeders geboorteplaats, waar we de als gebruikelijk door zandvliegen geteisterde tijd doorbrachten door per motorboot door de fjorden te varen, familieleden op te zoeken en te luisteren naar nieuwe details uit de familiegeschiedenis, terwijl ik, sterk beïnvloed door het afgelopen jaar waarin ik zo veel naar muziek had geluisterd, in mijn hoofd de Picton Symfonie in Groen en Blauw componeerde. Mijn herinneringen aan die vakantie zijn verspreid – als zaden, stel ik me voor, waarvan een handjevol werd opgegeten door zomergasten die zijn neergestreken om hun winterherinneringen ontvluchtten, en een deel door inheemse vogels die zich voortdurend voedden met herinneringen, terwijl andere zaden het niet overleefden en weer andere uitgroeiden tot planten die niet herkend of benoemd kunnen worden. Ik weet dat ik de herinnering aan die steile, groene beklemmende heuvels en hun met struikgewas begroeide hellingen mee naar huis nam, omdat ze net zo onvermijdelijk nabij waren als buren.

Toen ons thuis gevraagd werd verslag uit te brengen over de vakantie, vertelden June en ik, om iedereen tevreden te stellen, wat we wisten dat ze wilden horen. We hadden hierin namelijk een grondige leerschool gehad met onze moeder als onderwijzeres. En opnieuw bereidde ik me voor op een jaar in Dunedin.

Ik was van plan om een baan met 'kost en inwoning' te zoeken en Filosofie II, Logica en Ethiek te 'doen', maar er geen examen in af te leggen. Hoewel ik aan het eind van het jaar geen examen Psychologie had gedaan, was me verzekerd dat ik toch een voldoende zou krijgen op basis van wat ik dat jaar al gedaan had. Maar misschien was ik wel vergeten om de benodigde formulieren in te vullen: ik hoorde dat ik was gezakt. Gezakt!

Intussen bestond er thuis het probleem al mijn spaargeld, twintig pond, terug te krijgen van de instantie die mijn belangen behartigde omdat ik officieel krankzinnig was verklaard. En weer sloten mijn zusters en broer en ik 'de gelederen' om ons recht te halen. Isabel stuurde de betreffende instantie een brief om op terugbetaling aan te dringen, maar die antwoordde dat confiscatie van mijn 'bezit' in mijn eigen belang was, omdat ik officieel krankzinnig was en er geen wettelijke aanspraak op kon maken totdat mijn 'proefperiode' van een halfjaar voorbij was, en dan alleen nog wanneer de arts me genezen had verklaard.

Kon ik dan misschien een ziekte-uitkering krijgen totdat ik weer ging werken?

Mijn bezoek aan de arts van Seacliff in het ziekenhuis van Oamaru bracht nieuwe verwarring met zich mee, want het medisch attest vermeldde: Aard van de aandoening: 'schizofrenie'.

Thuis kondigde ik, half trots, half angstig aan: 'Ik heb "schietzofrenie".'

Ik zocht in mijn psychologieboek onder het hoofdstuk Abnormale Psychologie, waarin 'schizofrenie' niet vermeld werd, maar wel een geestesziekte die blijkbaar alleen jonge mensen zoals ik trof – *dementia praecox*, wat beschreven werd als een geleidelijke aftakeling van de geest, waar geen remedie voor bestond. In de voetnoten aan het eind van het hoofdstuk stond de uitleg dat *dementia praecox* tegenwoordig bekendstond als 'schizofrenie'. 'Schietzofrenie'. Een geleidelijke aftakeling van de geest. Van geest en gedrag. Wat zou me te wachten staan? Geen remedie. Geleidelijke aftakeling. Ik leed aan 'schietzofrenie'. Het wierp een doem over me, alsof ik getransformeerd tot een ander wezen uit een cocon, de natuurlijke menselijke staat, tevoorschijn zou komen, en zelfs als delen van mij andere mensen vertrouwd zouden voorkomen, dan nog zou mijn geleidelijke aftakeling me steeds verder van ze verwijderen en uiteindelijk zou zelfs mijn familie me niet meer herkennen.

In de nadagen van de schitterende Willowglen-zomer doken deze doemsgevoelens slechts heel even op, als voorbijtrekkende wolken die de zon tegenhouden. Ik wist dat ik verlegen en bangelijk was, wat erger was geworden doordat ik zes weken in de inrichting had doorgebracht en door wat ik daar had gezien. Ik wist dat ik opging in mijn verbeeldingswereld, maar ik wist ook dat ik volledig aanwezig was in de 'echte' wereld en dat welke schaduw er ook boven me hing, die alleen school in wat er op de medische verklaring geschreven stond.

Vlak voor het begin van het universitaire studiejaar, toen ik een advertentie had geplaatst voor een baan met kost en inwoning in Dunedin, waarin ik mezelf beschreef als een 'studente die onderzoek doet', kreeg ik een reactie van mevrouw B. uit Playfair Street, Caversham, die een kosthuis had en oudere dames verzorgde. Ik zou kamermeisje-serveerster-verpleegster worden voor drie pond per week 'alles inbegrepen', en de middagen vrij hebben. Vrije middagen. Tijd om mijn verhalen en gedichten te schrijven.

11

Het kosthuis en de nieuwe wereld

Weer reisde ik zuidwaarts naar Dunedin, met de zondagse stop-trein die bij elk station stopte, waar ik vanuit de ouderwetse wagon die voor de weinige passagiers was aangekoppeld naar het kronkelende lint van de met zeildoek overdekte goederenwagons keek. Als gebruikelijk werd er in- en uitgeladen, voelde je een schok als de goederenwagons werden afgekoppeld en leek het achterste rijtuig lange perioden alleen te staan tussen velden vol gombomen, berggras, manukastruiken, *matagouri*, moeras, schapen en vervallen huizen, alsof het een uitstapje maakte in het niets dat tevens een verleden was, vervuld van vrede en droefheid. Ik keek uit de ouderwetse schuiframen (in tegenstelling tot de nieuwere draairamen van de sneltrein) en voelde een kracht die alleen de kracht van liefde geweest kan zijn, die me aantrok tot het land waar niemand thuis leek. Ik voelde een nieuwe verantwoordelijkheid voor alles en iedereen, want ik droeg elk moment de herinnering met me mee aan de mensen die ik in Seacliff had gezien, en dit besef veranderde zelfs het landschap en mijn gevoelens ervoor.

Toen de trein bij station Seacliff stopte, zag ik de paar patiënten die proefverlof hadden op het perron staan wachten om de trein langs te zien rijden. Ik wíst dat namelijk. Innerlijk bleef ik mezelf beschrijven in de woorden waarvan ik wist dat familie en vrienden die nu gebruikten: 'Ze heeft in Seacliff gezeten. Ze hebben haar naar Seacliff moeten brengen.' En ik dacht aan het afgrijzen in moeders stem toen de dokter jaren geleden had voorgesteld dat Bruddie ernaartoe zou gaan, en dat moeder had geantwoord: 'Nooit. Nooit. Geen van mijn kinderen gaat daar ooit naartoe.' Maar ik was toch ook een kind van haar? Ja toch? En zij had de papieren getekend om me daarheen te sturen. Ik voelde me onzeker en probeerde de familieliefde in porties te verdelen om te zien hoeveel daarvan voor mij was.

Ik keek in de trein om me heen naar de 'gewone' mensen. Wisten ze waar ik geweest was? Als ze het wisten, zouden ze me dan aankijken en snel weer wegkijken om de angst en gefascineerde nieuwsgierigheid te verbergen alsof ze tipten aan een ervaring die zij – God zij dank, dachten ze – nooit zouden kennen, maar waar ze op een verbeten en angstige manier nieuwsgierig naar waren? Als ze het van me wisten, zouden ze dan proberen een teken te vinden, zoals ik ook altijd had gedaan toen ik de 'gekken' op station Seacliff aangaapte?

Tja, dacht ik, de tekenen waren vaak verhuld, maar ik kende ze nu, ik was een geoefend toeschouwer, ik had het vreemde land bezocht.

Daar komt nog bij, herinnerde ik me met angstige gevoelens, dat ze zeggen dat ik 'schietzofrenie' heb. Een aandoening zonder hoop op herstel.

Maar de wielen van de trein die mijn hele spoorwegleven Kaitangata, Kaitangata, Kaitangata hadden gezegd, werden niet beïnvloed door mijn vreemde aandoening: het ijzer op ijzer bleef koppig zeggen: *Kaitangata, Kaitangata, Kaitangata.*

De trein arriveerde op het station van Dunedin. Ik voelde me heel alleen, alsof ik nergens thuishoorde. Die hele fantastische tijd op de kweekschool van erbij horen, toen we zongen: 'De koster zakte af', en als ingewijden praatten over Party, lessen in litkrit, en inspectiedagen; de tijd van de Engelse en Franse colleges, het jaar waarin ik lesgaf aan kinderen van wie ik was gaan houden – die tijd was verdwenen alsof hij nooit had bestaan, een indruk die nog versterkt werd door het feit dat ik sinds mijn verdwijning naar Seacliff geen woord had gehoord van de kweekschool of de lagere school of de universiteit, afgezien van een brief van mijn vriendin Sheila en een briefje van John Forrest waarin hij me uitnodigde het komende jaar af en toe een 'babbeltje' met hem te komen maken. Ik klampte me vast aan het idee iemand te hebben om mee te praten en genoot van het extraatje dat die iemand een interessante jongeman was.

Ik nam mijn nieuwe status serieus. Als de wereld van de krankzinnigen de wereld was waar ik nu officieel thuishoorde (levenslange aandoening, geen remedie, geen hoop) dan zou ik die gebruiken om te overleven; ik zou erin uitblinken. Ik had het gevoel dat het mijn dichterschap niet in de weg zou staan. Daarom nam ik, in tegenstelling tot mijn eerste angstige aankomst in de grote stad Dunedin, met een gevoel van eenzaamheid maar ook met een nieuw soort zelfbewustzijn, de taxi naar Playfair Street, Caversham, in het hart van de streek van de nijverheidsschool.

Zuid-Dunedin – Kensington, Caversham, St. Kilda – was een arme gemeenschap waar het leven bestond uit eeuwigdurend 'geploeter', en waar het laaggelegen landschap dat leven weerspiegelde alsof inspanning en hoop hier regelmatig door overstromingen werden weggespoeld, terwijl de bewoners van de buitenwijken floreerden op de heuvels. Ik had lesgegeven op de Cavershamschool en in Kensington op de school 'onder de spoorbrug', en ik had de armoede gezien, de rijen vervallen huizen die lichtbruin geworden waren door de tijd en de regen en de overstromingen; en de klamme bleke kinderen met hun sluike haar, die eruitzagen alsof ze elke dag uit het tij opdoken.

Mijn herinneringen aan de kostgangers en de hospes en hospita en hun kind zijn vluchtig, als een haastig geschetst zwartwit tafereel, waarop alleen de contouren van elk mens zijn aangegeven, met haar dat als gras uit hun schedel komt groeien. Ze houden echter nog steeds een onzichtbare schaal boordevol gevoelens vast, en het zijn hun uitgesproken en verzwegen gevoelens die ik me het levendigst herinner. Het waren ongelukkige, zorgelijke mensen die wanhopig probeerden te doen alsof ze gelukkig waren, mensen die vreugdevolle gebeurtenissen aangrepen om ze tijdens de maaltijd als bijdrage aan de kans op geluk aan elkaar te vertellen. De mannen werkten meestal in de werkplaats van de spoorwegen, de vrouwen in de fabriek – de chocolade- of de jamfabriek – of in een vestiging van de wolfabriek. Er was een jongeman die om de paar weken zijn baan kwijtraakte, een andere vond, die weer kwijtraakte, en 's avonds tijdens het eten praatten de anderen over zijn succes of mislukking en kwamen met verklaringen, excuses of een veroordeling. Ze kritiseerden elkaar, staken de draak met elkaar en zaten erbovenop als iemand zich niet aanpaste. Ik herinner me de echtgenoot van de hospita alleen als een lange, bleke gebogen man die het hout voor de haard uit de schuur naar de zitkamer bracht waar iedereen 's avonds bij elkaar zat, de vrouwen met hun breiwerk, de mannen met hun speelkaarten of hun sportkrant. Soms werd er op de vergeelde toetsen van de piano gespeeld door een van de kostgangsters die 'mislukt' was in het leven (in tegenstelling tot de anderen die nog steeds hun geldige excuses en redenen hadden), een magere vrouw van midden dertig, zonder man of minnaar (de reden waarom ze als een mislukkelinge werd beschouwd), terwijl de vrijgezel van middelbare leeftijd, een gezette populaire handelsreiziger ('hij is zo gelijkmatig, je weet waar je met hem aan toe bent') het toen populaire lied zong:

Achter gindse horizon
wacht een schone dag...

Meteen bij mijn aankomst had ik uitgelegd dat ik het buiten mijn werktijden erg druk zou hebben en dus soms liever de maaltijden op mijn kamer wilde gebruiken. Ik was een studente, bezig met eigen onderzoek, zei ik – ik met mijn snelle glimlach (in de hoop dat ik mijn verrotte tanden niet hoefde laten zien), sympathieke stem, zonder opvallende lichamelijke afwijkingen en mijn wijduitstaande massa kroezig rood haar. Het was mijn taak om het ontbijt klaar te maken en op te dienen, het huis schoon te houden en de vier oudere bedlegerige vrouwen te verzorgen die ieder een bed hadden in een van de hoeken van de grote voorkamer. Ik waste ze, hielp ze bij het omdraaien of verschuiven van de rubber ring onder hun uitgemergelde lichaam waarvan de huid in plooien afhing, als het vel van een kip, met bobbeltjes waar ooit veren hadden gezeten. Ik wreef hun doorligplekken in met methylalcohol en poederde hun lijven. Soms voerde ik ze met behulp van een witporseleinen drinkbeker met tuit. Ik hielp ze als ze het 'stilletje' wilden gebruiken of schoof een beddenpan onder hun hangbillen.

Ik was verbaasd toen ik erachter kwam dat een van de vrouwen de oude mevrouw K. was, een zuster van tante Han. Tante Han was de vrouw van oom Bob, die zijn bakkerij in Mosgiel had opgegeven en nu in een tabaksstalletje zat, een hokje ter grootte van een telefooncel, waar hij sigaretten en tabak verkocht en *Best Bets* en *Sporting News* en loten. De oude mevrouw K., die de moeder was van de studente van wie ik de naam had laten 'vallen' als een 'nichtje van tanteszijde' toen ik werd aangenomen op de kweekschool, was een grote vrouw met sterk geprononceerde botten en een hooghartig gezicht met een puntige neus en kin. De familie kwam uit 'boven in Midden-Otago', en mevrouw K. had zelfs iets van het heuvelachtige van Midden-Otago in haar eigen lichaam geabsorbeerd. Net als haar zuster, tante Han, had ze een mond en lippen die erop gespitst waren onmiddellijk hun afkeer te laten blijken. Pa zei altijd dat de mond van tante Han leek op het achterste van een kip die op het punt staat een ei te leggen.

Hier bij mevrouw B. raakte ik bevriend met de zuster van tante Han. Ik wist dat ik zachtaardig was en een eindeloos geduld had met zieke en oude mensen. Ik vond het leuk om mensen te bedienen, te zorgen dat ze het prettig hadden, te doen wat ze vroegen en het voedsel te brengen dat ze bestelden. Ik hoefde geen ongeduld, irritatie of boosheid te onderdrukken: ik leek een 'geboren' hulp in de huishouding. Die wetenschap benauwde me: ik gedroeg me zoals mijn moeder al die jaren die ik haar kende had gedaan, en ik had plezier in mijn nieuwe rol: ik kon mezelf helemaal wegvagen en alleen leven via de gevoelens van anderen.

Mijn slaapkamer, die vroeger een linnenkast was geweest, was klein en had legplanken aan de ene wand en een smal bed tegen de andere. Het uitzicht uit het ene kleine raam was 'typisch Caversham' – naargeestige grijsstenen gebouwen en een glimp van de hoge schoorstenen van Parkside, het tehuis voor ouden van dagen, dat leek op het beeld dat ik van een negentiende-eeuws Engels werkhuis had. Als ik voor die ochtend klaar was met mijn werk, ging ik naar mijn kamer om op bed gezeten verhalen en gedichten te schrijven, want net als toen ik een kind was en er een vaste tijd was om te schrijven, waarop andere kinderen ook hun gedichten schreven, was ik me er nu van bewust dat er in mijn eigen land ook schrijvers bestonden. De inspiratie voor mijn verhalen kwam deels voort uit het lezen van William Saroyan, waarna ik in mijn onnadenkendheid verrukt had gedacht: dat kan ik ook. En afgezien van de opwinding die was ontstaan doordat ik in een land woonde dat nu tot leven kwam omdat er geschreven werd, dat 'voor zichzelf sprak', en waar veel schrijvers na de oorlog naar terugkeerden met de dringende behoefte hun ervaringen op te schrijven, werd ik geïnspireerd door mijn eigen pas verworven schat – de zes weken die ik in een psychiatrische inrichting had doorgebracht, wat ik er had gevoeld en gezien en wat ik geworden was door het officiële stempel van schizofrenie. En terwijl ik in het kosthuis eten opdiende voor de gasten, voedden zij mij uit die onzichtbare schaal met hun gevoelens.

Mijn leven buiten het kosthuis bestond uit avondcolleges logica en ethiek en wekelijkse 'babbeltjes' met John Forrest in een kamertje op de bovenste verdieping van het universiteitsgebouw dat het 'hoogleraarhuis' werd genoemd. Ik ging ook wel naar de openbare bibliotheek van Dunedin, waar ik ziektegeschiedenissen las van schizofrene patiënten, waarbij mijn verontrusting en angst voor het noodlot toenamen als ik me een voorstelling probeerde te maken van wat me te wachten stond. Het idee dat ik aan schizofrenie leed, kwam me heel onwerkelijk voor, en mijn verwarring werd alleen maar groter toen ik las dat een van de symptomen was dat 'dingen onwerkelijk leken'. Er was geen ontkomen aan.

Mijn troost bestond uit de 'babbeltjes' met John Forrest, omdat hij de verbindende schakel was met de wereld die ik had gekend, en omdat ik wilde dat die 'babbeltjes' werden voortgezet, bouwde ik een indrukwekkend repertoire op van symptomen van schizofrenie: terwijl ik op de sofa lag, maakte de jonge knappe John Forrest, die blaakte van ijver om zijn pas verworven freudiaanse kennis toe te passen, aantekeningen van wat ik zei en deed, en dan legde ik plotseling een glazige uitdrukking in mijn ogen, alsof ik in een droomtoestand verkeerde, en begon een fantasie te vertellen alsof ik die als realiteit ervoer. Ik beschreef die tot in detail, terwijl John Forrest onder de indruk raakte en ernstig luisterde. Meestal verwerkte ik in de fantasie bijzonderheden uit wat ik over schizofrenie gelezen had.

'Je lijdt aan eenzaamheid van de ziel', zei John Forrest op een dag. In weerwil van zijn gebrek aan ervaring, zijn gretigheid om psychologie te bedrijven en zijn ogenschijnlijke bereidheid om alles te geloven wat ik zei, was de diepte van zijn waarneming over 'eenzaamheid van de ziel' een bewijs van hoe capabel hij was. Daarna maakte hij de opmerking die vele jaren bepalend zou zijn voor mijn gedrag en motivatie.

'Als ik aan jou denk', zei hij, 'moet ik denken aan Van Gogh, aan Hugo Wolf...'

Ik was zo onnozel dat ik vrijwel niets af wist van Van Gogh en Hugo Wolf en zocht weer mijn toevlucht tot boeken om informatie te vinden, en ik ontdekte dat Hugo Wolf 'krankzinnig gest.' was en Van Gogh 'zich in wanhoop over zijn toestand doodschoot'. Ik las dat Schumann ook 'aan ernstige degeneratie van zijn geestelijke vermogens had geleden'. Alle drie werden ze als 'schizofreen' betiteld, waarbij hun artistieke talent waarschijnlijk de parel van hun schizofrenie was. Grote kunstenaars, zieners...

Mijn plaats aan dit vreselijke banket was dus al gedekt. Ik maakte me geen illusies over 'grootsheid' maar op zijn minst kon ik mijn werk en – indien nodig – mijn leven het stempel van mijn schizofrenie meegeven.

Toen John Forrest hoorde dat ik gedichten en verhalen schreef, was hij opgetogen. Hij stelde voor dat ik, als ik iets geschreven had, het aan hem zou geven om te bewaren, en daarom begon ik mijn verhalen en gedichten voor hem mee te nemen. Ik bewaarde de 'zuivere schizofrenie' voor de gedichten waarin dat het meest op zijn plaats was, en ik zag uit naar John Forrests complimenten over mijn pogingen; en toen ik voldoende geld had gespaard om een tweedehands Barlock 20-schrijfmachine te kopen, waarop ik in het begin met een of twee vingers mijn werk typte, had ik het gevoel dat ik alles ter wereld bezat wat ik me maar zou kunnen wensen – een plek om te schrijven, tijd om te schrijven, genoeg geld om van te leven, iemand om mee te praten of op zijn minst iemand op wie ik indruk kon maken, want het merendeel van mijn gedachten hield ik voor me, en ik had een aandoening die interessant genoeg was om mijn bondgenoot te zijn bij mijn artistieke aspiraties en me ervan te verzekeren dat ik, mits ik de juiste symptomen bleef vertonen, John Forrest als publiek bleef houden. Half in ernst speelde ik een spel om de aandacht te veroveren van een aardige jongeman die geïnteresseerd was in psychologie en kunst; maar ondanks mijn voorgewende hallucinaties en visioenen werd ik steeds banger voor de overeenkomst tussen sommige van mijn ware gevoelens en die waarvan men dacht dat ze bij schizofrenie hoorden. Ik was heel erg verlegen, in mezelf teruggetrokken. Ik schreef liever om de wereld van de verbeelding te verkennen, dan dat ik met andere mensen omging. Ik trok me echter nooit terug uit de 'echte' wereld, hoewel ik dit symptoom heel overtuigend kon 'gebruiken' wanneer de situatie dat vereiste.

Ik was me nog niet bewust van seksuele gevoelens, hoewel ik ze ongetwijfeld bezat, maar in mijn naïviteit herkende ik ze niet. Op een dag, toen ik een ziektegeschiedenis van een schizofreen doorkeek, las ik iets over een vrouw die bang was om naar de tandarts te gaan (net als ik, hoewel geldgebrek ook een belemmering was) en bij nader onderzoek op de freudiaanse manier werd ontdekt dat 'angst voor de tandarts' veel voorkwam bij mensen die aan schizofrenie leden, waarbij 'angst voor de tandarts' werd geïnterpreteerd als 'schuldgevoelens over masturbatie', waarvan werd verteld dat het een van de oorzaken en een permanent symptoom was van schizofrenie!

Ik piekerde over het volgende: natuurlijk was ik bang om naar de tandarts te gaan, omdat ik wist dat mijn gebit niet meer te redden was (de algemene opvatting in Nieuw-Zeeland was toen dat het eigen gebit maar beter getrokken kon worden, het was een vorm van koloniale achteloosheid, net als de nodeloze ontbossing). Masturbatie was een woord dat ik niet kende en een daad waaraan ik me niet schuldig maakte. Dit nieuwe feit maakte me echter nieuwsgierig genoeg om zowel de betekenis als de daad te onderzoeken, want ik moest toch weten wat het inhield als men dacht dat het een van de oorzaken van mijn ziekte was! Toevallig vonden mijn beide zusters en ik dat we wat meer seksuele voorlichting konden gebruiken en omdat er niemand was die ons de theorie zou kunnen vertellen, bestelden we een boek waar veel voor was geadverteerd en dat in blanco omslag bezorgd werd: *uw lichaam, uw tempel*. Iedereen met een beetje ontwikkeling, met een gezonde houding ten opzichte van seks en het huwelijk, las *uw lichaam, uw tempel*, en raadde het anderen aan. We vonden er een uitgebreide beschrijving van wat we tevergeefs hadden gezocht in moeders *Medisch handboek voor de huisvrouw*, met zijn hoofdstuk 'Gods prachtige schepping', dat bestemd was voor vrouwen die op het punt stonden te gaan trouwen. Het boek ging ook in op masturbatie, gaf er een gedetailleerde beschrijving van en legde uit dat het voor zowel mannen als vrouwen acceptabel was en dat er geen reden was voor schuldgevoelens.

En natuurlijk probeerde ik het. En plotseling lag mijn jeugd ver, heel ver achter me, want ik wíst het nu en kon niet terug naar de staat van niet-weten; en de nieuwsgierigheid die overbleef was: hoe zou het zijn als je het nooit te weten was gekomen? Een paar weken later zei ik tegen John Forrest: 'Het is vreselijk, ik kan het u niet vertellen. Ik voel me er al jaren schuldig over. Het is... het is...'

Hij zweeg vol verwachting.

'Het is masturbatie. Ik maak me zorgen over masturbatie...'

'Dat komt vaker voor', zei hij en hij begon net als ons boek had gedaan uit te leggen dat het 'volkomen in orde was', dat 'iedereen het deed'.

Het verloop van ons 'babbeltje' was zo volmaakt, dat ik me (nu) verbeeld dat ik een vluchtige blik van triomf zag glijden over het gezicht van John Forrest, die zo vol was van Freud: hier zat een schizofreen die zo uit de studieboeken leek te komen.

Ik bleef bang dat ik weer niemand zou hebben om tegen te praten, dat wil zeggen, in een 'normale' toestand terecht zou komen die grensde aan een geestelijke instorting, want ik bevond me op het gebruikelijke zorgelijke puberpad en vroeg me af hoe ik het in het dagelijks leven moest 'redden'; maar vreemd genoeg merkte ik dat ik, om mijn angst te verminderen, gedwongen werd een duidelijker gemarkeerd pad te kiezen waardoor mijn reis meer aandacht trok, wat in mijn ondervinding meer praktische hulp opleverde. Ik geloof dat het niet bij me opkwam dat mensen bereid waren me te helpen als ik mijn gewone, verlegen glimlachende zelf bleef. Tot dusver had het leven me geleerd om te presteren, goedkeuring te krijgen door op examens vragen correct te beantwoorden, problemen op te lossen, flitsen van 'intelligentie' en 'anderszijn' te laten zien. Over het algemeen geneerde ik me voor mijn kleding. Ik was verbijsterd dat mijn kroezige haar zo veel aandacht trok en over de aandrang waarmee mensen me adviseerden om het te laten ontkroezen, alsof het een bedreiging vormde. In gezelschap was ik niet spraakzaam, en geestig noch briljant. Ik was een doodgewone grauwe vogel die in haar hele leven een of twee rode veren had tentoongespreid voor de wereld, en die veren had aangepast aan de levensfase. Toen ik klein was had ik goede sier gemaakt met cijferraadsels, het van buiten leren van lange stukken proza of poëzie, wiskundige oplossingen; nu droeg ik, passend voor de gelegenheid, mijn schizofrene vermomming.

In 1946, toen mijn 'proefverlof' voorbij was, werd ik hersteld verklaard en ik voelde een steek van verlies; heel even maar, want ik had een collectie verhalen en gedichten geschreven die John

Forrest aan Denis Glover van Caxton Press had laten zien, die de verhalen als bundel wilde uitgeven en daarna misschien ook mijn gedichten. Ik had het gevoel dat ik mijn loopbaan als schrijfster was begonnen.

Toen kondigde John Forrest tegen het einde van het jaar aan dat hij had gesolliciteerd naar een baan als psycholoog in de VS waar hij hoopte te promoveren. Begin 1947 zou hij uit Nieuw-Zeeland vertrekken. Hij stelde voor dat ik, als ik er behoefte aan had om met iemand te praten, naar een vriendin van hem in Christchurch zou gaan, mevrouw R., die hij me kon aanbevelen en met wie hij over mij had gesproken, en hij voegde eraan toe dat ze geïnteresseerd was in mijn 'geval' omdat ze artistiek was aangelegd.

'Ik zoek wel een baantje in Christchurch en kan misschien colleges volgen aan de universiteit van Canterbury', zei ik heel rustig, terwijl ik mijn veilige schizofrene wereld met de 'babbeltjes' uiteen zag vallen, waardoor ik alleen in een vreemde stad zou achterblijven. Ik vroeg me af waarom ik ooit had gedacht dat ik in Dunedin thuishoorde, of hoe ik ooit thuis moest raken in Christchurch. Caxton Press zat in Christchurch, net als het boek dat ze al een poosje van plan waren uit te geven – misschien zou het boek als een familielid zijn dat in de buurt woonde zodat ik me niet zo alleen hoefde te voelen?

Ik vroeg me af waar ik naartoe zou gaan. Ik wist dat ik het thuis niet langer dan een maand of twee uithield zonder me ongelukkig te gaan voelen door de eeuwigdurende strijd van iedereen daar – om geld, om liefde of macht of een oceaan van rust. Er was altijd wel een hotel of kosthuis waar ik tegen kost en inwoning kon werken, maar waarom moest er een einde komen aan 1946?

Ik ging op de rotsen staan en probeerde de vleugels van 1946 vast te grijpen toen die tegen de met zout bestrooide aarde en het gras sloegen als voorbereiding op hun vlucht voorwaarts, gisteren tegemoet. In werkelijkheid nam ik afscheid van iedereen in Playfair Street, Caversham – van de vier oude dames en de kostgangers met hun geheime mislukkingen en schaamte en kleine gedeelde vreugdes, en van mijn hospes en hospita en hun vierjarige kind dat nog steeds niet praatte, hoewel iedereen deed alsof dat niet opviel; en ik vertrok met mijn splinternieuwe aanbevelingsbrief voor het geval ik in Christchurch werk zou gaan zoeken: 'Altijd beleefd tegen de gasten, ijverig, een plezier om...' en met een klein zwart katje, dat zogenaamd een kater was, maar later een poes bleek te zijn en dat ik liefdevol Sigmund had genoemd, wat ik later veranderde in Sigmunde, oftewel Siggy; en weer reisde ik, een spoorwegmens en voorgoed verbonden met de zuring en wilde lathyrus en 'de roest op de spoorrails', naar het noorden met de sneltrein, en toen de trein Oamaru naderde, vlak voor het stadspark, kon ik als ik naar links keek een snelle glimp opvangen van Willowglen, dat zijn zomerse glans aannam.

12

Zomer in Willowglen

Ik had nog nooit een hele winter meegemaakt in Willowglen: alleen June, Bruddie, moeder en pa hadden de ellende meegemaakt wanneer het riviertje overstroomde en de weg, die omgeploegd was door de koeien (we konden toch geen kant-en-klare koeienstal hebben en anderhalve hectare land zónder koeien?) en die naar het hek leidde, ontoegankelijk werd; ik had er alleen nog maar weekends doorgebracht, in de ijskoude voorslaapkamer, weggedoken onder dekens met een stenen kruik tegen me aangedrukt, of had er met werkkleding, rubberlaarzen en pa's waterdichte vissersjas aan, over de heuvels gezworven om warm te blijven.

Pa en Bruddie hadden er hard aan gewerkt om het huis om te knappen. De keuken had geen aarden vloer meer. Het dak was waterdicht. Er waren leidingen aangelegd (die 's winters bevroren) waardoor ons huis was aangesloten op de waterleiding, en in de bijkeuken was een geiser geplaatst. We hadden nu telefoon in de gang, een gemeenschappelijke telefoonlijn met een groot, op een hoorn lijkend oorstuk, en als de telefoon ging was het meestal moeder die opnam. Pa, die zichtbaar doodsbang was, weigerde dat. Moeder was net zo bang en bereidde zich voor op de schok die het gesprek kon inhouden, want een telefoon werd, net als een telegram, alleen gebruikt in noodgevallen en kon leven of dood inhouden. Het telefoonboek lag altijd op het 'varentafeltje' dat, net als andere meubelstukken die klein genoeg waren om in het huis te passen, altijd deel had uitgemaakt van ons meubilair. Het waren meubelstukken met namen die deden denken aan een andere tijd: het 'varentafeltje' – waar nooit varens

op stonden – grootvaders schaaktafeltje met zijn donkere inge-
brande gravures van een langgeleden overleden koning en
koningin, de *chiffonier*...

Het was een paradijselijke zomer. Op de omgevallen berkenstam bij het riviertje had ik mijn eigen plek waar ik naar de purperkoeten zat te kijken en naar de eenden en de palingen, en tussen de beschuttende wilgen door de wei kon zien waar de
schapen en runderen van de veehandelaar elke week werden ge-
weid voordat ze de weg op gedreven werden naar de markt van
Waiareka, vanwaar ze per vrachtwagen naar de koelfabriek in
Pukeuri werden vervoerd, die ik kende als het abattoir, hoewel
ik dat woord heel wat jaren niet verder liet komen dan tot een
soort voorportaal van het bewustzijn, waar woorden wachten
en komen en gaan zonder dat er gekeken wordt naar hun betekenis en zonder dat ze binnengenood worden in die verhelderende
kamer van begrip. Hoewel het vrij zinloos was, kon ik soms een
schaap uit het moeras redden en voor deze dienst gaf de veehandelaar, een lange man met een open gezicht, een hoornen bril
en een voorkomen dat ik meer vond passen bij een cellist- of pia-
nist, me een beloning van vijf pond.

Vanachter de wilgen kon ik zonder zelf gezien te worden uitkijken over de weg en de postbode zien aankomen als hij naar
onze brievenbus fietste, de laatste in de straat voor de boerderij-
en en hun weilanden en de Old Mill Road. Ik was benieuwd of
de postbode een brief voor me had. Waarvandaan? Van wie? Pa
had een brievenbus gemaakt in de vorm van een huisje, met
een schoorsteen en deuren en vensters erop geschilderd, met
rode muren en een groen dak met daklijsten, en als de postbode
voorbijgefietst was, ging ik in het brievenbushuisje kijken. Met
Kerstmis stuurde John Forrest me een kaart. Die koesterde ik
als een schat en ik probeerde te interpreteren hoeveel affectie
werd uitgedrukt door 'Met de beste wensen'. Was dat meer of

minder dan 'Met hartelijke groeten'? Met mijn destructieve gevoel voor realiteit zag ik in dat er niet veel hoop geboden werd
door 'Met de beste wensen', zelfs niet als je het letter voor letter
bekeek of op romantische toon zacht uitsprak. Ik was niet verliefd op John Forrest, maar ik had zijn interesse en aandacht nodig en het gaf voldoening de gretigheid in moeders ogen te zien
als ze vroeg: 'Heb je al iets van meneer Forrest gehoord?' Dan
zorgde ik ervoor dat ik alle hoop die ze mocht koesteren,
smoorde door te antwoorden: 'Het is niet wat u denkt, moeder.
Het is alleen maar overdracht. Dat is een bekend verschijnsel.
Freudiaans. Maar dat begrijpt u toch niet.'

Het was ook een zomer met voortekens en veranderingen. Isabel was in het zwembad onwel geworden en had zich nog maar
net uit het water kunnen hijsen. De dokter die erbij geroepen
werd zei: 'Haar hart.' Omdat een herhaling te afschuwelijk was
om bij stil te staan, schoven we het voorval terzijde; ik weet niet
eens zeker of we het onze ouders wel vertelden. Isabel had net
een druk eerste jaar van lesgeven achter de rug en zij en haar
vriend, die erg aan haar verknocht was, dachten erover zich te
verloven en te gaan trouwen.

Isabel en June en ik, zomers-vertrouwd met elkaar na ons onvermijdelijk volwassen uiteengroeien, ontdekten een nieuw gevoel voor onze ouders en de opofferingen die ze zich voor ons
hadden getroost, en we besloten dat het nu tijd was het geld dat
we hadden bij elkaar te leggen om moeder de vakantie te geven
waar ze van droomde: een bezoek aan Picton, haar geboorteplaats. Pa toonde geen belangstelling om mee te gaan, want hij
ging elk jaar met vakantie naar tante Polly, meestal in het rugby-
seizoen, voor de testmatches. Nu zou moeder háár vakantie krijgen.

'O nee', zei ze. 'Jullie kinders moeten het geld voor jezelf gebruiken.'

We drongen aan. Moeder zag er natuurlijk tegen op om terug te gaan na een afwezigheid van bijna dertig jaar.

We wisten haar uiteindelijk over te halen om samen met Isabel te gaan, en allemaal – pa, Bruddie, June, Isabel en ik – betaalden we eraan mee, en begin februari vertrok moeder met Isabel, met haar gratis eersteklaskaartje in haar nieuwe handtas en haar beste – haar enige – mantelpakje en haar nieuwe strohoed, voor de vakantie waar ze zo van had gedroomd.

We brachten ze weg naar de sneltrein. In onze pas ontdekte gevoeligheid voor wat we met verdriet, berouw en schuldgevoel 'het soort leven dat moeder gehad moet hebben' noemden, probeerden we haar duidelijke bezorgdheid weg te nemen bij de gedachte van huis te gaan. We drukten moeder en Isabel op het hart dat ze een paar dagen na aankomst zouden opbellen.

'Gewoon om even te horen.'

'En u vindt het toch wel écht leuk om te gaan, hè moeder?'

We wisten dat ze het leuk vond. We zagen aan haar gezicht dat het plezier van vroeger bovenkwam – o, Waikawa Road; o, Old Caps en het Maori-dorp; o, de fjorden en Port Underwood, Diffenbach en het kiezelpad, weten jullie nog, kinders... en de stormen en schipbreuken. En o, de pioniers...

We zwaaiden de trein na tot hij echt helemaal uit het zicht verdwenen was, dat wil zeggen, tot hij achter de spoorwegloodsen opging in de onvervalste vlakte in de verte waar de twee sporen bijeenkwamen, zoals we hadden leren tekenen bij onze perspectieflessen, en algauw was de trein vol mensen niet meer dan een smalle lijn, een I, met een pluimpje rook, een S, erboven, ver voorbij de middelbare jongensschool en Pukeuri over de Canterbury-vlakte op weg naar Christchurch en Picton.

13

Nog een verdrinkingsdood

Nu moeder er niet was, leek het alsof er een sterfgeval had plaatsgevonden. Pa zat stuurs aan zijn kant van de tafel bij het kolenfornuis de nieuwste *Humour* te lezen, zonder dat er iemand suiker in zijn thee deed, erin roerde en zijn opwinding deelde als er belletjes, voorboden van pakjes, naar de oppervlakte stegen – Kijk, twee pakjes!... – en niemand die zijn rug krabde, zijn bed deelde en tegen wie hij kon klagen: 'Je voeten lijken wel ijsklompen!'

June en ik zouden eten koken en Bruddie helpen met de koeien, maar toen het huishouden na een dag op rolletjes liep en we hadden toegegeven aan pa's wens om niets 'buitenissigs' klaar te maken, lag moeders afwezigheid al als ijzel over het zonloze huis. We misten Isabel ook, maar op een andere manier; we misten haar eindeloze voorbereidingen voor van alles en nog wat, de manier waarop ze haar kleding verzorgde, zomen innam of uitlegde, pogingen deed om haar schoenen te repareren, haar eerlijke mening gaf over alles en iedereen, en haar voorstelling van hoe haar 'toekomst' eruit zou zien. Ze vond dat een jaar lesgeven wel genoeg was geweest. Ze zou gaan trouwen, maar afgezien daarvan zou ze misschien journaliste worden bij een grote krant, of iets anders, maar in elk geval íéts. Als in Dunedin de wereld haar te veel werd, ging ze rolschaatsen; hier in Oamaru ging ze naar het zwembad.

Op de tweede middag van moeders vakantie in Picton ging de telefoon en June nam op. Door het geruis en gekraak heen hoorde ze dat 'Picton aan de lijn was'. Pa was naar zijn werk en Bruddie was weg. Tante Grace belde op uit Picton. Er ontstond een onzichtbare commotie in de keuken, alsof er atmosferische storing uit de hoorn lekte: Isabel was gaan zwemmen in het haventje van Picton, onwel geworden en verdronken. Er werd een onderzoek ingesteld en daarna zou moeder Isabel met de trein thuisbrengen.

Het was zinloos zelfs maar te veronderstellen dat er een vergissing in het spel was: Isabel was verdronken. Het was bijna tien jaar na Myrtles dood en deze nieuwe slag brandde als een dubbele blikseminslag al onze gedachten en gevoelens weg – wat viel er nog te denken of te voelen?

De telefoon ging opnieuw. Het was pa: hij had het nieuws gehoord en kwam naar huis. Bruddie was ook onderweg. Het nieuws verspreidde zich snel: Familietragedie van tien jaar geleden herhaalt zich. Meisje uit Oamaru verdronken.

Sommigen noemden haar 'meisje', anderen noemden haar 'vrouw'. Isabel May Frame, tweeëntwintig jaar oud.

June en ik waren nog steeds alleen thuis en we waren elkaar aan het troosten toen er iemand aan de achterdeur klopte. Het was JB! De directrice van Waitaki, juffrouw Wilson, die Isabel, June en ik kenden als de 'de ongelofelijke Titanic, het magnifieke moderne schip van vijftienduizend ton staal...' Ik geloof dat de verbazing over het bezoek van de directrice van Waitaki na al die jaren op school met een strikte scheiding tussen het leven thuis en op school bijna onze verslagenheid overtrof. Juffrouw Wilson zat echt op ónze sofa, onze sofa met al zijn uitpuilende veren en vulling en de donkere plek bij de armleuning, die nog altijd de plaats markeerde waar jaren geleden de kater van Bruddie had gepist, waarna we geprobeerd hadden de vlek en de stank eruit te krijgen met ons flesje anjerparfum dat we voor Kerstmis hadden gekregen.

En onverwacht sloeg juffrouw Wilson haar armen om ons heen en we begonnen allemaal te huilen, terwijl wij dachten: als Isabel ons zo toch eens kon zien, met JB!

Net als bij Myrtles dood, was mijn eerste gevoel over de dood van Isabel dat er misschien wel een probleem was opgelost, maar tegen een te hoge prijs; een gevoel dat verdrongen werd door de droomachtige realiteit van de eerste verdrinkingsdood en het feit dat ik verkoos ze allebei te herkennen in een citaat van T.S. Eliot, dat me eraan herinnerde dat ik nog steeds in een wereld van literatuur leefde. Ik had *Het barre land* doorleefd; ik had Phlebas de Phoeniciër leren kennen:

> al veertien dagen dood,
> vergat het krijsen van de meeuw.

Ik had het ritme en de gevoelens herkend en ervaren uit *De golven* van Virginia Woolf, de tragedie van Tess en Jude en de ene slag na de andere die de familie Brontë trof. Deze nieuwe dood vormde een epiloog van de oude verhalen en een proloog van de nieuwe, in ons eigen land waar de 'grote oceaan' en de rivieren voor ons zouden spreken en wij 'voor onszelf zouden spreken', waar zelfs de Tijd zich nu eindelijk gevestigd had op de Canterbury-vlakte, niet ver van Picton, waar

> ...de noordwestenwind rondneust tussen de dennen
> ...de waterval en de roest op de spoorrails

zelfs de rails in de verte versmolt tot een ijl perspectief dat tot een donkere tunnel van afwezigheid werd.

En weer paste ons verdriet in het vertrouwde patroon waarin gewone dingen het schrijnendst werden: het onafgemaakte naaiwerk, de losgetornde zomen van zomerjurken, Isabels nieuwe jas, een korte jas met wijde mouwen zoals toen in de mode was, de witte zomerschoenen die midden in de slaapkamer lagen waar ze ze had laten vallen de dag voor ze met vakantie ging.

Daarbij kwam nog de extra tragedie van moeders vakantie en de fictionele perfectie van de gebeurtenissen die geen rekening hield met eerlijkheid of oneerlijkheid. Moeders bezoeking was onvoorstelbaar: de verdrinking, het gerechtelijk onderzoek (haar tweede) en de lange treinreis naar huis met wat nu officieel 'het stoffelijk overschot' was.

Wij stonden op het perron van het station van Oamaru te wachten op de trein uit Picton. Iedereen was op de hoogte en keek medelijdend naar pa, Bruddie, June en mij. Aan het einde van het perron bij de goedereningang vlak naast het herentoilet stond de begrafenisondernemer klaar met de lijkwagen, die met zijn achterkant naar het perron toe stond. Het boekenstalletje en de restauratie waren geopend met het oog op de sneltrein en de serveersters stonden op een rijtje achter het buffet met hun warme pasteitjes, broodjes, cakes en limonade, klaar voor de toeloop van passagiers. Misschien was toch niet iedereen op de hoogte – er deinden golven van weten en niet-weten heen en weer toen er nieuwe passagiers, vreemden, arriveerden en gingen staan wachten; en voorbij het perron, achter de rijen oude rode wagons en goederenwagons, stuwde de kalme, steenachtig grijsgroene zomerzee haar uitlopers tussen de rotsen in de branding. Ik kon het water niet zien, maar ik was me ervan bewust en in gedachten kon ik de schuimbelletjes zelfs aanraken en het water voelen als een grijsgroene steen die plotseling doorzichtig en vloeibaar wordt.

Toen we de telefoon hoorden overgaan in het kantoor van de stationschef, dacht ik: er wordt vanuit Pukeuri gebeld dat de trein in aantocht is. Ik wist niet of mijn veronderstelling juist was, ik wist alleen dat vlak voor de aankomst van de treinen de telefoon altijd overging in het kantoor van de stationschef: dat was een spoorwegritueel.

Er ontstond een wolk van rook en stoom, remmen gierden en

iedereen op het perron deed een stapje terug om niet 'meegezo- gen' te worden – een ander spoorwegritueel. En toen reed de be- grafenisondernemer zijn lijkwagen zo dicht mogelijk bij de trein en werd uit de goederenwagon een matzilveren doodskist naar buiten gedragen, alleen was hij van lood.

'Om te voorkomen dat ze gaat stinken', fluisterde iemand, maar ik kan me niet herinneren wie het zei, want zo'n ongepaste opmerking had alleen Isabel zelf kunnen maken!

En daar kwam moeder het trapje van de wagon af, we omhels- den elkaar, er vloeiden tranen en pa zei: 'Alles is geregeld', en wij zeiden vrij opgewekt: 'Juffrouw Wilson van Waitaki is bij ons geweest', alsof de dood ons had aangezet een lange winst- en-verliesrekening op te maken en dit de eerste meevaller was.

Moeder was in de war, haar ogen stonden angstig en het bruingrijze haar onder haar strooien 'zondagse hoed' was wit geworden.

In tegenstelling tot Eden Street 56 in Oamaru met zijn grote donkere, naar appels geurende voorkamer, had Willowglen geen plaats om de dode onder te brengen; bovendien was de heuvel te ver en te steil om de doodskist naar boven te kunnen dragen, en dus werd Isabel naar de kapel van de begrafenisondernemer gebracht en van daaruit begraven. Alleen Bruddie, pa en ma woonden de begrafenis bij. Misschien werden er ook wel een paar van mijn herinneringen aan die tijd samen met Isabel be- graven.

De condoleancebrieven en -telegrammen kwamen binnen en werden beantwoord. De gespecificeerde rekening van de begra- fenisondernemer kwam en werd betaald. Er kwam een dokters- rekening, gericht aan Isabel, 'voor medische bijstand in het zwembad', voor de eerste keer dat ze onwel was geworden. En onder de condoleancebrieven was er ook een van John Forrest, die begon met: 'Het deed me groot verdriet te horen welk schokkend verlies jij en je familie hebben geleden' en eindigde met: 'Met de allerbeste wensen, John Forrest.' Ik kan me de hele brief nog herinneren door de woordkeus die me stoorde, door mijn onvermogen om de beleefde vormelijke betuigingen van medeleven te aanvaarden en te accepteren dat John Forrest zo tekortschoot in inlevingsvermogen dat hij zo'n brief kon schrijven. Ik voelde me verraden door de wereld van de taal die ik me eigen had gemaakt. Ik kreeg geen medelevende boodschap, maar woorden die ik, streng kritisch en zonder rekening te houden met hoe moeilijk het was om zo'n brief te schrijven, veroordeelde als proza van het ergste soort. Waar waren de persoonlijke, vriendelijke woorden van de jongeman die had gezegd dat ik leed aan 'eenzaamheid van de ziel'?

Ik kon niet weten dat John Forrest de taal juist goed benutte: hij probeerde te ontkomen aan de diverse studentes die romantische bedoelingen met hem hadden!

De dood is de dramatische voleinding van afwezigheid; taal kan bijna net zo effectief zijn. Ik had het gevoel dat zowel Isabel als John Forrest verdwenen was.

Ieder van ons droeg zijn verdriet alleen, want Isabel had met ieder van ons een andere kant van haar volwassen worden gedeeld. Vele jaren lang waren 'Dots en Chicks' – Isabel en June – onafscheidelijk geweest, zoals ooit 'Myrtle en Bruddie', terwijl ik als middelste kind al naargelang mijn leeftijd en interesse van groepje naar groepje zwierf, en toen Bruddie ziek werd en Myrtle stierf, was ik alleen totdat Isabel en ik een groepje vormden, waarna de opgroeiende June meer naar Isabel trok en ik weer alleen kwam te staan. Bruddie was altijd alleen, behalve toen hij heel klein was. Maar Isabel was zo vol levenslust geweest dat we moeilijk afstand konden doen van haar aanwezigheid en haar opvattingen, en toen we haar 'spullen' gingen uitzoeken, wisten we dat ze razend geweest zou zijn als ze had gezien dat haar beste schoenen en haar jas en haar strakke 'Shazaam'-truitje door anderen werden gedragen. Ze had eens gezegd: 'Als ik doodga en jullie mijn kleren inpikken, kom ik naar beneden om te spoken.' Naar beneden? Geloofde ze dan in de hemel?

Toen mijn oudste zusje Myrtle stierf toen ze zestien was, liet ze geen delen van zichzelf, van haar aanwezigheid, achter in Eden Street 56, misschien wel omdat het huis nooit ons eigendom was geweest en er altijd het gevaar had bestaan dat we 'op straat werden gezet', maar Isabel had Willowglen, waar ze dol op was geweest, niet verlaten. Hoewel het huis klein was, was er ruimte genoeg voor Isabels nagedachtenis, zowel binnen als buiten, tussen de bomen van de boomgaard en de dennenbomen, de zilverpopulieren, de cypres en de vijf eiken; bij het riviertje en de meidoorn, de vlierbes en de doornhaag; onder de enorme macrocarpa waar de orgelvogels huisden en de *morepork*-uilen en de kleine uil, die tijdens de oorlog de 'Duitse uil' werd genoemd omdat hij kleinere vogels scheen aan te vallen; en in het vredige, gouden en zonovergoten gras 'beneden op de vlakte'.

Nu het inmiddels vertrouwde ritueel van de dood en de begrafenis achter de rug was, besloot ik bij mijn voornemen te blijven om in Christchurch te gaan wonen en werken. Ik moest weg van Willowglen. Er was een ondertoon van: 'Ik hoop dat Janet er niet te veel weet van heeft... Je weet toch dat ze in Seacliff heeft gezeten.' Sinds ik zes weken in Seacliff had doorgebracht, werd vermeden om 'ernstige' dingen met me te bespreken, een speciale vorm van bescherming waar ik een hekel aan had. Ook was ik er huiverig voor om andere mensen te ontmoeten en als er bezoek kwam, wat vaak gebeurde in de tijd rond de begrafenis van Isabel, ging ik vlug naar mijn kamertje, waarop moeder me achternakwam, in de deuropening bleef staan en met verbijstering en afkeuring in haar ogen zei: 'Waarom kom je niet bij ons zitten?'

Of pa en moeder zeiden als er bezoek werd verwacht: 'Mevrouw W. komt vanmiddag. Denk je dat Janet ook komt?'

Ik hield me schuil. Ik had verdriet. Ik wilde niet dat iemand het 'zag', want sinds ik in de inrichting had gezeten was me opgevallen dat mensen het niet alleen 'zagen', maar er ook zorgvuldig naar zóchten.

Ik nam de advertentiekolommen met vacatures door uit de *Christchurch Press*. De enige vacatures met kost en inwoning waren in kindertehuizen, de dovenschool in Sumner en de gebruikelijke hotels en pensions. Toen ik een plattegrond van Christchurch en zijn buitenwijken bestudeerde, werd ik steeds angstiger door de lengte van de straten en de onbekende straatnamen die me tegelijk bekend voorkwamen – Linwood, Burwood (was daar niet een tehuis voor moeilijke meisjes, net zoiets als de nijverheidsschool in Caversham?), Burnham met kilometers lang barakken van de legerplaats; Rolleston, Templeton, Hornby (Hornby, dat scherp in het geheugen was gegrift omdat Bruddie elk jaar voor Kerstmis een Hornby-trein had gevraagd). Ik dacht aan het station van Christchurch met zijn weerkaatsende geluiden van mensen en treinen en de sissende stoom; treinen die overal vandaan arriveerden op tal van sporen, mensen die met hun hoofd op een wit kussentje in slaap waren gevallen tegen het coupéraam waar regendruppels langs biggelden; mensen die met hun mouw het beslagen raam schoonveegden om slaperig naar het gele lamplicht van de restauratie te kijken en naar de richel aan de buitenkant waar het afval lag uit andere treinen – de lege blauwgerande spoorwegkop-en-schotels met hun restjes spoorwegthee en doorweekte korsten van hambroodjes en sigarettenpeuken, De Reszke of Ardath...

Op de plattegrond vond ik de straat waar Caxton Press gevestigd was, die mijn verhalen zou publiceren. Ze plaatsten er een in het nieuwe tijdschrift, *Landfall*, onder de naam *Jan Godfrey*, de schuilnaam die ik gekozen had om mijn ouders te eren – Jan omdat pa me Jan noemde en Godfrey omdat Godfrey moeders meisjesnaam was. Ik vond ook de buitenwijk waar mevrouw R., de vriendin van John Forrest, woonde. En daar had je de universiteit – zou ik daar in de buurt durven komen? Ik vond het ondoenlijk om al mijn dromen in evenwicht te brengen met wat een ongelooflijk harde realiteit leek.

Nadat ik een sollicitatieformulier had ontvangen van de dovenschool en tot de conclusie was gekomen dat ze 'te veel over me wilden weten', schreef ik op een advertentie voor een kamermeisje-serveerster in een klein hotel in het centrum en haalde daarin mijn aanbeveling aan: 'Beschaafd, altijd beleefd tegen de gasten. Eerlijk, ijverig...', en werd ik aangenomen door de eigenaar van het 'renbaanhotel', het Occidental.

Mijn eerste kennismaking met woorden en hun betekenis schiet me nu weer te binnen. Ik had een beslúit genomen. Ik had een bestémming.

En weer begon ik aan een treinreis, nu naar het noorden, over de Canterbury-vlakte naar Christchurch.

14

Beste studente

Verlies, de dood, alles bekeek ik filosofisch: ik had immers mijn schrijven nog en als het nodig was kon ik mijn schizofrenie gebruiken om te overleven. Het werk in het hotel vond ik plezierig: ik leerde er het jargon van de paardenrennen, van de trainers, fokkers, kopers en eigenaars die het merendeel van de gasten uitmaakten, en ik vond de routine prettig – het op vaste tijden opdienen van de maaltijden en de hapjes in de bar om vijf uur 's middags. Ik greep de gelegenheid aan om Frans te spreken met de Franse paardenkopers en voelde me lichtelijk superieur als me werd gevraagd waarom ik met 'mijn opleiding' serveerster was. Waarop ik het gebruikelijke antwoord gaf, want ik kon of wilde mezelf nog steeds geen 'schrijfster' noemen: 'Ik doe wetenschappelijk onderzoek.'

Als ik na het werk alleen op mijn kamer was en me vooroverboog naar de spiegel van de kaptafel om de afschuwelijke aanblik van mijn rotte gebit op te nemen, vervaagden die kleine triomfen van mijn zelfrespect. Ik kon er niet omheen: het deed pijn en mijn hele gezicht klopte ervan. Ik kroop onder de dekens met een warmwaterkruik tegen mijn kaak gedrukt. Ik begreep wel dat ik er snel iets aan zou moeten doen. In het ziekenhuis kon je weliswaar gratis tanden en kiezen laten vullen of trekken, maar hoe moest ik ooit de moed opbrengen om een afspraak te maken? En ik was me voortdurend bewust van een vreselijk gevoel van nietigheid dat op de een of andere manier versterkt werd door de stad zelf – de ontelbare, uitgestrekte rechte straten, de hemel waartegen zich geen heuvels aftekenden, de horizon in de verte zonder zee. Ik had het gevoel alsof de stad en ik op de bodem van een diepe, door hemel ommuurde put zaten, en wie was in staat om de hemel te beklimmen? Waar lieten mensen hun blik op rusten als ze bij hun voor- of achterdeur stonden? Ik voelde me vreselijk eenzaam zonder zelfs maar de heuvels in de buurt die me, als menselijke lichamen, troost konden bieden.

Na een paar weken in Christchurch maakte ik een afspraak met mevrouw R., de vriendin van John Forrest, omdat ik haar wilde vragen of ze me wilde helpen een afspraak te maken om mijn gebit te laten trekken en met me mee wilde gaan naar de tandheelkundige kliniek van het ziekenhuis. Maar toen ik bij haar huis in een exclusieve buitenwijk kwam en zij, een grote knokige vrouw gekleed in licht- en donkerbruine tinten, de deur opendeed, merkte ik dat ik niet in staat was om de situatie uit te leggen en stond daar maar wat (met mijn mond stijf dicht), een gezonde jonge vrouw van tweeëntwintig zonder zichtbare gebreken, en viel ik halsoverkop terug op mijn 'schizofrenie': dat was voor mij de enige manier geworden om belangstelling te wekken bij mensen van wie ik hulp dacht nodig te hebben. Hoe dan ook, het duurde verscheidene weken voordat ik kon vertellen dat mijn rotte gebit mijn dringendste probleem was. Mevrouw R. was zo vriendelijk te regelen dat mijn gebit werd getrokken in het ziekenhuis; ze zou met me meegaan, zei ze, en het was misschien een goed idee als ik me als vrijwillig patiënte liet opnemen in Sunnyside, een inrichting voor geesteszieken, waar ze een nieuwe elektroshocktherapie hadden die me, naar haar mening, zou kunnen helpen. Daarom tekende ik de benodigde formulieren.

Ik kwam zonder tanden bij, werd opgenomen in Sunnyside waar ik de nieuwe elektroshocktherapie kreeg, en plotseling was mijn hele leven vertekend. Mijn geheugen liet me in de steek. Ik was doodsbang. Ik gedroeg me zoals anderen om me heen zich gedroegen. Ik had de taal leren spreken en handelde ernaar. Ik voelde me ontzettend eenzaam. Er was niemand om mee te praten. Net als in andere inrichtingen werd je opgesloten, je deed wat je gezegd werd want anders, en dat was het dan. Mijn schaamte over mijn tandeloosheid, mijn schrijnende gevoel van verlies en verdriet, mijn eenzaamheid en het feit dat ik al gauw weer een zus, June, zou verliezen door haar huwelijk, gaven me het gevoel dat er op aarde geen plaats voor me was. Ik wilde weg uit Sunnyside, maar waar kon ik naartoe? Ik treurde om alles wat ik kwijt was geraakt – mijn loopbaan als onderwijzeres, mijn verleden, mijn ouderlijk huis waarvan ik wist dat ik het er nooit langer dan een paar weken uithield, mijn zusters, mijn vrienden, mijn gebit, kortom, mijzelf als persoon. Het enige wat me restte was mijn verlangen om schrijfster te zijn, om gedachten en beelden te onderzoeken die als bizar werden afgedaan, en mijn ambitie die als verdacht, misschien wel als een waandenkbeeld werd beschouwd. Ik schreef alleen brieven aan mijn zusje en ouders en broer, en die werden altijd gecensureerd en soms niet verstuurd: ik herinner me dat ik een keer een brief schreef aan mijn zusje June, waarin ik Virginia Woolf citeerde die ooit geschreven had dat gaspeldoorn een 'pindakaasachtige geur' verspreidde. Die beschrijving werd door de arts die de brieven las als verdacht beschouwd en een teken van mijn 'schizofrenie' gevonden. Want hoewel ik geen enkel gesprek had gehad met de artsen en geen onderzoeken had ondergaan, leed ik nu officieel aan schizofrenie. Ik had een val voor mezelf opgezet, in het besef dat een val ook een toevluchtsoord is.

En toen ik een paar maanden langer dan de vrijwillige periode in de inrichting bleef en bestempeld werd tot 'onvrijwillig' patiënte, was dat het begin van de jaren in de inrichting die ik al elders heb beschreven. Als gezegd is dat slechts een feitelijke beschrijving van gebeurtenissen, mensen en plaatsen, maar niet van mezelf, afgezien van mijn gevoel van paniek dat uitsluitend ontstond doordat ik opgesloten werd door mensen die me er voortdurend aan herinnerden dat ik er 'voor de rest van mijn leven' zat. Naarmate de jaren verstreken en de diagnose gehandhaafd bleef, kennelijk zonder dat die in twijfel werd getrokken, want er werden geen gesprekken met me gevoerd of onderzoeken gedaan, kreeg ik steeds sterker het gevoel dat mijn situatie hopeloos was. Ik verbleef in een eenzaam gebied, dat doet denken aan de plek waar stervenden tijd doorbrengen voor ze de dood ingaan en vanwaar zij die terugkeren naar de wereld der levenden onvermijdelijk een unieke zienswijze meebrengen die zowel een nachtmerrie als een kostbaar bezit is, een schat voor het leven. Soms denk ik dat dit het beste gezichtspunt ter wereld is, dat een vergezicht biedt dat weidser is dan dat vanaf de bergen van de liefde, ook al is de vervoering en kilte van het onbeschut zijn even groot, daar in de nabijheid van de oude goden en godinnen. De terugkeer naar de wereld betekent echter dat het uitzicht op de schatkamer van de geest verloren gaat, een ruimte die door Thomas Beecham is beschreven als 'de ruimte vijf centimeter achter de ogen'. Je herinnert je alleen nog de schat en het Midas-effect ervan op elk afzonderlijk ogenblik, en soms kun je de schittering ervan zien tussen de gewone alledaagse rommel.

In de jaren die volgden, tot ik in 1954 eindelijk uit de inrichting werd ontslagen, was ik angstig en ongelukkig, wat voornamelijk werd veroorzaakt door mijn opsluiting en behandelingen in inrichtingen. In de begintijd van mijn opname kwam het twee of drie keer voor dat ik de inrichting een paar weken mocht verlaten, maar ik moest er telkens naar terug omdat ik nergens anders kon wonen, en ik zag er altijd vreselijk tegen op, als een veroordeelde die terugkeert naar de beul.

Toen ik de eerste keer terugging naar Oamaru, plaatste ik een advertentie in de rubriek Werk Gevraagd in de *Oamaru Mail* en ondertekende met 'Studente', en uit de drie reacties die allemaal begonnen met 'Beste Studente', koos ik die van meneer O. uit, die een vrouw had die bedlegerig was en leed aan wat toen 'geleidelijke verlamming' werd genoemd. Een maand lang maakte ik hun huis schoon, waste, streek, en verzorgde mevrouw O., die gelaten in haar misère van ziekzijn verzonken lag, terwijl haar man, ondanks zijn gezondheid en het feit dat hij de hele dag naar zijn werk was, de sporen droeg van de verzonkenheid van zijn vrouw: hij zweette in zijn witte, keurig gestreken overhemden en er stond altijd zweet op zijn voorhoofd. Ze praatten niet veel met mij, behalve om hun fysieke conditie te bespreken.

'Mijn man zweet erg', zei mevrouw O.

'De dokter zegt dat haar toestand geleidelijk achteruitgaat', zei meneer O.

De omgeving van Willowglen maakte dat ik verrukt wakker werd. Ik wandelde dan over het vochtige gras in de tintelende lucht als door een bad vol zonlicht en groen en blauw. Ik nam de korte weg door het stadspark van Oamaru langs de glinsterende vijver met zijn lawaaierige eenden, stak de spoorlijn over naar het lagergelegen deel van de Zuidheuvel en bleef even staan om uit te kijken over de stad en de zee, die doortrokken waren van de ochtend. Maar als ik langs de gesluierde dames, de stinkzwammen, het pad naar de voordeur van de O.'s opliep, voelde ik de aangename stroom van zonlicht en ochtend wegvloeien zodra ik het huis betrad van deze grauwe, in zweet en tranen badende mensen. Vanuit de slaapkamer van mevrouw O. kon je zelfs niet naar buiten kijken. Half voor het raam stond een grote donkere kleerkast die een slagschaduw wierp in de vorm van een krijger die zijn arm heft om je te doden.

Ik ging weg bij de O.'s. Ik had genoeg verdiend om een bovengebit te kunnen kopen en besloot de uitnodiging van mijn zusje en haar man aan te nemen om een poosje bij hen in Auckland te komen logeren.

In Auckland was ik overgevoelig voor alles om me heen – de vreemdheid en de hitte, het onophoudelijke getsjirp van cicades en krekels, het steken van de muggen en mijn eerste kennismaking met het subtropische licht, dat afwisselend pijnlijk helder en paradijselijk wolkenzacht was, drukkend als een onweersbui die voortdurend opbouwt. Het liep tegen de zomer en de wereld was vol met blauwe bloemen, die het blauw van de hemel aantrokken, het als het ware indronken, totdat hun kleur tegen de avond donkerder werd door de overdaad aan blauw. Ik kreeg het gevoel nergens en niets te zijn, alsof ik nooit had bestaan of dat ik, als dat wel het geval was geweest, nu van de aarde was gevaagd. Op de een of andere manier was ik in een kloof van de tijd gevallen; en veel van deze gevoelens ontstonden doordat ik met niemand 'contact' had en niemand had met wie ik mijn diepste emoties kon delen. Ik was mijn gebruikelijke glimlachende zelf, liet glimlachend mijn omvangrijke nieuwe kunstgebit zien en praatte over koetjes en kalfjes en alledaagse dingen. Ik schreef mijn gedichten maar liet ze aan niemand lezen. Iemand bij ons thuis had een verhaal van mij gevonden, gelezen en de vaste overtuiging uitgesproken dat ik nooit een schrijfster zou worden. Soms, als ik begon te vertellen wat ik écht voelde en ik gebruik maakte van een vergelijking of metafoor, een beeld, dan zag ik de gêne in de ogen van de luisteraar – hier was een gek aan het woord.

Tijdens de eerste weken van mijn verblijf in Sunnyside had ik gecorrespondeerd met John Forrest, maar de doorslagen van zijn brieven die bestemd waren voor alle familieleden en vrienden, met hun kameraadschappelijke *Beste allemaal*, beklemden me en toen ik tijdens mijn verblijf in Oamaru hoorde dat hij getrouwd was, schreef ik, met mijn aangeboren gevoel van buitengesloten zijn, niet meer de ongeremde vertrouwelijke brieven in mijn stijl van 'verwant' te zijn aan Van Gogh en Hugo Wolf, waarin ik mijn fantasieën verwoordde en mijn gedragingen beschreef.

Mijn verblijf bij mijn zusje en haar man was geen succes. Zij en hun pasgeboren zoontje gingen helemaal in elkaar op, terwijl ik me ongemakkelijk op de achtergrond hield en als er bezoek kwam dat mijn kant uit keek, namen mijn verlegenheid en overdreven onzekerheid die voortkwamen uit het gevoel nergens te zijn toe, vooral wanneer de kennissen van mijn zus vroegen: 'Hoe gaat het met haar?' 'Vindt ze het leuk hier in Auckland?' Ik was een derde persoon geworden, thuis in Willowglen en nu hier in Auckland. Soms vroegen mensen, alsof ik mijn eigen necrologie was: 'Wat deed ze vroeger?' Alsof er een archeologische vondst voor ze stond en ze me met hun ogen, hart en geest aan een 'koolstoftest' onderwierpen om me een naam, jaartal en plaats te geven – hád ik maar een plaats! Het leek jaren geleden, en dat was in werkelijkheid ook zo, dat Caxton Press mijn verhalen had geaccepteerd om uit te geven. Ik was hun bestaan vergeten.

Ik kon niet meer tegen het niet-zijn. Ik trok me terug in een naar binnen gerichte staat, dat wil zeggen, ik zette zo'n soort masker op, terwijl ik me tegelijkertijd volledig bewust was van alles om me heen. Ik zag mijn staat van niet en nergens zijn bevestigd in het niet en nergens zijn van alles en iedereen om me heen. Die toestand leidde er natuurlijk toe dat ik werd opgenomen in de psychiatrische inrichting 'Auckland' in Avondale; het was in ieder geval een 'plaats' waar ik verondersteld werd 'thuis' te zijn. In het land dat ik als het mijne had geadopteerd paste ik me snel aan en weer sprak ik de taal vloeiend. De ellende en de onmenselijkheid waren haast onbeschrijflijk. Ik herinner me nog heel veel taferelen uit het overbevolkte dagverblijf en van de binnenplaats, en als ik *Gezichten in het water* zou herschrijven, zou ik er veel in opnemen dat ik toen wegliet omdat ik het verslag van een voormalig patiënte niet overdreven dramatisch wilde maken. De opnameafdeling, paviljoen Zeven, staat me bij als een oase, met zijn park en wilgenboom en het vriendelijke afdelingshoofd, en niemand had ooit kunnen dromen dat daarachter de gebouwen lagen die bekendstonden als Park House, waar mensen tot beesten werden of snel getransformeerd werden tot ze als beesten leefden.

De jaren die ik daar doorbracht waren vol samengebalde tragiek, soms vermengd met humor, hoewel de overheersende stemming er een was van eeuwige verdoemenis waar alle hoop was uitgebannen.

Tijdens mijn opname in Avondale verscheen mijn verhalenbundel *De lagune*. Ik was overgebracht naar het opnamepaviljoen. Ik was mager, had zweren en een loopoor; iedereen in Park House had zweren of ontstoken ledematen en sommigen hadden luis, ondanks de wekelijkse kambeurt met petroleum. Ik lag in bed in het opnamepaviljoen toen mijn zus en haar man me zes presentexemplaren van *De lagune* kwamen brengen. Ik legde ze voor me neer op de witte overheidssprei waarop het wapen van Nieuw-Zeeland was geborduurd met de leus: *Ake Ake: Voorwaarts, Voorwaarts*. Ik vond dat het boek er prachtig uitzag met zijn zachtblauwe ontwerp op de omslag, dat deed denken aan een veld bij de kust vol grijsgroene grashalmen. Ik bladerde erin en voelde de fijne structuur van het papier.

'Wat zal ik ermee doen?' vroeg ik.

Beter op de hoogte van dergelijke zaken dan ik, legden ze uit dat je als auteur je handtekening zette onder de plaats waar je naam gedrukt stond.

'Echt waar?' Ik was geïmponeerd.

Ik zette mijn handtekening in alle exemplaren en gaf die weg aan de mensen die, zoals zij suggereerden, 'een exemplaar hoorden te krijgen' en hield er een voor mezelf. Mijn boek. *De lagune en andere verhalen.* Caxton Press, niet ik, had de titel bepaald.

Omdat mijn zus en haar man op het punt stonden het Zuidereiland te bezoeken, werd geregeld dat ik met hen mee naar huis, naar Oamaru, zou gaan. Mijn zus zou met mij en haar twee zoontjes met het vliegtuig reizen, terwijl haar man vanuit Auckland per auto naar Oamaru zou rijden en een dag of tien later zou komen.

Tijdens de vliegreis naar Oamaru moesten we in Christchurch overstappen en terwijl we wachtten keek ik, nog helemaal vol van mijn boek, een nummer van de *Christchurch Press* door op zoek naar de boekenpagina om te zien wat 'ze' van mijn nieuwe boek vonden. Bijna onder aan de pagina, samengevat in vijf, zes regels, kraakte de recensent *De lagune en andere verhalen* af met zinnen als: 'Dit is al te vaak vertoond, ...geen originaliteit... tijdverspilling om zo'n boek uit te geven.' De literaire critici uit die tijd, die ervan overtuigd waren dat onze literatuur 'volwassen' was, werden in verlegenheid gebracht nu zo veel auteurs over hun jeugd schreven. Ze vroegen zich af hoe een land volwassen kon zijn als over de jeugd ervan werd geschreven. Er bestond een wanhopig verlangen naar 'volwassenheid', deels omdat te midden van andere woorden voor groeifases 'volwassenheid' een modewoord was.

Toen ik die recensie in de *Press* las, voelde ik me vernederd en afgewezen, en de kwelling niet te weten waar ik kon zíjn werd steeds groter – als ik niet in de wereld van boeken schrijven kon leven, waar kon ik dan bestaan?

Het bezoek van mijn zuster en haar twee zoontjes aan Willowglen werd een leerzaam debacle. Met een schijnbaar nostalgische hang naar macht over de jeugd stortte mijn vader zich op de jongens, sloeg iedere beweging van ze gade en ze konden niets doen zonder dat hij streng zei: 'Nou, nou', en hij zocht zijn toevlucht tot lang in onbruik geraakte zinnen als: 'Zo meteen krijg je een draai om je oren' en 'Als je dat nog eens doet, vil ik je levend'. De jongens waren drie en anderhalf en het waren hartstochtelijke rivalen die elkaar het bezit van alles en nog wat betwistten, van speelgoed tot aandacht. Ze werden het middelpunt van heftige emoties bij alle volwassenen. Ze werden bekeken alsof ze tentoongesteld waren; er werd over ze gepraat, ze werden bekritiseerd, gewaarschuwd, berispt, beschreven en er werden plannen voor hun toekomst gesmeed. Mijn vader keek naar ze zoals hij vroeger naar onze katten keek bij de zeldzame gelegenheid dat hij ze toestond om in de keuken te spelen, terwijl wij eromheen dromden om het plezier over hun spel met elkaar te delen, tot pa, de commandant, als een koning die neerziet op zijn narren, ineens schreeuwde: 'Genoeg! Eruit!'

En dan werden de katten, verbijsterd miauwend, de koude nacht in gegooid en sloeg ons plezier om in teleurstelling en verdriet.

In mijn rol van erkend buitenbeentje van de familie voelde ik me vernederd als ik mijn moeder vertrouwelijk met mijn zuster zag praten over het huwelijk, liefdesleven en kinderen krijgen, terwijl ze dat met mij nooit had durven bespreken, en als in latere jaren mijn zus van tijd tot tijd over een aspect van moeder praatte dat ik nooit had gekend – 'Toen Myrtle werd geboren... voordat Bruddie er was...' – voelde ik me als een kind dat wordt buitengesloten van de aandacht van haar moeder. Er had bij ons thuis altijd een strijd bestaan tussen machteloosheid en macht, waarbij intimiteit met mensen en het vermogen om die intimiteit aan te tonen de symbolen werden van de grootste macht – alsof alle gezinsleden zich voortdurend een weg moesten banen door een woestenij vol ontberingen, waarbij ze stap voor stap kleine kostbare bloemen plantten in dat barre land en het noodzakelijk voor ze leek te zijn die bloemen aan te wijzen, te beschrijven en er hun vreugde over uit te spreken tegen de andere gezinsleden die misschien nog niet zo ver gevorderd waren op hun tocht door de woestijn. Het inzicht komt pas als iedereen begrijpt waarom de anderen soms duidelijk leedvermaak vertonen bij tegenslagen, of nadrukkelijk de afgelegde afstanden bijhouden en winnaars en verliezers aanwijzen.

Er kwamen die zomer geen brieven voor me. Wie zou me brieven moeten sturen? Mijn zus en haar man en hun twee jengelende kinderen vlogen naar huis terug, naar het noorden. Ik was weer eens het gekke meisje van Frame dat over de heuvels om de Old Mill zwierf met mijn poes Siggy, die dol was op lange wandelingen.

Ik sliep in de voorkamer met uitzicht over de vlakte.

'Ik wil niet dat je ooit nog van huis weggaat', zei pa. Hij timmerde boekenplanken voor me: mijn *Spreken voor onszelf*, *Nieuw-Zeelandse verzen*, *Londense poëzie*, *Poëzie in oorlogstijd*, *Het barre land*, Rilkes *Sonnetten aan Orpheus* (dat ik in Christchurch had gekocht), het *Verzameld werk* van Shakespeare (dat ik in Christchurch van June en Wilson had gekregen); en andere boeken, waaronder mijn eigen exemplaar van *De lagune*. Pa gaf me geld om bij Hodges cretonnen stof te kopen om vrolijke gordijnen voor mijn kamer van te maken, en moeder kocht bij Calder Mackay (voor wie we 'gewaardeerde clientèle' waren) een nieuw roze dekbed voor me.

Dit alles om de huiselijkheid te benadrukken.

Als ik over mijn verblijf in de inrichting vertelde, beschreef ik alleen de grappige voorvallen en de stereotiepe patiënten – de Jezus Christus, de koningin, de keizerin.

Pa vulde zijn voorraad bibliotheekboeken van Sexton Blake aan. ('Janet is dol op detectiveverhalen.')

Moeder en ik stelden recepten samen en zonden die in naar de *Truth*, die ons een eerste prijs toekende voor onze zalmmousse.

En hoewel pa erg gesteld was op zijn bloemen – de asters, dah-

lia's en anjers die in het perkje onder mijn raam stonden – bedwong hij zijn ergernis als Siggy tussen de dahlia's liep te graven
of vanuit mijn slaapkamerraam boven op de tere stengels van
de anjers sprong. 's Nachts sprong ze mijn slaapkamerraam binnen en krulde zich spinnend op aan het voeteneinde van mijn
bed, en dan boog ik me voorover om haar zwarte vacht te aaien
en verzuchtte: 'O, Siggy, Siggy, wat moet ik toch doen?'

15

Door het oog van de naald

Het antwoord op die vraag werd me aangereikt. Ik vond werk als hulp in de wasserij van het ziekenhuis in Oamaru, waar ik iedere dag opgesloten zat in de mangelkamer en de hete vochtige lakens tussen de persrollen uit trok, ze opvouwde en doorgaf aan een andere hulp. Door de dampende hitte werden onze gezichten rood en vochtig en de gesprekken die boven het lawaai van de machines uit werden gevoerd bestonden meestal uit over en weer geschreeuwde vragen en antwoorden ('Ga je zaterdag naar de "Schotse"?' 'Ga jij ook naar Mary's feestje?'), zaken waarop tijdens de theepauzes dieper werd ingegaan als de aantrekkelijkheid van de 'Schotse' (een zaal waar iedere week werd gedanst) werd besproken, en Mary's of Vivians of Noelines verlovingsfeestje werd voorbereid. Ik had op de simpelste vragen geen antwoord: waar had ik gewerkt voordat ik bij de wasserij kwam? Ging ik met iemand 'uit'? Waarom liet ik mijn haar niet ontkroezen? Ik kon wel meepraten over de radioserie *De liefde van mijn man*, waar we elke ochtend om tien uur naar luisterden. Ik kende een paar renpaarden, waaronder Plunder Bar, en een paar liedjes, zoals 'Give Me Five Minutes More':

> *Only five minutes more*
> *Let me stay*
> *Let me stay in your arms,*
> *All the week I've dreamed about our Saturday date...*

wat toen al een ouderwets liedje was, maar ik kende het tenminste. En ik wist de namen van rugbyfavorieten van Otago en

Southland – de Trevathans en de commentator, Whang McKenzie, maar ik voelde me er toch niet op mijn gemak. (Siggy, Siggy, wat moet ik doen?)

Toen kreeg moeder in het holst van de nacht een hartaanval. Toen ik wakker werd door de opschudding moest ik denken aan de avond dat Bruddie voor het eerst ziek was geworden en we allemaal wakker waren geworden en met witte gezichtjes huiverend bij elkaar hadden gestaan.

Nu was het Bruddie die naar mij toe kwam toen ik geschrokken bij de deur van mijn kamer stond. Hij sprak op de nieuwe toon die pa en Bruddie nu aansloegen als ze tegen mij spraken, alsof ik op de een of andere manier 'in de hand gehouden' moest worden, alsof ze bang waren dat ik zou instorten of zou reageren op een ongebruikelijke manier waar ze geen raad mee wisten.

'Niets aan de hand. Niets om je zorgen over te maken. Ma heeft een hartaanval gekregen. De dokter heeft haar morfine gegeven en ze brengen haar nu naar het ziekenhuis.'

Toen ik naar buiten keek, zag ik hoe moeder, schijnbaar slapend, met haar gezicht zo wit als porselein en haar lange grijswitte haar uitgespreid over het kussen, naar buiten gedragen werd op een brancard. Ze deed haar ogen open en begon zich ervoor te verontschuldigen dat ze ziek geworden was; toen sloot ze haar ogen weer. Pa en Bruddie gingen met haar mee naar het ziekenhuis en ik ging weer naar bed. Er was een kuiltje aan het voeteneinde waar Siggy had gelegen en vanwaar ze angstig het raam uit was gesprongen. Ik keek uit het raam naar de lommerrijke duisternis. Om drie uur, toen de nacht al verbleekte langs de randen, hoorde ik nog een uil roepen. Ik wist dat het een ingrijpende nacht was, zoals we wel vaker hadden meegemaakt en die als mijlpalen opdoemden in het landschap van ons gezin.

Net als jaren geleden op de eerste ochtend nadat Bruddies

ziekte zich had geopenbaard, schoot me de complexe, angstaanjagende verandering in ons leven te binnen toen ik wakker werd.
Ik wenste dat alles zou zijn zoals het was geweest, met moeder
die zonder protest zichzelf wegcijferde en redderde; maar dat
mocht niet zo zijn; moeder had eindelijk gesproken, met pijn.
Hoe moest het verder als ze stierf? Nee, hadden ze gezegd, met
veel rust kan ze genezen, al zal ze het in de toekomst veel rustiger
aan moeten doen, beter voor zichzelf moeten zorgen en ontzien
moeten worden.

En terwijl zij warm en beschut uitrustte in het ziekenhuis, zag
ik de ontreddering op mijn vaders gezicht – pa die, als hij de keuken binnenkwam als ze even weg was, altijd paniekerig vroeg:
'Waar is ma?', zelfs al ze er maar heel even niet was, misschien
omdat ze in een andere kamer was of buiten bij de waslijn; maar
nu was ze uit huis verdwenen en op mijn vaders gezicht was te
zien hoe verloren en verbijsterd hij zich voelde.

Ik maakte het ontbijt klaar en zette eindeloos veel potten thee
voor pa, die ineengedoken op zijn stoel aan het hoofd van de tafel
zat, maar ik ging niet zover dat hij nu van mij de attenties kreeg
die hij bij moeder zocht en opeiste – suiker in zijn thee doen,
doorroeren, zijn schoenen poetsen en zijn rug krabben. Ik zette
het elektrische strijkijzer klaar om zijn zakdoeken en overhemden te strijken. In het washok zette hij in de tobbe zelf zijn werkkleding in de week en duwde die onder met de wasknijper. Hij
legde ook het vuur aan en haalde kitten vol spoorwegkolen van
de berg onder het afdak bij de achterdeur.

Moeder had eindelijk gesproken, met pijn. Het was afgelopen
met de magie van vuur in het kolenfornuis, de warme maaltijden en de stapels theegebak die op de gepoetste zwarte bakplaat
werden gebakken; het was afgelopen met de voortdurende ver-
zorging van het huishouden door de dienstmaagd.

Hoe durfde ze ziek te worden! We wilden wanhopig graag dat

ze bij ons terugkwam, heelhuids en zonder pijn.

Ik bezocht moeder in het ziekenhuis. Doordat ze abrupt hele-maal uit haar gezin was verdwenen, zag ik haar voor het eerst als een zelfstandig persoon en dat maakte me bang en veront-waardigd. Ze leek wel iemand die je op straat kon tegenkomen. Ze kon lachen, praten en haar mening geven zonder dat ze bela-chelijk werd gemaakt; ze schreef nu gedichten in een notitie-boekje en las ze voor aan de andere patiënten, die onder de in-druk waren van haar talent.

'Uw moeder schrijft prachtige gedichten.'

Wat hadden we haar aangedaan, wij met zijn allen – dag in dag uit, jaar in jaar uit – we hadden elk spoor van haarzelf uitge-wist, al haar eigen meubelen uit haar eigen kamer verwijderd en die bevolkt met onszelf en onze levens; of misschien was het geen kamer, maar een tuin die we hadden leeggewied om onszelf er diep in te wortelen en nu wij weg waren, ontloken al haar ei-gen bloesems... zat het zo? En dan nog alle tegenslagen die ze had gehad, de speurtocht naar remedies, twee gerechtelijke on-derzoeken, een dochter die krankzinnig verklaard was, een zwakke echtgenoot die alleen sterker werd door van tijd tot tijd zijn brouwsel van wreedheid toe te dienen...?

Geconfronteerd met de angst in ons gezin, ontsnapte ik op mijn gebruikelijke manier via de inmiddels geperfectioneerde vluchtroute, en weer belandde ik in Seacliff. Zodra ik er was, wist ik dat de tijd voorbij was waarin ik die vorm van vluchten kon be-oefenen. Ik moest ergens naartoe gaan, op mezelf gaan wonen, genoeg geld verdienen om van te leven en boeken gaan schrijven; maar het was zinloos: ik had nu wat je een 'voorgeschiedenis' kon noemen en de manier van omgaan met mensen met een 'voorgeschiedenis' stond vast: er werd niets meer onderzocht. Al snel werd ik door mijn paniektoestand overgebracht naar het achterafpaviljoen, het Stenen Paviljoen, waar ik een van de vergeten mensen werd. Toen moeder weer gezond was, kwamen zij en Bruddie en pa me opzoeken met kerst en op mijn verjaardag en bij nog een of twee gelegenheden in dat jaar. Aangenomen werd dat ik 'voorgoed' in de inrichting zat. Wat ik de figuur van Istina Mavet heb meegegeven, is mijn gevoel van hopeloosheid dat sterker werd naarmate de maanden verstreken, mijn angst om die voortdurende staat van fysieke gevangenschap te moeten verdragen, waarin ik letterlijk was overgeleverd aan de genade van degenen die oordeelden en besluiten namen zelfs zonder eens uitgebreid met me te praten of een poging te doen me te leren kennen of me te onderwerpen aan de gebruikelijke onderzoeken waarover psychiaters beschikken. Mijn situatie kon het beste worden omschreven als 'gedwongen opsluiting'.

In het achterafpaviljoen maakte ik deel uit van een onvergetelijke familie, waarvan ik de afzonderlijke leden heb beschreven in *Gezichten in het water*. Hun verdriet en moed en mijn verlangen om voor ze te 'spreken' maakten dat ik kon overleven en ik werd bijgestaan door het begrip van goede leerling-verpleegsters en verpleegsters als Cassidy, Doherty (allebei Maori-vrouwen), 'Taffy' (de verpleegster uit Wales die nu in Cardiff woont), Noreen Ramsay (die me extra eten toestopte als ik honger had) en anderen. De houding van degenen die de leiding hadden en die noodlottigerwijs de dagrapporten schreven en invloed hadden op de behandeling, was er een van berisping en straf, waarbij gedreigd werd met bepaalde vormen van medische behandeling als je niet 'meewerkte'. 'Niet meewerken' kon bestaan uit weigeren gehoor te geven aan een bevel, bijvoorbeeld om met zes anderen naar de deurloze wc's te gaan om publiekelijk te urineren, waarbij je wegens onwilligheid werd uitgescholden door de verpleegster. 'O, zijn we daar te goed voor? Nou, mevrouw de Studente, we zullen je hier nog wel een paar dingen bijbrengen.'

'Beste Studente', 'mevrouw de Studente': helaas maakte het

feit dat ik naar de middelbare school, de kweekschool en de universiteit was geweest iets wraakzuchtigs los bij sommige leden van het personeel.

Ten lange lesten bleek mijn schrijven mijn redding te zijn. Het zal weinig verwondering wekken dat ik schrijven beschouw als een manier van leven, omdat het daadwerkelijk mijn leven redde. Mijn moeder was ertoe overgehaald in te stemmen dat er een leukotomieoperatie bij me zou worden uitgevoerd; ik weet zeker dat ze dat niet gedaan zou hebben als de deskundigen niet zwaarwegende argumenten hadden aangevoerd – deskundigen die in de loop der jaren, terwijl mijn 'voorgeschiedenis' aangroeide, nooit langer dan tien of vijftien minuten per keer en in totaal over acht jaar genomen ongeveer veertig minuten met me hadden gepraat; die geen onderzoeken verrichtten, zelfs geen lichamelijke onderzoeken, zoals een eeg of een röntgenfoto (afgezien van een longfoto wanneer er een nieuw geval van tuberculose was ontdekt, een ziekte die toen vaak voorkwam in psychiatrische inrichtingen); deskundigen die hun oordeel baseerden op dagrapporten van overwerkte en geïrriteerde verpleegsters. Ik hoorde het aan en probeerde te ontkomen aan de overstelpende golf van afgrijzen toen dokter Burt, een aardige, overwerkte jonge arts die nauwelijks het woord tot me had gericht behalve om 'goedemorgen, hoe gaat het ermee' te zeggen zonder het antwoord af te wachten omdat hij werd meegetrokken voor zijn ronde over de zaal, de tijd vond om uit te leggen dat ik een leukotomie zou ondergaan, dat me dat goed zou doen en dat ik daarna 'in een mum van tijd het ziekenhuis zou kunnen verlaten'. Met een gevoel dat mijn uitvaging compleet was, hoorde ik ook de hoofdverpleegster van de afdeling aan die plotseling interesse toonde omdat er iets aan en met me 'gedaan' zou worden, en die me haar beeld schetste van hoe ik zou zijn wanneer het allemaal 'achter de rug' was.

'We hebben eens een patiënte gehad die hier jarenlang is geweest tot ze haar leukotomie kreeg. En nu is ze verkoopster in een hoedenwinkel. Ik heb haar onlangs nog gezien, ze verkocht hoeden en is net zo normaal als wie dan ook. Zou jij niet normaal willen zijn?'

Iedereen vond dat het beter voor me zou zijn als ik 'normaal' was en er geen rare intellectuele ideeën over het schrijverschap op na hield, dat het beter voor me zou zijn als ik buiten het ziekenhuis een gewoon beroep uitoefende en me onder de mensen begaf...

Het gebeuren werd grondig voorbereid. Van een jonge vrouw van mijn leeftijd met wie ik bevriend was geraakt, maar die in het opnamepaviljoen was gebleven, het 'goede' paviljoen, werd verteld dat ze binnenkort ook een leukotomie zou ondergaan.

'Nola krijgt er ook een', werd me verteld.

Nola laat haar haar ontkroezen, Nola krijgt een feestjurk, Nola geeft een feestje – waarom jij ook niet?

Nola leed aan astma en aan de complicatie dat ze uit een gezin met briljante, mooie mensen kwam. Ik kan geen oordeel vellen over haar 'geval', maar ik kan wel zeggen dat in de tijd vóór het gebruik van farmaceutica, leukotomie een operatie was die 'voor het gemak' werd uitgevoerd.

Ik benadruk nog eens dat schrijven me gered heeft. In het afdelingskantoortje had ik de lijst zien liggen met degenen die waren 'genoteerd voor een leukotomie', met mijn naam erop en andere namen die werden doorgestreept wanneer de operatie was uitgevoerd. Ik moet bijna aan de 'beurt' zijn geweest toen op een avond de geneesheer-directeur van de inrichting, dr. Blake Palmer, een ongebruikelijk bezoek aan de afdeling bracht. Tot ieders verbazing richtte hij het woord tot me.

Omdat het de eerste keer was dat ik met iemand anders over de naderende operatie kon praten dan met de mensen die me ertoe wilden overhalen, zei ik gespannen: 'Dokter Blake Palmer, wat vindt u ervan?'

Hij wees op de krant die hij in zijn hand hield.

'Van de prijs?'

Ik begreep het niet. Welke prijs? 'Nee,' zei ik, 'van de leukotomie.'

Hij keek ernstig. 'Ik heb besloten dat je moet blijven zoals je bent. Ik wil niet dat je verandert.' Hij sloeg de krant open. 'Heb je de Laatste Nieuws-rubriek gezien in de *Star* van vanavond?'

Een belachelijke vraag in het achterafpaviljoen waar niets te lezen was; dat moest hij toch weten?

'Je hebt de Hubert Church Award voor het beste proza gekregen. Voor je boek, *De lagune.*'

Ik had nog nooit van de Hubert Church Award gehoord. Maar die te krijgen was duidelijk iets om blij mee te zijn.

Ik glimlachte. 'Ik?'

'Ja. En we gaan je naar een andere afdeling overplaatsen en de leukotomie is van de baan.'

De toekenning van de prijs, de aandacht van een nieuwe arts uit Schotland die me nam zoals ik was en niet zoals hij had opgemaakt uit mijn 'voorgeschiedenis' of uit dagrapporten over me, en het besluit van dr. Blake Palmer om me minder tijd op de afdeling te laten doorbrengen, me aan te stellen als 'theejuffrouw' op het kantoor van de staf én me toestemming te geven om naar bezigheidstherapie te gaan – waar ik manden leerde vlechten en tandpastatubes met tandpasta vulde en leerde kantklossen uit een boek met in het Frans gestelde instructies en weven op grote en kleine weefgetouwen – dat alles maakte dat ik er uiteindelijk op voorbereid was om uit de inrichting te worden ontslagen. In plaats van als behandeling een leukotomie te ondergaan, werd ik behandeld als iemand van enige waarde, als een mens, ondanks het wantrouwen en de onwil van sommige personeelsleden die, net als sommige familieleden die wanneer een kind aandacht krijgt de moeder waarschuwen dat het kind wordt 'verwend', zich pessimistisch uitlieten en misschien wel jaloers waren dat er zo'n 'drukte' over me werd gemaakt. 'Ze raakt verwend. Dokter Blake Palmer laat haar straks weer "vallen" en dan is ze zo weer terug in het Stenen Paviljoen.'

Mijn vriendin Nola, die zo onfortuinlijk was geen prijs te winnen en van wie de naam niet in de krant werd vermeld, kreeg haar leukotomie en kwam terug in de inrichting in de groep die we kenden als de 'leukotomen', waar een poging werd gedaan om door persoonlijke aandacht het proces van 'normaliseren of in ieder geval veranderen' voort te zetten. Er werd met de 'leukotomen' gepraat, ze werden mee uit wandelen genomen en opgedirkt met make-up en kregen gebloemde sjaals om hun kaalgeschoren hoofden mee te bedekken. Ze waren stil en volgzaam, hun ogen waren groot en donker en hun bleke gezichten zagen er klam uit. Ze werden 'heropgevoed' om in de wereld van alledag 'te passen', die altijd 'daarbuiten' werd genoemd; 'de wereld daarbuiten'. In de maalstroom van werk en personeelsgebrek en het te trage heropvoedingsproces, werden de leukotomen een voor een het slachtoffer van afnemende aandacht en interesse; de voorboden van de lente maakten weer plaats voor de winter.

Toen ik uiteindelijk uit de inrichting werd ontslagen, bleef Nola achter en hoewel ze soms een tijdje buiten het ziekenhuis doorbracht, werd ze vaak opnieuw opgenomen; in de jaren daarna hield ik contact met haar en het was alsof je in een sprookje leefde, waar het geweten en wat-had-kunnen-zijn en wat het in werkelijkheid was niet alleen konden spreken, maar ook tot leven kwamen en je voortdurend gezelschap hielden, de herinnering levend hielden.

Nola is een paar jaar geleden in haar slaap overleden. De nala-

tenschap van haar mensonterende verandering blijft ongetwijfeld iedereen bij die haar gekend heeft; ik draag het altijd met
me mee.

Ik mocht met 'proefverlof' uit de inrichting. Nadat ik meer
dan tweehonderd keer een onverdoofde elektroshockbehande-
ling had ondergaan – stuk voor stuk wat angst betreft te vergelij-
ken met een executie, en waardoor mijn geheugen verscheurd
en in sommige opzichten blijvend verzwakt of vernietigd werd –
en nadat ik was geconfronteerd met voorstellen om me door
een lichamelijke ingreep te laten veranderen in een acceptabe-
ler, meegaand en normaal mens, keerde ik terug naar Willowglen in de overtuiging dat ik nu officieel een niet-bestaand iemand was, naar buiten toe glimlachend en kalm, maar innerlijk
zonder enig zelfvertrouwen. Ik had voldoende van schizofrenie
gezien om te weten dat ik er nooit aan geleden had en ik had allang de gedachte aan onvermijdelijk geestelijk verval laten varen.
Naast deze mening droeg ik echter de last mee van de 'deskundigen' en de 'wereld' en ik was niet in staat voor mezelf op te komen.
Daarbij kwam nog de angst voor wat er met me zou gebeuren
als ik ooit opnieuw in de inrichting terecht zou komen. En er
was nog altijd het feit, het probleem, dat ik, als het acht of negen
jaar eerder was opgelost, misschien vrijgelaten was om het soort
leven te leiden dat ik wilde leiden. Een probleem waar zo'n eenvoudige oplossing voor bestond! Een plek om te leven en te schrijven, met voldoende geld om mezelf te onderhouden.

En dan restte er nog het angstaanjagende besef dat de wens
om te schrijven, het plezier in schrijven, weinig te maken heeft
met talent. Zou ik mezelf toch niet misleiden, net als andere patiënten deden die ik in de inrichting had gezien, in het bijzonder
een naïeve jonge vrouw die dag in dag uit rustig in het opnamepaviljoen haar 'boek' zat te schrijven omdat ze schrijfster wilde
zijn, terwijl haar boek bij nadere beschouwing bleek te bestaan

uit bladzijden vol o-o-o-o-o-o-o. Of zou dat een nieuwe vorm van communicatie zijn geweest?

Ondanks alles was ik blij terug te gaan naar Willowglen waar ik eindelijk buiten onder de hemel kon zijn, waar ik ook de eenvoudigste menselijke handelingen kon verrichten zonder dat die me waren opgedragen en zonder dat ik bekeken werd terwijl ik ze verrichtte. Ik kon zelf besluiten wat ik wilde doen, waar ik wilde zijn, hoe ik me voelde en over mijn toekomst dacht. De woorden 'besluiten' en 'toekomst', die zich in mijn jeugd zo groot en dreigend manifesteerden, hadden een nieuwe betekenis gekregen.

Nu ik een niets en niemand was geweest en me zo ook had gevoeld, en ik gedwongen was geweest tot een voortdurende staat van fysieke en emotionele onderwerping, kreeg ik het gevoel dat de wereld me zou overstelpen en opslokken, en dat ik door de ingeburgerde angst die in de inrichting bij me was ontstaan gedwee suggesties en opdrachten van anderen zou accepteren en uitvoeren.

Ach, maar wat was het een verrukking om weer over de heuvels te zwerven met Siggy, die heel wat nesten jonge katjes had geworpen, en om bij de matagouri tussen de schapen te zitten, waar ik alles probeerde te vergeten, behalve de hemel met zijn pijlen van cirruswolken die ik vroeger zo naarstig probeerde na te tekenen met mijn dubbel-B-potlood. Ik leende een tentje van Bruddie, die zijn eigen avonturen had beleefd in Nieuw-Zeeland en Australië terwijl ik in de inrichting zat. Ik zette de tent op onder de dennenbomen, zo groot was mijn behoefte om tussen de bomen en onder de hemel te zijn; 's nachts sliep ik in de tent en overdag zat ik te schrijven in het spoorwegschrift dat mijn vader me had gegeven in zijn triestmakende haast om alles weer te maken zoals het vroeger was: iedereen weer klein en hij de heerser van de wereld. Hij was gepensioneerd door de spoorwegen en werkte nu als stoker bij de kalksteenfabriek, waar hij elke dag witbestoven vandaan kwam alsof hij in een sneeuwstorm had gelopen.

Het slapen in de tent duurde niet lang. Was het niet een beetje... raar... dat ik in een tent wilde slapen... mensen praatten erover... En dus verruilde ik de tent voor mijn oude slaapkamer in het huis.

'Wat fijn dat Janet weer thuis is', zeiden mensen in mijn aanwezigheid. 'Hoe gaat het met haar? Zou ze een theebeschuit-je willen?'

Ik werd lid van de nieuwe stadsbibliotheek, waar ik William Faulkner en Franz Kafka ontdekte, en ik herontdekte de paar boeken die nog steeds op mijn eigen boekenplank stonden. Ik ging verhalen en gedichten schrijven en nadenken over een toekomst waarin ik niet werd overvallen door de angst dat ik zou worden weggehaald voor een 'behandeling' waaraan ik niet zou kunnen ontsnappen. Maar toch komen de nachtmerries over de tijd in de inrichting nog terug en vaak word ik doodsbang wakker omdat ik heb gedroomd dat de verpleegsters me komen 'halen voor een behandeling'.

Dankzij de goede zorgen van professor Smirk in Dunedin was moeders toestand verbeterd. Van tijd tot tijd bezocht ze zijn kliniek en werd ze voor korte periodes in het ziekenhuis opgenomen, waar ze weer 'iemand' werd in gezelschap van mensen die geen deel uitmaakten van haar gezin. Hoewel ze maar net zestig was en er nog altijd van droomde een wit vossenbontje voor haar dochters te kunnen kopen, was ze afgeleefd omdat ze (zoals ik dacht) alleen voor haar man en kinderen had geleefd, geen eigen leven had gehad, als een staak die van een grote boom is gesneden en ontdaan van zijn eigen zijscheuten bij bloeiende planten is gezet, eraan vastgebonden om de kracht van de heersende wind op te vangen, en alleen bewoog als de wind zich roerde, terwijl de beschutte planten alleen licht trilden door slechts het gerucht van een storm. Mijn beeld van mijn moeder vormde een vreemd contrast met haar verschijning – haar witte, dun wordende haar, haar mond die tandeloos was omdat ze nooit een goed passend kunstgebit had gekregen, haar havikachtige Godfrey-neus die naar haar Godfrey-kin wees – of zoals wij plachten te zeggen, haar 'aartsbisschop van Canterbury-kin' – haar afgesloofde lijf in haar mantelpakje van Glassons Warenhuis (ze vond het heerlijk te horen dat Mabel Howard haar kleren ook bij Glassons kocht) en 'op de pof' gekochte extra brede schoenen van McDiarmid, haar gezicht vredig als altijd en haar ogen die elk moment konden gaan sprankelen van plezier over politieke of persoonlijke voorvallen. Ze ging niet meer naar de bijeenkomsten van de christadelphiërs, omdat ze teleurgesteld was door al het geruzie tussen de pacifisten, maar ze was nog wel een christadelphiër, een 'geliefde van Christus'. Tijdens haar huwelijk was Christus haar enige goede vriend geweest. Maar ze praatte nog altijd veel over de vriendinnen uit haar jeugd: 'Hetty Peake, Ruby Blake, Kate Rodley, Lucy Martella en Dorcas Dryden.' Haar vriendjes kon ze zich ook nog herinneren. Maar toen Johnny en zijn vrouw, vrienden van pa uit de tijd in Wyndham, met pensioen gingen en vlak bij ons in Oamaru kwamen wonen, maakte moeders ontzag het haar onmogelijk om mevrouw Walker met 'Bessie' aan te spreken. Ik had sterk het gevoel dat moeder nooit op haar echte 'plek' had geleefd en dat haar innerlijk leven haar echte leven was geweest.

Haar gezichtsvermogen ging achteruit. Als ze knopen aan overhemden en pyjama's naaide en de gerafelde manchetten van het 'manvolk' omzoomde, moest ze hulp vragen om de draad door het oog van de naald te steken. Ik zat ook vaak te naaien en mijn draad schoot moeiteloos en snel door het oog van de naald als was hij een kleine speer. 'Janet, kun jij de draad er voor me in doen?' en met verbeten woede over dit blijk van hulpeloosheid, pakte ik niet al te zachtaardig de naald aan en stak de draad er in het bliksemtempo van mijn negenentwintig jaar doorheen. Gezien de triomfen van haar schoonzusters had ze nooit de ambitie gehad handig met naald en draad te worden, en bovendien had ze vroeger nooit de tijd gehad om te zitten handwerken. Wij meisjes hadden vroeger zo goed en zo kwaad het ging onze eigen kleding genaaid. Moeder zo hulpeloos te zien in een rol die zelden veel had gevergd van haar ooit zo scherpe gezichtsvermogen, dat ze voornamelijk gebruikte voor zaken van het hart en de geest, voor gedichten, voor het aanleggen van vuur en het bereiden van eten of om naar haar geliefde 'natuur' te kijken, maakte dat ik de vreselijke inperking van haar leven zag, een definitieve achteruitgang die ik niet onder ogen kon zien. Ik besefte ook dat ik haar nooit erg nabij zou komen, want mijn verleden en mijn toekomstig leven schermden me af voor de intimiteit die tussen moeder en dochter kan ontstaan.

Omdat ik mijn toekomst niet langer kon uitstellen, reageerde ik op een advertentie waarin om een hulp in de huishouding werd gevraagd in het Grand Hotel in Dunedin. Mijn referenties bestonden uit een oude brief van de burgemeester van Oamaru en de aanbevelingsbrief uit Playfair Street in Caversham: 'Altijd even beleefd tegen de gasten... eerlijk, ijverig...' en weer reisde ik met de stoptrein naar het zuiden, naar Dunedin, op weg naar mijn Toekomst.

DEEL TWEE

Op zoek naar zijde

Afgescheiden van de tijd als een zijderups van de zijde.

16

Grand Hotel

Ik zou nu voor de derde keer sinds mijn schooltijd in Dunedin gaan wonen en elke keer was er, eerst door de maanden en nu door de tussenliggende jaren en ervaringen, een verandering tot stand gebracht in mijn relatie tot de stad die nu mijn oudste, en misschien wel mijn enige, kennis was. Er had zich een merkwaardig reinigingsproces voltrokken – de verwijdering van de oppervlakkige verbazing een studente te zijn; tijdens mijn tweede verblijf volgde een tijd van paniek, van het ontdekken van de schizofrenie, van muziek en knappe jongemannen, van het schrijven van verhalen en mijn poging op dichterlijke wijze een gekke indruk te maken. Daarnaast hield ik nog steeds vast aan de brokstukken van mijn onderwijscarrière en zwierf ik langs de Leith, terwijl ik me overdreven bewust was van míjn tragedie – dit alles was nu ook verdwenen, samen met de geest van Jude en Christminster, van de Geleerde Zigeuner en Oxford:

Ben ik niet aan u voorbijgegaan op de houten brug,
In uw mantel gehuld, optornend tegen de sneeuw,
Met uw blik gericht op Hinksey en zijn winterse kam?
En u heeft de heuvel beklommen,
En de witte kruin van de Cumner-keten aanschouwd;
Even slechts keek u om, terwijl de vlokken zich verdichtten,
Met ginds het warme schijnsel van Christ-Church Hall –

al degenen die ooit hadden staan dromen aan de oever van universiteitsrivieren en oude gebouwen van grijze steen.

Nu ik voor de derde keer in Dunedin was met de bedoeling er

te gaan wonen, maakten de universiteit en de kweekschool geen deel meer uit van mijn wereld: ik hád geen wereld. Union Street, Frederick Street, Dundas Street, mijn hele vroegere omgeving leek te bestaan uit speelgoedstraten met speelgoedgebouwen waar de speelgoedmensen van vroeger waren vervangen door nieuwe speelgoedmensen, die nog altijd over dezelfde onderwerpen praatten en lachten.

Ik nam een taxi van het station naar het Grand Hotel, een hoog gebouw op een hoek met gelakt hout en gepoetst koper, als een goed onderhouden schip. De bedrijfsleidster, die er keurig verzorgd uitzag maar een beetje dronken was, ontving me in de lounge en legde uit dat er een vergissing in het spel was: ze hadden een serveerster nodig, geen hulp in de huishouding.

'U wilt het nu misschien elders proberen, juffrouw Frame', zei ze en omdat mijn sluimerende, gekwetste wortels zich al ontvouwden, zei ik snel: 'O, maar ik heb ervaring als serveerster. Dan word ik serveerster', en ik probeerde niet al te angstig en verontwaardigd te klinken.

'Het loon is met kost en inwoning zes pond per week schoon.' Schoon.

Als in het kinderversje: 'Een jongeling zo schoon...' Ik kreeg een zolderkamer op de bovenste verdieping, waar je door een klein raam over de kantelen van de voorgevel uitkeek op Princes Street en op tandartspraktijken en verzekeringskantoren. Alle personeelsleden hadden een kamer op de bovenste verdieping.

Ik moest een gesteven wit jasschort aan, witte schoenen en een gesteven kapje. Ik kreeg 'een wijk', een rij tafels die ik moest bedienen, en leerde snel de taal en het gedrag die van me werden verwacht. Ik leerde ook de dagelijkse gang van zaken, van hoe je je moest gedragen tegenover de eerste serveerster en de bedrijfsleider en zijn vrouw (ik was verbijsterd dat ze zo veel leken op het stel dat ik in Christchurch had gekend, tot ik me realiseerde dat zulk werk gedaan wordt door mensen die op elkaar lijken, zowel uiterlijk als innerlijk), tot aan de gang van zaken in de keuken en het opdekken van de tafels met de speciale manier waarop je een servet tot een rozet kon vouwen. Ik leerde ook de opwinding kennen die onder mijn collega-serveersters heerste als er gasten vertrokken en de kans bestond dat er een fooi onder het bord was achtergelaten. Iedereen kende de vaste klanten, de goede fooiengevers, en er heerste rivaliteit om ze in jóuw wijk te krijgen, maar Doreen, de eerste serveerster, een kleine blonde vrouw in het zwart gekleed met witkanten kraag en manchetten, bracht de belangrijke gasten naar een tafeltje, nam dan vaak die wijk over en haalde de uiteindelijke trofeeën van de dienstverlening binnen. Er werden scherpe blikken gewisseld tussen de serveersters, er waren momenten van spanning wanneer de gasten hun bord terzijde schoven, en er school een bestudeerde nonchalance in de benadering van de tafel, waarna het bord discreet werd opgetild en de fooi werd opgestreken. Ik geneerde me over mijn toenemende opwinding als er een gast zou vertrekken, en over mijn verhulde, inhalige gretigheid waarmee ik de fooi in mijn hand liet glijden en vasthield tot ik het geld onopgemerkt in mijn zak kon stoppen.

Het Grand Hotel was een prettige plaats om te werken. Ik genoot ervan om in mijn uniform met het servet over mijn arm gedrapeerd door de eetzaal te lopen. Ik was er trots op dat ik de bestellingen onthield en de hoog opgestapelde borden kon wegbrengen. Het personeel had de vrijheid om onderling de vrije dagen en werktijden te regelen en vaak kon ik van dienst ruilen met een andere serveerster om een dag of twee, drie vrij te hebben. Dan ging ik naar Willowglen of bleef in het hotel en genoot van het veilige gevoel dat ik een plek had om te slapen, goede maaltijden kreeg en zes pond per week schoon verdiende. Ik kocht een tweedehands schrijfmachine en ging korte verhalen en gedichten schrijven. Ik schreef 'De serveersters' en 'De liftbe-diende', gedichten die in de *Listener* verschenen. Ik schreef over Kafka en over een concert door het Alma-trio, en een gedicht 'Bij het betalen van de eerste aflossing', het gevolg van een ge-waagde stap in de wereld van huurkoop toen ik een platenspeler en één plaat aanschafte, de *Zevende Symfonie* van Beethoven die ik tijdens een concertuitvoering op de radio had gehoord en die ik nu zachtjes kon afspelen in mijn toevluchtsoord op zolder. Het Dansfeest. Voor mij wás het een dansfeest dat een bijzondere vreugde en vrijheid uitstraalde, en door het krachtige ritme in het laatste deel leek het of er met een kristallen hamer een kris-tallen paleis zonder muren werd gebouwd, zodat lucht en licht er uit alle hoeken van aarde en hemel doorheen konden stromen.

Buiten mijn toevluchtsoord raakte ik langzamerhand het wit-tebroodsgevoel kwijt over de restaurantwereld. Om mezelf te be-schermen tegen vragen over mijn 'verleden', liet ik weten dat ik 'eigenlijk studente' was en 'schrijfster wilde worden'. Ik had het gevoel dat ik geen 'plaats' in de wereld had en wilde niet accepte-ren dat ik ergens bestond. Daarom was ik er ongelukkig over dat ik, als me wat gevraagd werd, de neiging had te doen alsof ik een prinses incognito tussen de keukenhulpen was. Ik deed dat niet publiekelijk; alleen als er een personeelslid naar mijn ka-mer kwam om over problemen met vriendjes te praten: hij was getrouwd en moest ze nu... en wat kon ze anders... een leven lang serveren en eindigen zoals T. of M.?

Daarna werd me steevast gevraagd: 'En jij? Wat doe jij hier?'

En dan vertelde ik dat ik een boek had geschreven, maar om-dat ik geen exemplaar van *De lagune* had – veel van mijn boeken waren verdwenen toen men dacht dat ik voor de rest van mijn le-ven in een inrichting zat, dat wil zeggen toen ik als dood be-schouwd werd – waren mijn collega's sceptisch. Ik liet ze het knipsel uit de *Listener* zien met mijn gedicht 'De serveerster', waar mijn initialen onder stonden.

Hun grootste wens was echter om me een van hen te maken, dat ik zou meedoen aan hun activiteiten.

'Je haar en je kleren zijn afschuwelijk. En je gebruikt de verkeerde kleur lippenstift. Met dat rode haar van jou moet je uitkijken welke kleuren je draagt. Nooit rood, dat vloekt. Groen en bruin. Of blauw bij je blauwe ogen. Waarom ga je zaterdagavond niet met ons mee naar de danszaal? En waarom laat je je haar niet ontkroezen? Ontkroesd zou het je veel beter staan.'

Na jaren onder de heerschappij van anderen te hebben gestaan, met dreigementen van eenzame opsluiting of 'strafbehandeling' als ik weigerde te gehoorzamen of, om de officiële term te gebruiken, 'niet meewerkte', was ik bereid elke suggesties over te nemen. Groen en bruin werden míjn kleuren. Ik was zo dapper om naar de cosmetica-afdeling van het warenhuis DIC te gaan, waar de juffrouw die me hielp lippenstift uitprobeerde op de rug van mijn hand en 'mijn' tint oranje uitzocht. Ik kocht rozenwater voor mijn huid en een donkerblauw flesje Soir de Paris. En toen de serveersters zagen dat ik mijn best deed om, zoals zij het uitdrukten, 'iets van mezelf te maken', waren ze opgetogen. 'Nu ben je een van ons', zeiden ze.

Na het werk zaten we te praten over onze kleren, ons haar, onze baas en zijn vrouw, en over elkaar, hoe 'typisch' Mabel en hoe 'vreemd' Laura was – wie kon nu dat verhaal over haar verloving met de taxichauffeur geloven terwijl hij nooit bij haar in de buurt kwam? Tja, wie? dacht ik, want Mabel en Laura waren maar twee van de buitenbeentjes die zonder medeleven of hulp van hotel naar pension en logement zwierven, en er een tijdelijk onderkomen en werk vonden voor 'zoveel schoon per week met kost en inwoning'. Ik wist dat ik een van hen was: waar konden we anders naartoe?

Mijn wittebroodsweken eindigden definitief in de keuken van

het hotel. De porties eten waren voor mannen en vrouwen verschillend: mannen kregen een grotere portie en een kippenpoot of -vleugel, vrouwen een kleinere portie en altijd kippenborst. Dus als ik door de klapdeur kwam om mijn bestelling door te geven, moest ik snel roepen: 'Kip voor een heer' of 'kip voor een dame'. 'Biefstuk voor een heer; biefstuk voor een dame'. Ik had een zachte stem, hield niet van dat geschreeuw en vond het woord 'heer' onsmakelijk. Ik riep dus: 'Kip voor een man; biefstuk voor een man', waardoor ik alle keukentradities van het Grand Hotel met voeten trad. Kip voor een man, nou ja!

De tweede kokkin, een echte kwelgeest, opende een pesterig-kwade aanval op mijn taalgebruik en weigerde mijn bestellingen aan te nemen tenzij ik ze op de traditionele manier doorgaf, en omdat ze mijn tegenzin aanvoelde, stond ze erop dat ik mijn bestelling een paar keer herhaalde. Het doorgeven van de bestellingen werd een ware kwelling. Op een dag rende ik in tranen weg van het buffet, de trap op naar mijn zolderkamer, en toen Pat, de serveerster, bij me kwam, zei ik dat ik me niet lekker voelde.

Ik vroeg me af wat ik nu moest doen, waar ik naartoe kon. Ik kon nergens heen. Ik probeerde rustig te blijven. Ik was immers vrij, niet meer opgesloten. Maar was ik wel vrij?

Die avond ging ik terug naar de eetzaal.

'Let maar niet op Molly, zo is ze nu eenmaal', fluisterde Pat, toen we in afwachting van de gasten bij de serveertafel stonden. 'Ze zijn laat vanavond. Zo duurt het nog uren voor we weg kunnen. Let nou maar niet op Molly.'

Pat was lang en had donker krullend haar. Het was haar ambitie om naar het noorden te gaan om er bedrijfsleidster van een tearoom te worden en die misschien over te nemen.

'Ga je morgenavond mee dansen?' vroeg ze. 'We gaan allemaal.'

Ik had in het warenhuis een nieuw soort stof gekocht, *everglaze*, wat toen erg in de mode was, en een patroon, en ik was met de hand de jurk aan het naaien waarin ik op een keer uit dansen zou gaan. Die avond bekeek Pat de jurk en hielp me met de zoom van de cirkelrok.

'Cirkelrokken zijn moeilijk af te spelden.'

'Word je echt schrijfster?' vroeg Pat.

'Ik hoop van wel.'

'Trek je nou niets aan van Molly in de keuken. Tweede kokkinnen zijn altijd zo. De eerste speelt de baas over iedereen, de tweede moet zich laten gelden en de derde doet al het werk. Ik vond het in het begin vreselijk toen ik hier kwam werken. Ik had namelijk net een zenuwinzinking gehad.'

'Ik heb in een inrichting gezeten', zei ik en ik barstte in tranen uit.

De avond daarop gingen Pat, twee anderen en ik op ons allermooist op weg naar de danszaal, twee straten verderop. Ik in mijn nieuwe *everglaze* jurk met cirkelrok en pofmouwen.

'Wat heerlijk om in een hotel te wonen, je kunt zomaar overal naartoe gaan!'

Het dansen was al begonnen, de band speelde, je hoorde de paren over de getalkte dansvloer schuifelen, hoewel er tot nu toe niet veel paren op de vloer waren. Er stond een rij mannen tegen de ene wand en een rij vrouwen bij de wand ertegenover. De vrouwen stonden ongemakkelijk te wachten tot de mannen hen ten dans zouden vragen, terwijl de mannen ze monsterden en springerige en schokkerige bewegingen maakten en bijna stonden te hoefschrapen met hun voeten als prijsstieren op een veeteeltshow.

Ik ging bij de andere meisjes uit het hotel zitten. Een voor een werden ze ten dans gevraagd. Ik bleef zitten, nog steeds vol aangename verwachting, en bewoog mijn hoofd op de muziek en tikte de maat met mijn voeten, zodat iemand die mijn kant uit-keek kon zien dat ik graag wilde dansen; maar niet te gretig, niet zonder dat ik mijn trots vergat, alhoewel, hoe trots kun je zijn als je moet afwachten of je gevraagd wordt?

Ik had een geheim: dit was mijn eerste bal, afgezien van de dansfeestjes in de inrichting waar ik heel wat danspassen had ge-leerd en twee trouwe partners had – een kale man van middel-bare leeftijd die mijn vader had kunnen zijn en de trieste jonge ex-soldaat, die knap en donker was, en nog steeds dacht dat hij in de Tweede Wereldoorlog in Italië vocht. Toen ik klein was, was ik altijd opgetogen over het avontuurlijke van een 'eerste keer' en wilde die graag met anderen delen. Inmiddels had ik zo veel alledaagse ervaringen gemist dat mijn 'eerste keren', uit de pas met de 'eerste keren' van anderen, een reden tot schaamte vormden. Ik had ook verlangend de literatuur over eerste dans-feesten gelezen, waaronder het verhaal van Katherine Mansfield; maar zelfs de titel ervan, 'Haar eerste bal', was door mij en mijn zusters anders geïnterpreteerd, omdat de jonge boeren met wie Isabel naar 'fuiven' in de wolschuren op het land gingen, vaak grapjes maakten over Boerenballen, Schapenscheerdersballen en dergelijke, wat al snel door Isabel werden overgenomen, zo-dat het woord 'bal' niet meer van toepassing was op de Weense Avond waar moeder zo lang over gedroomd had.

Het wás een bijzondere gelegenheid – mijn eerste dansfeest; de zweterige lucht, het gepraat, de muziek; de glimmende neu-zen die met een donsje werden gepoederd. Ik had sousbras in de oksels van mijn jurk genaaid en voelde het plakkerige rubber te-gen mijn armen. Ik zat nog steeds geduldig te wachten, keek naar de danspaartjes en probeerde te doen alsof dit de reden was waarom ik er was, om te kijken naar de mensen die dansten. Ach ja, dat was de Maxina, de Militaire Twostep, en – o – de Desti-ny. Die kende ik allemaal. Vraag me toch, vraag me toch. Een oudere vrouw kwam naast me zitten en begon tegen me te praten.

'We kunnen naar boven gaan om te kijken. Van bovenaf kun je het goed zien.'

Ik ging ergens anders zitten. Hoe durfde ze, hoe durfde ze aan te nemen dat ik net zo was als zij, onaantrekkelijk, een muurbloempje! Zelfs de wat vreemde Laura was aan het dansen. En er stonden nog heel wat mannen die nog niemand hadden gevraagd. Mijn gevoel van aangename verwachting begon te vervagen en legde de oorspronkelijke laag pijn bloot, een dof gevoel van teleurstelling en gekwetstheid. Ik frunnikte wat aan mijn nieuwe avondtasje, dat zwart was met glittertjes – lovertjes – o, een feestjurk en o, een tasje met lovertjes! Ik knipte het tasje open en staarde naar mijn Max Factor-poederdoos en mijn flesje Soir de Paris. Toen deed ik het tasje weer dicht en probeerde een rustige indruk te maken, terwijl ik vanuit de danszaal door het Octagon liep en vandaar naar Princes Street en naar huis, naar het Grand Hotel. Dat was dan mijn mislukte poging om in de wereld te leven, dacht ik, terwijl ik mijn plaat van de *Zevende Symfonie* opzette. Het dansfeest. Ik hoorde de anderen laat thuiskomen, een kopje thee of koffie maken en lachen en praten. Ze hadden plezier. En toen ze me de volgende ochtend vroegen: 'Hoe vond je het gisteren?' antwoordde ik: 'Het was fantastisch.'

Dat vonden ze ook. 'Het was een fantastisch dansfeest.'

Meneer Brasch en *Landfall*

Soms snuffelde ik wat rond in de Moderne Boekhandel (het voormalige Coöperatieve Boekgenootschap), waar ik een glimp hoopte op te vangen van literaire figuren van Dunedin of iemand uit het noorden die was overgekomen. De meeste verhalen uit *Spreken voor onszelf* kende ik uit mijn hoofd, net als de biografische aantekeningen over de auteurs en het inleidende hoofdstuk dat, samen met de inleiding tot de bundel *Nieuw-Zeelandse verzen* mijn handleiding voor Nieuw-Zeelandse literatuur vormde. Ik nam elk oordeel aan zonder het in twijfel te trekken: als over een gedicht of verhaal werd gezegd dat dat het 'beste' was, geloofde ik dat ook en als ik bewijzen zocht, vond ik die altijd. Deze twee boeken waren de enige binding die ik met het jaar 1945 had.

Ik kocht een nummer van *Landfall* en las het met ontzag – de *avant-gardistische* Maurice Duggan stond erin; hij schreef zinnen zonder werkwoorden, zinnen van één woord zelfs, en hij cursiveerde woorden. Hij schilderde mij onbekende Nieuw-Zeelandse taferelen, vooral uit het noorden, waarin de subtropische hitte van de pagina's zinderde, oude steigers wegrotten en mangroven diep in de grijze modder stonden. Hij leek graag over mangroven te schrijven, over langharige vrouwen in slaapkamers en over dingen die glinsterden: bladeren en huid en water; zo was het dus in het noorden.

De gedichten die in *Landfall* stonden waren hermetisch, academisch, heel zorgvuldig geschreven in traditionele versmaten en met ingewikkelde rijmschema's en ritmes; soms stond er een enkel vrij vers in van een regel of zes. Ik begreep dat je jezelf nauwelijks schrijfster kon noemen als je niet in *Landfall* had gepubliceerd.

Op een dag zag ik Charles Brasch achter de toonbank staan. Charles Brasch, de dichter! Ik dacht:

Spreek voor ons, machtige zee.
Spreek in de nacht en dwing
Het bevroren hart tot luisteren,
Het onthoudene te vergeten.
O spreek, tot uw stem
Bezit neemt van de nacht en
De eenzamen en angstigen zegent.

Ik kocht een dichtbundel van Allen Curnow en zag dat meneer Brasch goedkeurend keek toen hij hem voor me inpakte. Toen zei hij als geschrokken: 'O, ben jij Janet Frame? Woon je nu in Dunedin?'

'Ik ben hier nu een paar maanden. Ik woon en werk in het Grand Hotel.'

Hij keek wat ongemakkelijk en zei weer: 'O.'

En toen vroeg hij of ik zin had op een middag thee bij hem te komen drinken. Ik keek verlegen.

'Goed.'

'Wat dacht je van aanstaande donderdag? Om halfvier?'

'Ja, dat is goed.'

Hij gaf me zijn adres in Royal Terrace. Hij had de ogen van een dichter, een zachte stem en dik zwart haar. Ik dacht aan zijn gedichten in de bundel *Nieuw-Zeelandse verzen*: het waren mysterieuze gedichten, die vragen stelden aan de bergen, de zee en de doden, vanuit de trieste zekerheid dat er nooit een antwoord zou komen.

'Dan verwacht ik je donderdag. En denk eraan, als je een bijdrage hebt voor *Landfall* kun je die altijd hier in de boekhandel achterlaten.'

'Goed', zei ik verlegen lachend.

Die avond vertelde ik Pat en Doreen dat ik donderdag bij een dichter op de thee was gevraagd.

'Hij is een van onze beste dichters', zei ik.

'Wat trek je aan?' wilden ze weten.

Ik was aan het sparen voor een groene jas die ik in de etalage van Mademoiselle Modes had gezien, maar ik had het bedrag van tien pond nog niet bij elkaar.

'Ik heb geen jas', zei ik.

'Doe dan je rok aan met een vest. En je moet iets om je hals doen, die is wat kaal. Kralen misschien? Nee, parels zouden beter zijn. Je zou parels om moeten doen.'

'Hoe kom ik daaraan?'

'Is die dichter rijk?' vroegen ze.

'Ik heb gehoord van wel.'

'Nou, dan is er niets om je zorgen over te maken. Maar je moet wel een beha aan.'

De volgende dag ging ik naar het Modecentrum op Moray Place, waar een gezette vrouw in het zwart met een zwartfluwelen bandje om haar hals en paarlen oorknopjes zoals die van tante Isy, me een paskamer in stuurde.

'Wilt u een diep uitgesneden hals of een geschulpt kraagje?'

De aandacht van de anderen en hun interesse voor het bezoek geneerden me. Algauw wist iedereen dat ik zou gaan, zelfs de liftbediende had het erover. Hij was ook zo'n triest buitenbeentje voor wie het hotel een veilige haven vormde waar hij kon wonen en werken, en hoewel hij binnen het hotel sterk en zelfverzekerd leek, droeg hij zijn kwetsbaarheid en anderszijn als een banier voor zich uit als je hem op straat zag.

Het werd donderdag en het zag ernaar uit dat het ging regenen.

'Misschien geeft hij je wel een jas als hij ziet dat je er geen hebt', opperde iemand.

Ik liep de heuvel op naar Royal Terrace. Ik was veel te vroeg en daarom bleef ik wat rondhangen, keek uit over de haven en de landtong en zocht herkenningspunten als de universiteit en het museum, dat half schuil ging achter de bomen, de normaalschool en de kweekschool, nauwelijks zichtbaar onder aan Union Street. Ik keek naar het cricketveld met zijn modderplassen en zeemeeuwen, en dacht aan Garden Terrace nummer vier en aan tante Isy, die daar niet meer woonde. Nu ze eindelijk afstand had moeten doen van haar chocoladetrofeeën van het dansen, was ze teruggekeerd naar de bron van haar kunnen, haar voormalige dansleraar, en na een korte verkeringstijd waren ze getrouwd. Ik had haar een keer met hem gezien toen ze 'op doortocht' waren met de trein op weg naar Mangakino, waar ze zouden gaan wonen in een huis met een tuin zonder bomen. Ze lachten allebei en zagen er gelukkig uit.

Ik keek in de richting van Caversham en dacht aan het huis in Playfair Street, dat je niet kon zien door de grimmige vorm van Parkside, het tehuis voor ouden van dagen. En ik dacht aan het rugbyveld van Carisbrook en Whang McKenzie die de ploegen van de 'spoorwegkant' en van de kant van 'Cargill Road' voorstelde en dan *Whang*, een doelpunt!

Toen ik eindelijk de moed vond om in Royal Terrace aan te kloppen, werd ik ontvangen door meneer Brasch, die me meenam naar een grote kamer met wanden vol boeken, waar hij me thee en kruidcake serveerde onder het toeziend oog van een witte kat die Whizz-Bang heette. Ik vertelde meneer Brasch dat mijn moeder nog voor de oude mevrouw Beauchamp, de grootmoeder van Katherine Mansfield, had gewerkt en voor de 'oude meneer Fels', zijn eigen grootvader.

'Ze kan zich u en uw zuster nog goed herinneren', zei ik.

Meneer Brasch keek streng. Ik merkte wel dat hij een hekel had aan persoonlijke herinneringen en toespelingen, maar wat moest ik anders zeggen? Ik wist zo weinig. Hij begon over Nieuw-Zeelandse literatuur. Ik deed er het zwijgen toe en dacht: hij moet toch weten waar ik de afgelopen acht jaar gezeten heb. Ik had ineens wel kunnen huilen. Ik voelde me onhandig; mijn bordje en het witte kleed onder mijn voeten lagen vol met cakekruimels. Toen dacht ik aan de inleiding van *Spreken voor onszelf* en gaf mompelend wat opvattingen over de verhalen weer, waarbij ik letterlijk uit de tekst citeerde.

'Ik ben het volkomen met je eens', zei meneer Brasch.

Ons gesprek viel stil. Meneer Brasch schonk nog wat thee in uit een mooie pot met een rieten handvat bovenop.

'Ik ben erg op deze theepot gesteld', zei hij toen hij mijn blik opmerkte.

'Ik moest maar eens gaan', zei ik.

'Denk eraan dat als je verhalen of gedichten hebt, je ze bij de Moderne Boekhandel kunt afgeven.'

'Ja', zei ik op verlegen fluistertoon.

Toen meneer Brasch de deur opendeed, zei hij verschrikt: 'Ach, het regent en je hebt geen jas bij je. Wil je een jas mee hebben?'

'Nee, dank u. Ik hoef niet zo ver.'

Toen ik terugkwam in het Grand Hotel en mijn collega's naar mijn bezoek informeerden, zei ik suggestief: 'Hij heeft me een jas aangeboden.'

Ze waren diep onder de indruk.

'Toch had je parels moeten omdoen', zeiden ze.

Die week typte ik een verhaal en twee gedichten uit voor *Landfall*. Het verhaal 'Gaspeldoorn is geen mensen' ging over een bezoek van een medepatiënte en mij aan Dunedin in gezelschap van een verpleegster. Na al die jaren in de inrichting had ik haast geen kleren meer, misschien omdat bij ons thuis het beeld heerste van patiënten in bed met een nachthemd aan; en mijn ouders konden zich hoe dan ook niet permitteren om me kleding te geven en ik vond het vervelend erom te moeten vragen. Daarom stuurde de leiding van de inrichting me met een verpleegster naar Dunedin om wat ondergoed te kopen, en om de zaken van de andere patiënte te regelen, een vrouw die haar eenentwintigste verjaardag vierde, die 'meerderjarig' was geworden. Ze heette Linda, een klein verschrompeld mensje dat al sinds haar vroege jeugd in de inrichting had gezeten. Haar eigen verklaring voor haar dwergachtige formaat was dat ze 'onwettig' was en haar moeder niet gewild had dat ze zou groeien. Alleen het personeel wist waarom ze in de inrichting zat. De patiënten, en ook ik, zagen haar als een kleine, uitgekookte en erg wilskrachtige vrouw, die in staat was bijna alle patiënten in het dagverblijf te domineren, zowel in het 'schone' dagverblijf als in wat bekendstond als het 'vuile' dagverblijf. Linda tiranniseerde ook de radio met haar programmakeuze. Al maanden had ze uitgezien naar haar eenentwintigste verjaardag, waarin ze de vervulling van al haar dromen zag. Ze was ervan overtuigd dat ze, als ze eenmaal eenentwintig was, verloofd zou raken, misschien zou trouwen en dan toestemming zou krijgen om uit 'dit hol' weg te gaan. Vooruitlopend op haar verloving had ze een mooi blauw ringetje gekocht in de inrichtingswinkel die we wekelijks bezochten om de persoonlijke toelage van vijf shilling te besteden. Linda was ervan overtuigd dat haar dagje naar Dunedin verband hield met haar naderende verloving en invrijheidstelling.

Haar opwinding werkte aanstekelijk. Het zou een heerlijke dag worden. Cake, ijs en misschien naar de film, waar we tussen het 'echte publiek' zouden zitten. En omdat Linda ook niemand had om haar van kleren te voorzien, zou ze een rok en ondergoed krijgen.

In mijn verhaal probeerde ik de realiteit van het bezoek over te brengen. De verpleegster had me uitgelegd dat Linda niet besefte waarom ze naar Dunedin ging: ze ging naar een rechter die, nu ze eenentwintig en meerderjarig was, officieel zou bekrachtigen dat ze 'voor de rest van haar leven' in de inrichting was opgenomen.

Zelfs toen we terug waren van ons bezoek aan de stad, had Linda het voortdurend over de 'aardige man' die 'speciaal' met haar had gepraat en die misschien wel 'haar toekomstige echtgenoot' was. Hij was alleen te oud. 'Maar hij wist wel dat ik volwassen ben, dat ik eenentwintig geworden ben. Ik heb hem mijn verlovingsring laten zien, die met de saffieren.'

De twee gedichten die ik aan *Landfall* aanbood kunnen maar beter weer vergeten worden, omdat ze zo zwaar van toon waren. 'Het slachthuis' begon zo:

De geest die het slachthuis binnengaat moet
kalm zijn, kalmer dan ooit,
moet schoongespoeld en afgespoten worden waar de
 eeltige huid
vasthoudt aan microscopisch kleine gedachten, moet
zwijgend
de verdovingshamer afwachten,
onwetend van de schok die haar wacht.

De elektroshocktherapie kan vast heel wat grimmige herinneringen van huis en haard verjagen; maar zeker is dat het de grimmige herinneringen aan zichzelf, de toediening van de schok, als permanente gast binnennoodt.

In de Moderne Boekhandel liet ik het verhaal en de gedichten achter in een envelop die aan Charles Brasch was geadresseerd en ging terug naar het Grand Hotel om zijn reactie af te wachten. Op mijn kamer zat ik alle mogelijke oordelen te bedenken en stelde me voor hoe Charles Brasch in zijn kamer met de wanden vol boeken de envelop openmaakte, de vellen papier eruit haalde, ze openvouwde, las en dacht: 'Eindelijk! Dit is iemand die verhalen kan schrijven. We spreken nu inderdaad voor onszelf. Wat gevoelig! Wat een subtiele suggestie, nooit letterlijke beschrijvingen. Die verwijzing naar de gaspeldoorn is goed – die terloopse opmerking van de verpleegster als de auto van de Kilmog wegrijdt... Wat moet die vrouw veel hebben meegemaakt (wat een tragische ervaringen!) dat ze dit kan schrijven. Een geboren schrijfster.'

Maar stel nu eens dat hij het niet goed vond? Misschien zou hij als op een schoolrapport zeggen: 'Kan beter. Beantwoordt niet aan het niveau.'

Ik had geen kopie van mijn verhaal gemaakt en kon het dus niet herlezen. Wat had ik gedaan?

Voor de week om was ontving ik in het Grand Hotel een smalle dikke envelop met mijn verhaal en de twee gedichten erin. Het commentaar van meneer Brasch luidde dat het interessant werk was, maar dat de gedichten niet geschikt waren en het verhaal 'Gaspeldoorn is geen mensen' 'te pijnlijk was om af te drukken'.

Toen ik de brief op het officiële briefpapier van *Landfall* las, begon tot me door te dringen hoeveel ik in de publicatie van mijn bijdragen aan *Landfall* had geïnvesteerd. Het leek wel alsof ik mijn hele leven en toekomst in die envelop had gestopt. Ik voelde me wegzakken in lege moedeloosheid. Wat moest ik doen als ik niet kon schrijven? Schrijven hoorde mijn redding zijn. Het voelde alsof mijn handen waren losgemaakt van de rand van de reddingsboot waaraan ze zich hadden vastgeklampt. Mijn misère werd echter verlicht door de wetenschap dat in ieder geval de *Listener* mijn gedichten en verhalen had afgedrukt. Ik gooide mijn verhaal en de twee gedichten weg en troostte mezelf met de herinnering aan mijn tijd in de inrichting, toen ik me vastklampte aan mijn exemplaar van Shakespeare, dat ik onder het stromatras verborg, en dat later in beslag werd genomen, waarna ik plannen maakte om het terug te krijgen. Ik las er niet vaak in, maar als ik de flinterdunne bladzijden omsloeg, drong op een of andere manier de betekenis tot me door, en ik had de geest van *De storm* in me opgenomen. Zelfs Prospero in zijn cel vol met boeken had schipbreuk en zelfbreuk geleden; zijn eiland was onbereikbaar, behalve bij storm.

Dat jaar werd ik officieel 'geestelijk gezond' verklaard en in een uitbarsting van vrijheid die volgde op mijn pas verworven gezondheid, nam ik de uitnodiging aan om bij mijn zusje en haar man in Northcote in Auckland te komen logeren. Ik nam afscheid van het Grand Hotel ('altijd aardig tegen de gasten') en ging terug naar Willowglen om mijn reis naar Auckland voor te bereiden.

18

De foto en de elektrische deken

Tot dusver leek mijn volwassen leven te bestaan uit een aaneenschakeling van reizen, een dans van het noorden naar het zuiden, op en neer door het land. Waarom ging ik dit keer weg uit Dunedin?

Officiële etiketten speelden een rol: ik was nu officieel een volwaardig burger, die mocht stemmen en een testament kon laten opmaken. Ik was ook tot de conclusie gekomen dat serveren niet mijn soort werk was. Hoog in het noorden (dat magische 'hoog in het noorden') zou ik vast wel een baan in de huishouding kunnen vinden, zodat ik mijn tijd alleen kon doorbrengen, met mijn eigen gedachten, terwijl ik van kamer naar kamer ging, de bedden opmaakte, en afstofte en boende, zonder de dagelijkse conflicten met de kokkinnen in de keuken. Maar omdat ik er niet in was geslaagd iets in *Landfall* te publiceren, vond ik dat ik ondanks mijn oplaaiende hoop met een frisse blik naar mijn werk moest kijken om erachter te komen of mijn ambitie niet gewoon een uiting was van 'grootheidswaan'. Tot dr. Blake Palmer interesse had getoond voor mijn schrijven, was de heersende opvatting geweest dat het 'wel het laatste' was dat ik moest doen, en dat ik liever 'moest uitgaan, me onder de mensen moest begeven en het schrijven uit mijn hoofd moest zetten'. De twijfel stak makkelijk de kop op en omdat ik er niet over wilde nadenken, regelde ik mijn reis naar Auckland.

Ik bracht genoeg geld mee terug naar Willowglen om een elektrische deken voor pa en moeder te kunnen kopen om ze de vreselijke winter door te helpen, en genoeg om mijn reis en een paar weken in Auckland van te betalen en een portretfoto van me te laten maken in Clarks Studio in Thames Street. Die foto was belangrijk, een soort herbevestiging van mij als mens, een bewijs dat ik wel degelijk bestond. In mijn onwetendheid had ik gedacht dat in alle boeken een foto van de auteur hoorde te staan en toen ik in de inrichting mijn exemplaren van *De lagune* kreeg, had ik het gevoel dat ik geen aanspraak kon maken op het boek, omdat er niet eens een foto van me in stond.

Gecombineerd met mijn uitvaging in de inrichting, leek dit me maar al te makkelijk onder de doden te scharen, de doden die niet meer gefotografeerd worden; de jaren tussen mijn twintigste en bijna dertigste jaar waren ongeregistreerd voorbijgegaan alsof ik nooit had bestaan.

Ik herinnerde me hoe ik als kind altijd bij Clarks Studio bleef staan kijken naar de foto's achter hun zuil van glas: gemaakt ter ere van belangrijke gebeurtenissen in het leven van mensen in Oamaru die het zich konden veroorloven om foto's in een studio te laten maken – er waren pasgeboren baby's bij, peuters die hun eerste stapjes zetten, kinderen die belijdenis deden in de kerk, rijen debutantes in avondkleding, reünies van verenigingen, familiereünies, foto's ter gelegenheid van een eenentwintigste verjaardag, verlovingsfoto's en trouwfoto's: de volledige cyclus, afgezien van het sterven. En er waren ook geen foto's bij van mensen die uit de dood waren opgestaan.

Binnen een week nadat ik terug was in Willowglen liet ik mijn haar 'wassen en watergolven' en de kapper verzekerde me dat mijn haar er nooit aantrekkelijk zou uitzien tenzij ik het 'professioneel liet ontkroezen'. In de bovenste lade van de ladenkast waar de 'gezinsschatten' werden bewaard, zocht ik naar de kralen van amber die grootmoeder me had gegeven, maar ze waren verdwenen, alsof ik dood was. Pa's oorlogsmedaille, zijn identiteitsplaatje en zijn soldijboekje lagen er wel, en ook het flinterdunne 'geboortevlies' van Isabel, die met de helm was geboren, en waardoor wij hadden aangenomen dat ze nooit zou kunnen verdrinken.

Ik droeg mijn oude mantelpakje en een blouse, zonder kralen. Toen het portret klaar was zag je een gezonde jonge vrouw die duidelijk een kunstgebit droeg, met een besmuikte glimlach en een Godfrey-kin. Het was een recente, aantrekkelijke foto. Zo, ik leefde weer.

Ik besefte wel dat de elektrische deken een poging was om mijn ouders meer te geven dan alleen lichamelijke warmte. Ik wist dat ze wilden dat ik thuis bleef en ik voelde me er schuldig over dat ik weg zou gaan, omdat een ongetrouwde vrouw per traditie bij haar bejaarde ouders bleef wonen. Ze betwijfelden ook of ik me wel zou kunnen 'redden' in de wereld, en omdat ze de deskundige mening van de artsen respecteerden, waren ze bang dat ik mijn 'geest te zwaar zou belasten' als ik schreef. Met de elektrische deken probeerde ik ook de zonovergoten andere wereld van 'beneden op de vlakte' binnen te brengen in een huis dat het grootste deel van de dag in de greep van de vorst verkeerde. Ik had moeite met de manier waarop moeder met zo'n duidelijk verlangen uitkeek over de 'vlakte' en met haar vermogen om die zon op dat gras tussen de bomen te verweven tot een haast bijbelse droom van vervulling: ooit zou ze erheen gaan.

De wetenschap dat ze ziek was, dat haar dood niet zo ver af zou zijn, verleende een doordringende helderheid aan de woorden en gebaren van mensen om haar heen – mijn vader, mijn broer en ik – die hadden gedacht dat ze een geschenk was dat voor eeuwig gekoesterd kon worden en die zich haar dood niet konden voorstellen. Onze overdreven bezorgdheid maakte soms plaats voor ergernis over haar 'wereldvreemdheid'. Ik voelde me vijandig tegenover haar omdat ze bereid was ons te verlaten, het was duidelijk dat ze moe was, en haar volle geloof in de wederkomst van Christus en de opstanding van de doden gaven haar zo'n gevoel van verwachting dat het bijna overbodig voor haar was om 'naar de vlakte te gaan in de koelte van de avond'. Zij was gelukkig door er alleen maar over te dromen; ik wilde die droom verwezenlijken, al was het maar om haar ontspannen in het late zonlicht onder de dennenbomen te kunnen zien zitten. Ik zag ook maar al te scherp de angst op het gezicht van mijn vader als hij naar moeder keek: hij kon het niet verdragen dat ze hem zou verlaten.

Ik maakte een reservering voor mijn reis naar Auckland. Thuis konden ze maar niet begrijpen waarom ik weg wilde van Willowglen en ik deed geen poging om het uit te leggen. In de hoop dat ik een ziekte-uitkering zou kunnen krijgen terwijl ik schreef, stuurde ik een brief naar dr. Blake Palmer, die mijn hoop deed vervliegen door zijn opmerking dat ik 'het werken zou verleren' als ik een uitkering kreeg.

Het oppervlakkige denken van de autoriteiten deprimeerde me. Nog deprimerender was de herinnering aan de afschuwelijke behandelingen die me waren opgedrongen, de besluiten die over me waren genomen zonder dat iemand me persoonlijk probeerde te leren kennen; en nu werd er precies zo'n beslissing genomen. Ik stuurde hem bij wijze van antwoord twee gedichten, 'De vlieger' en 'In de glazen berg', waarin ik opzettelijk beelden had gekozen die 'schizofreen' waren – glas, spiegels, reflecties, het gevoel van de wereld te zijn afgescheiden door glazen panelen – in de hoop dat hij zou begrijpen waar ik op doelde. Ik vond dat het ziekenhuis wel enige moeite had mogen doen om patiënten te helpen bij hun aanpassing aan hun nieuwe leven.

Ik vertrok naar Auckland. Bruddie reed me in zijn vrachtwagen naar het station. We namen afscheid. Ik zei dat ik gauw weer op bezoek zou komen thuis en vroeg of hij ervoor wilde zorgen dat moeder haar tabletten innam.

In mijn bagage zaten twee afdrukken van mijn nieuwe foto in een gespikkelde bruine lijst.

19

Hoog in het noorden

Weer een reis. Over de Canterbury-vlakte en de rivieren: de Wai-taki, waar ik uit het raam begon te turen om in de verte de gom-bomen bij de Rakaia te kunnen zien, en de Rangitata; door naar Lyttelton en de veerboot; een rustige nacht; toen naar Petone en tante Polly en oom Vere.

De kikkergroene auto van tante Polly; de rit door de omgeving, waarbij ze General Motors aanwees waar oom Vere werkte, de ri-vier de Hutt, en met trots het huis liet zien waar Bob Scott, de rug-byspeler van de All Blacks woonde.

'Hij woont niet ver bij ons vandaan. Echt iemand van hier.'

Tante Polly was een tengere, vrouwelijke versie van pa – hel-dere ogen, snel van begrip en rad van tong, met een scherp oog voor details en een sterke hang naar perfectie. Tante Polly stond erom bekend dat ze 'pietluttig' was over de kleding, manieren en opvattingen van haarzelf en andere mensen. Ze stond bij ons in de familie bekend als de tante die de 'etiquette' in acht nam, en bij haar sporadische bezoekjes aan ons huis in Oamaru was haar meest gebruikte zin: 'Je hoort je aan de etiquette te hou-den'. Dan somde ze haar familieleden, vrienden en kennissen op die zich niet aan de etiquette hielden en zong de hoogste lof over Gypsy, de tweelingzus van haar man. Wanneer tante Polly's bezoek aan ons voorbij was, waren wij kinderen de rest van de week bezig haar na te doen bij ons spel: 'Houdt u zich wel aan de etiquette, mevrouw?' ...Ja, je moet je wel aan de etiquette hou-den. Ik weet hoe het hoort!'

Moeder praatte mild-ironisch over tante Polly: 'Maar Poll houdt zich dan ook aan de etiquette.'

Die avond nam ik de trein naar Auckland en toen ik de volgende morgen, geheel door elkaar geschud, merkte dat de trein het station van Auckland binnenreed, was daar ineens weer 'hoog in het noorden', met zijn blauwe paradijselijke lucht en licht.

En daar stonden June en Wilson met hun drie kinderen te wachten om me naar hun pasgebouwde huis in Northcote te rijden.

Een paar dagen na mijn aankomst in Auckland vond ik een baan als inwonende hulp in de huishouding in het TransTasman-hotel, waar, in tegenstelling tot het Grand Hotel Dunedin met zijn familiesfeer, veel kamers waren, veel verdiepingen en veel personeel, en waar iedere activiteit werd omgeven door een sfeer van haast. De eetzaal voor het personeel zat altijd vol met ernstig kijkende mensen die bruusk, kortaf spraken. Ik kreeg een eigen verdieping toegewezen en de gebruikelijke taken als bedden opmaken, afstoffen en schoonmaken van de kamers, gangen en badkamers, en ik kreeg een piepklein kamertje boven toegewezen, in wat de Engelenbak werd genoemd, en alles leek probleemloos. Ik kwam er echter algauw achter dat veel gasten op mijn verdieping piloten en passagiers waren (van de vroege Pan American-vluchten) die tot laat in de middag in bed bleven liggen, en toen ik op een middag allang klaar had moeten zijn, maar nog steeds worstelde met onopgemaakte bedden en nog niet schoongemaakte kamers, werd ik betrapt door het hoofd van de huishouding, die dreigde me te ontslaan als ik niet sneller kon werken. Ik barstte in tranen uit en ging nog diezelfde avond weg uit het TransTasman. Ik had het er maar één week uitgehouden. Auckland was een echte stad, een harde stad net als die waarover ik had gelezen. Ik vluchtte met de veerboot naar de overkant van de haven, naar het zachtmoedige, lommerrijke Northcote en nam mijn intrek weer bij de Gordons.

In de week daarna probeerde ik mijn zuster, haar man en hun drie kinderen beter te leren kennen. June vertelde me dat Frank Sargeson, de schrijver, haar op een dag had bezocht omdat hij had gehoord dat ik haar zus was. Hij had gezegd dat hij me graag wilde ontmoeten als ik ooit naar Auckland kwam.

'Zou je hem willen ontmoeten?' vroeg ze.

'O nee. Ik ken hem helemaal niet.'

'We kunnen je wel brengen. Hij woont in een oud huisje bij het strand van Takapuna.'

Waarom zou ik Frank Sargeson opzoeken? Ik kende *Spreken voor onszelf* en ik had een paar van zijn verhalen gelezen in de Nieuw-Zeelandse en Engelse *New Writing*, maar ik was er wat huiverig voor hem te ontmoeten.

Toen ze me op een middag de mooie plekjes aan de noordkust lieten zien, zei Wilson ineens: 'Frank Sargeson woont hier ergens in de buurt. Laten we even langsgaan.'

Het werd een kort bezoek. Wat moest ik zeggen? Ik voelde me niet op mijn gemak, het 'gekke' zusje dat op een tochtje wordt meegenomen. Meneer Sargeson was een oudere man met een baard, gekleed in een armoedig grijs overhemd en grijze broek, die met een touw bijeen werd gehouden; hij glimlachte vriendelijk en vroeg hoe ik het maakte, maar ik zei niets. De legerhut in zijn tuin stond leeg, zei hij, en ik was van harte welkom om daar te komen wonen en werken. Ik nam het aanbod niet aan en wees het niet af; ik werd zo belemmerd door mijn status van 'gestoord zijn' en het feit dat ik oog in oog stond met de beroemde schrijver wiens verzamelbundel van Nieuw-Zeelandse literatuur, *Spreken voor onszelf*, een van mijn lievelingsboeken was; de beroemde schrijver voor wiens vijftigste verjaardag ik een brief met goede wensen had ondertekend, hoewel ik hem niet kende en niets af wist van de andere ondertekenaars. Frank Sargeson. Meneer Sargeson.

Hij stelde voor dat ik hem een keer alleen zou komen opzoeken.

'Wat dacht je van aanstaande vrijdag?'

'Goed', zei ik timide.

En zo ging ik die vrijdag van Northcote op weg naar het huis van meneer Sargeson in Takapuna en wandelde over de grotendeels onverharde weg met aan weerszijden velden vol dwergbomen en toi-toi, langs moerassen, mangroven – mangroven! – en groepjes inheemse struiken. Het was in de late lente van 1954 en ik had mijn dertigste verjaardag gevierd, die de aanleiding was geweest voor de foto en, naar de dichterlijke traditie, een gedicht. Ik herinnerde me de woorden van Dylan Thomas: 'Het was mijn dertigste jaar tot de hemel', en ik dacht na over zijn dood en probeerde me voor te stellen hoe mijn twintiger jaren zouden zijn geweest als ik in de wereld had geleefd. Mensen hadden het over havenarbeiders en de havenstaking, over voortvluchtige moordenaars en het mccarthyisme; daar wist ik allemaal weinig van. Ik kende alleen maar Prospero, Caliban, koning Lear en Rilke in vertaling; dat waren voor mij de dingen die me uit de afgelopen tien jaar waren bijgebleven.

Ik liep dicht langs het inheemse struikgewas, kwam uit op de weg die naar het huis van meneer Sargeson leidde en liep langs straten die naar Engelse dichters waren genoemd – Tennyson Street en was dat niet Milton Avenue?

Ik kwam bij Esmonde Road nummer veertien, liep door de opening in de hoge heg om het huis heen naar de achterdeur en duwde wasgoed opzij dat tussen de citroenboom en het huis hing. Ik klopte aan.

Meneer Sargeson was thuis. Hij deed open en zei zenuwachtig glimlachend en op een toon alsof hij het tegen een kind had: 'Kom binnen, kom binnen.'

Ik liep de huiskamer in, terwijl meneer Sargeson achter het

houten werkblad geleund bleef staan.

'Heb je ver gelopen?'

'Een kilometer of vijf.'

'Wil je misschien even op bed gaan liggen?'

Toch al gespannen, ging ik dichter bij de deur staan en zei preuts, klaar om weg te rennen: 'Nee, dank u.'

'Robin Hyde ging altijd even liggen. Ze kwam hier binnenstrompelen en wierp zich dan op het bed.'

'O?'

'Heb je haar boeken gelezen?'

'Ik heb erover gehoord', zei ik. 'Ik ken wel een paar van haar gedichten.'

Ik vertelde niet dat ik een essay had gelezen waarin haar laatste roman werd beschreven als 'fantasie zonder ballast', een zinsnede die me bijbleef als een voorbeeld van wat je van critici kon verwachten als je een roman schreef. Wat werd ermee bedoeld? Had fantasie dan ballast nodig? Dat gebied interesseerde me en hoewel ik persoonlijk geen ervaring had met het leven in onbelaste fantasie, had ik mensen gekend voor wie fantasie haar eigen ballast was. Ze waren vrij, maar tegelijkertijd nergens.

Meneer Sargeson begon toen over *De lagune en andere verhalen* te praten, terwijl ik weinig op mijn gemak naar hem luisterde. Ik was het er niet mee eens geweest dat hij mijn verhaal 'De dag van het schaap' had gekozen voor de verzamelbundel van Oxford.

'Heb je een exemplaar van die verzamelbundel?' vroeg hij. Die had ik niet. Hij zocht meteen zijn eigen exemplaar op, signeerde het en gaf het toen aan mij.

Daarna informeerde hij naar mijn toekomstig werk.

'Ik weet het niet', zei ik terughoudend.

'Heb je erover nagedacht of je in de hut wilt wonen en werken? Daar zou je vrij zijn om te schrijven. Het is niet goed dat je in zo'n buitenwijk tussen de luiers en de bourgeoisie woont.'

Sinds de geschiedenislessen over de Franse Revolutie had ik niemand meer het woord 'bourgeoisie' horen gebruiken en ik was er niet zeker van of ik de moderne betekenis wel kende.

'Maar ik moet wel eerst een baantje vinden', zei ik.

'Hoezo? Je bent toch schrijfster.'

Ik lachte verbaasd. 'Meent u dat? Ze hebben geweigerd om me een ziekte-uitkering te geven.'

Meneer Sargeson keek verontwaardigd. 'Na al die jaren in die inrichting? Hoor eens, ik ken een aardige arts die waarschijnlijk wel een uitkering voor je kan regelen terwijl jij verder gaat met schrijven.'

'Echt waar?'

Ik voelde me overdonderd en verlegen, maar ook beschermd. Ik nam zijn aanbod om in de hut te komen wonen en werken aan, als hij ermee akkoord ging dat ik hem elke week kostgeld betaalde. Hoewel hij hier eerst bezwaar tegen maakte, stemde hij uiteindelijk in met één pond per week. Zijn eigen inkomen was niet groot. De eerste roes na publicatie en aandacht voor zijn werk was voorbij en hij verkeerde in het stadium waarin hij dringend geld nodig had omdat zijn boeken niet meer verkrijgbaar waren.

Zowel hij als ik was zenuwachtig die middag. Ik vertrok nadat ik had afgesproken dat June en Wilson me het volgende weekend over zouden brengen met mijn 'spullen' – twee koffers vol kleren en boeken en mijn Remington-schrijfmachine uit de tijd van het Grand Hotel. Ik had het gevoel dat het aanbod van meneer Sargeson mijn leven zou kunnen redden. Mijn toekomst zag er niet al te rooskleurig uit; ik woonde in bij een gezin, maar was er niet op mijn gemak omdat ik me net een figurante voelde, en mijn zus, haar man en hun kinderen waren vreemden voor me. Ik was toen extreem gevoelig voor het hebben van een 'eigen plek' en voor het ontbreken daarvan en voor de officiële oordelen die over me werden geveld, en mijn gevoel van eigenwaarde werd dagelijks verpletterd door de nieuwsgierige vragen van de kinderen – Wie was ik? Waarom woonde ik niet in mijn eigen huis? Waar waren mijn kinderen? En waarom kwam ik tijdens de maaltijden niet bij hen aan tafel zitten? De ervaringen in de inrichting – zoals de keer dat ik bij de haren aan tafel werd gesleurd, terwijl ik vreselijk bang was om in de grote overvolle eetzaal onder toezicht van de hoofdverpleegster en haar staf te moeten eten, waar je moest wachten op een bevel voor je je mocht verroeren en waar de spanning voelbaar was als de messen werden opgehaald en het langdurige tellen begon – hadden me er huiverig voor gemaakt om in gezelschap te eten. Meestal at ik alleen en bestempelde mezelf zo tot het laatste wat ik wilde zijn – een buitenissig iemand. Ook hadden mijn zus en haar man veel vrienden die soms op bezoek kwamen. Ik stond er dan bij als een zoutpilaar als ze beleefd informeerden: 'Is ze nu beter? Redt ze het een beetje?'

Ik arriveerde bij het huis van meneer Sargeson met mijn 'spullen', waaronder mijn roestbruine rok, mijn donkergroene twinset en de donkergroene overjas die ik uiteindelijk bij Mademoiselle Modes in Dunedin had gekocht. Door de regels die werden gedicteerd door kleurschema's en tekenlessen op de kweekschool en door de kleur van mijn haar, voelde ik me gedwongen om donkergroen en andere schakeringen van bruin en groen te kiezen. Primaire kleuren en felle heldere tinten waren 'lelijk' was me geleerd, terwijl de kleuren die ik uitkoos 'mooi' heetten te zijn. Een tijdlang was er een overvloed aan morele oordelen over kledingstukken, kleuren en vormen, waarbij 'mooi' gekoppeld werd aan 'smaak' en verbonden werd met gevoelens van superioriteit.

Ik was er toen van overtuigd dat mijn kleren getuigden van

'goede smaak'. In mijn volledige overgave aan de rol van 'jaknik-ker', een 'doetje' – ga daarnaartoe, hier komen – had ik zelfs, ein-delijk, een korset of step-in gekocht, omdat de vrouwen in het Grand Hotel en mijn zus in Auckland tegen me hadden gezegd dat mijn achterste zich door mijn rok heen aftekende, en in die tijd had je achterste niet de vrijheid zich te laten zien. Mijn enige vrijheid zat binnen in me, in mijn gedachten en taalgebruik, waarvan ik het grootste deel zorgvuldig verborgen hield, behalve als ik schreef. Voor gesprekken reserveerde ik onschuldig gebab-bel, dat vast door niemand als 'merkwaardig' of 'gek' bestempeld zou kunnen worden.

Maar toen ik eenmaal bij meneer Sargeson was beland en het vooruitzicht had als schrijfster te kunnen gaan leven, met een plek om te werken, alleen te kunnen zijn, zonder zorgen over geld, en maaltijden en het gezelschap kon delen met iemand die écht geloofde dat ik een schrijfster was, werden de zorgen over kleuren, 'mooie' en 'lelijke' kleuren, het niet-aflatende ad-vies over mijn kroezige haar en de aanmerking dat mijn achter-ste zich door mijn rok heen aftekende, allemaal onbeduidend en raakten op de achtergrond. Ik had een legerhut waar een bed in stond, een ingebouwde schrijftafel met een olielamp, een bie-zen mat op de vloer, een kleine kleerkast met een gordijn ervoor en een raampje bij het hoofdeinde van het bed. Meneer Sargeson (ik durfde hem nog niet Frank te noemen) had al voor een medi-sche verklaring en een uitkering van drie pond per week ge-zorgd, wat ook de hoogte was van zijn eigen inkomen. Zo had ik dus alles wat ik wenste en nodig had, maar ook een gevoel van spijt toen ik me afvroeg waarom ik er zo veel jaar over had ge-daan om dat te krijgen.

20

Meneer Sargeson en de legerhut

Meneer Sargeson leefde en werkte volgens een strenge dagindeling, die ik overnam, al kon ik niets veranderen aan mijn gewoonte om 's morgens heel vroeg op te staan en me meteen aan te kleden. De kamers in het Stenen Paviljoen in Seacliff waren niet verwarmd geweest, en 's morgens vroeg werd onze bundel kleren die 's nachts buiten de deur had gelegen naar binnen gegooid, terwijl de lucht en de vloer en het roestige draadgaas voor het kleine hoge raampje met spijlen, vorst en ijs uitademden en de gekooide lamp aan het plafond omfloerst was.

Hij stond pas om een uur of halfacht op en ontbeet om acht uur, en het leek uren te duren voordat ik de moed bij elkaar had geraapt om met mijn po en toiletspullen naar het huis te gaan, waar ik bleef wachten tot hij was opgestaan en zich had aangekleed. Meestal maakte ik mijn eigen ontbijt klaar, dat bestond uit een gistdrankje dat ik een nacht had laten trekken, zelfgemaakte wrongel met honing erover en brood met honing en thee. Als meneer Sargeson samen met mij ontbeet en aan zijn kant van het werkblad zat, had ik de neiging om te gaan babbelen. Al de eerste week dat ik er was, wees hij me daarop. 'Je kletst tijdens het ontbijt', zei hij.

Ik nam zijn aanmerking ter harte en 'kletste' in het vervolg niet meer, maar pas toen ik regelmatig elke dag schreef, begreep ik hoe belangrijk het voor ons allebei was om gestalte te geven aan onze innerlijke wereld, om die vast te houden en in stand te houden, en hoe die wereld elke morgen bij het wakker worden werd vernieuwd en zelfs tijdens het slapen aanwezig was, als een dier dat voor de deur wacht om binnengelaten te worden;

hoe de vorm en kracht ervan het best beschermd werden door hem te omringen met stilzwijgen. Mijn gekwetstheid omdat hij had gezegd dat ik 'kletste', nam pas af toen ik meer van het schrijversleven begreep.

'Waar ben je op het moment mee bezig?' vroeg hij me op een dag tijdens de lunch.

Ik was verbaasd en dankbaar dat hij aannam dat ik een schrijfster was die elke dag werkte, vooral omdat ik nog niet begonnen was aan de roman die ik van plan was te schrijven, en sommige ochtenden wilde ik zo graag de indruk maken dat ik aan het werk was dat ik *The quick brown fox jumps over the lazy dog* typte en 'Dit is een tijd waarin alle mensen van goede wil de partij te hulp moeten schieten'; en mijn oude favoriet voor onproductieve momenten: 'Dit is het ongerepte woud, de fluisterende dennen en sparren laten zich horen en antwoorden op wanhopige wijze op de roep van het woud.'

'O', zei ik geheimzinnig, 'ik wil aan een roman beginnen, maar ik ben op het moment aan andere dingen bezig.'

De 'andere dingen' waren gedichten en verhalen waarvan ik er een paar naar de *Listener* stuurde, maar toen er één, een herinnering aan de Rakaia, werd teruggestuurd, zag ik ertegen op om nog meer in te sturen. Omdat me was verteld dat het ministerie van Onderwijs 'goed betaalde' voor bijdragen aan publicaties voor scholen, schreef ik twee verhalen die werden geplaatst. Ik had een verhaal geschreven, 'Steenkool', over de mannelijke patiënten die zij aan zij als trekpaarden tussen de disselbomen van de kolenkar liepen en hem zo van het ene paviljoen naar het andere trokken, en hoe de mannen tussen de disselbomen het zoveelste trieste dickensiaanse plaatje opleverden zoals je overal in inrichtingen kon aantreffen, tot besloten werd om het transport te 'moderniseren' en er een vrachtwagen werd gebruikt voor de steenkool. De mannen zaten daarna troosteloos in het dagverblijf, opgesloten zonder bezigheid.

Ik schreef ook een verhaal dat 'Een elektrische deken' heette, waarin manieren om warmte te geven werden onderzocht.

'Heb je werk dat ik kan lezen?'

Daar schrok ik van. Ik was niet gewend om mijn werk aan anderen te laten lezen, tenzij ik het ter publicatie aanbood aan een redacteur. Ik was heimelijk trots op mijn laatste verhaal, 'Een elektrische deken', en dus gaf ik dat onbesuisd aan meneer Sargeson om te lezen.

In plaats van in mijn hut te rusten en te lezen ging ik, in navolging van het voorbeeld van meneer Sargeson, die middag een wandeling maken door de straten van Takapuna. Op het strand keek ik naar Rangitoto, het eiland dat iedereen in Auckland opeiste als het hunne, met zijn vorm die van alle kanten bezien volmaakt is en waarover ze praatten alsof ze het hadden helpen ontwerpen en maken. 'Kijk, daar ligt Rangitoto', zeiden ze. Ik dacht: dit is dus het eiland uit het gedicht van Charles Brasch:

Harde gaspeldoorn verduistert de gele rotsrand,
En bomen met scharlaken bloesem hellen over
Om hun schaduw op de baai beneden te werpen...

Ik had niet zo veel ervaring met mensen; ik kende ze alleen in mijn hart; ik vond het vertederend zo gretig als de Aucklanders Rangitoto voor zich opeisten.

Ik vroeg me af of meneer Sargeson mijn verhaal aan het lezen was. Zou hij denken: ach, wat goed, wat een goed einde. Ik stelde mijn hoop niet te hoog. Toen ikzelf het verhaal nog eens doorlas, viel me op dat het einde iets definitiefs had, alsof het juiste akkoord was aangeslagen. Ik wist echter dat het te los geweven was; ik zou zelfs kunnen zeggen dat het uitlubberde in het midden. O, om dat met bliksemschichten aan de hemel te kunnen vasthechten!

Ik liep terug naar het huis. Hij was boodschappen wezen doen en maakte het avondeten klaar, paella, een Spaans gerecht, dat toen populair was omdat veel van zijn vrienden pas naar Spanje waren geweest en hij graag mediterraans eten klaarmaakte. Mijn verhaal lag op het werkblad naast een bosje rode pepers van de oogst van vorig jaar. Ik zorgde ervoor dat mijn blik er niet op bleef rusten. Had hij het gelezen? Ondanks mijn behoedzaamheid had ik erop gerekend dat hij zodra ik de kamer binnenkwam zou zeggen: 'Ik heb je verhaal gelezen. Het is goed. Gefeliciteerd.'

Meneer Sargeson schonk twee glazen Lemora in, zijn lievelingswijn, en ik zat op de hoge houten kruk tegenover hem terwijl we onze wijn dronken.

'Ik heb je verhaal gelezen', zei hij. Hij pakte de velletjes papier erbij, keek ze door en las hardop: ' "Elke morgen sloeg ze haar ogen op..." ' Hij keek me streng aan. "Sloeg haar ogen op"? Naar de hemel zeker. Waarom zeg je niet gewoon: werd ze wakker. Je moet nóóit "sloeg haar ogen op" gebruiken.'

Ik luisterde boetvaardig naar hem en begreep dat 'sloeg haar ogen op' onvergeeflijk was.

'In zijn soort is het een goed verhaal', zei meneer Sargeson. Er ging een golf van teleurstelling door me heen en ik besloot hem geen verhalen meer te laten zien. Ik hield me aan dat besluit en liet hem later alleen nog het begin van mijn roman lezen.

'Als je met een roman bezig bent,' zei meneer Sargeson, 'moet je een schema maken.'

Hij vertelde dat hij altijd een lijst met personages opstelde. Hij herinnerde zich dat hij als kind een boek wilde schrijven en begonnen was de tekst van *Ivanhoe* over te schrijven, omdat hij in zijn onschuld dacht dat hij zo zelf een boek schreef, totdat zijn

185

moeder hem aantrof en een strenge preek hield over de zonde van het overschrijven uit andermans werk. Hij had gedacht dat boeken van iedereen waren, in en uit ieders hoofd gingen, en dat iedereen elk willekeurig boek kon overschrijven en zich schrijver kon noemen.

Die eerste maanden van mijn verblijf in de legerhut waren een onvergetelijke ervaring waarin ik met Frank Sargeson (ik had inmiddels geleerd hem Frank te noemen) details deelde van ons leven, ideeën en gevoelens, waarin we boeken lazen, 's avonds schaakten (wat hij me geleerd had) of waarin ik luisterde naar gesprekken tussen Frank en zijn vele vrienden die kwamen eten. Maar boven alles deelden we een werkritme en dankzij zijn aanmoediging leerde ik om mijn dag in te delen. Ik werd nog steeds geplaagd door angst voor de inrichting en door nachtmerries over wat ik daar had meegemaakt. Ik was hopeloos verlegen, kwam net uit een staat van intimidatie. Frank was beschermend en vriendelijk. Pas veel later, toen ik al heel wat boeken had geschreven, realiseerde ik me hoe uitzonderlijk en bereidwillig zijn onvermijdelijke opoffering van een deel van zijn schrijversleven was geweest. Ik wist ook dat het beschermen van anderen, van één persoon tegelijk, één oude, zieke of gehandicapte vriend of vriendin, met misschien nog twee of drie anderen die op de achtergrond op hun beurt wachtten, een ingebouwde behoefte van Franks karakter was, even sterk als zijn schrijven.

Hij was een vaardig en meedogenloos ondervrager, en toen ik hem had verteld welke opleiding ik had gevolgd, zei hij enigszins teleurgesteld: 'Dus je bent helemaal geen primitieveling!'

Hij vertelde geanimeerd over zijn jeugd, over zijn oom van wie hij veel hield en de boerderij in de Waikato. Hij vertelde over zijn reis door Europa, liet me zijn verzameling ansichtkaarten zien en zei zacht: 'Dat zal ik allemaal nooit meer zien. Dat is allemaal verleden tijd', en hij liet in zijn ogen en zijn gezicht zo'n uitdrukking van hartstochtelijk verlangen toe, bijna van pijn om wat niet meer was, dat ik tot tranen toe geroerd was.

Uit alles wat hij zei sprak een tikkeltje wantrouwen, soms klonk er zelfs haat jegens vrouwen in door, omdat die van een totaal ander soort waren dan mannen, en als hij in zo'n stemming was, luisterde ik weinig op mijn gemak en ongelukkig toe, want ik was immers een vrouw en hij had het over mijn soort. Ik was seksueel naïef, onbewust en maar half ontwaakt, en ik wist niets van zaken als homoseksualiteit, maar voelde me constant gekwetst door zijn impliciete ontkenning van het vrouwelijk lichaam. Het leven met Frank Sargeson was voor mij een celibatair leven, een priesterleven dat gewijd was aan schrijven en waarin ik gedijde, maar omdat mijn aard niet helemaal die van een priester is, voelde ik me er triest onder. Ik was weggegaan uit de inrichting, waar men het nodig had gevonden de samenstelling van mijn geest te veranderen, en was naar een ander onderkomen gegaan, waar de wens was dat mijn lichaam van een ander geslacht zou zijn. De prijs die ik voor mijn verblijf in de legerhut betaalde, was het besef dat mijn lichaam niet telde. Frank sprak vriendelijk over mannen en lesbische vrouwen, maar ik was geen man en niet lesbisch. Hij zag me liever in een broek dan in een jurk. Ik beschouwde Frank nu als mijn verlosser, maar werd door een smachtende mistroostigheid, door profetische voldongenheid, gedwongen te erkennen dat de goden hadden gesproken en dat er niets aan te doen viel.

In ruil voor dit gebrek aan eigenwaarde als vrouw, kreeg ik een leven zoals ik had gewild dat het zou zijn. Ik smaakte ook de vreugde een groot schrijver te kennen, een groot man, en ik leerde zijn vrienden kennen. Er was altijd wel een vriend 'op doorreis' uit Wellington, van het Zuidereiland of uit het buitenland, en zelfs van de andere kant van de haven in Auckland: jongemannen met hun stapeltjes getypte gedichten, hun eerste oogst; oude kennissen; dierbare vrienden, mannen en vrouwen, jong en oud. Het was er een komen en gaan van vrienden, er werd over ze gepraat en geroddeld, en de bespreking van hun verleden, heden en toekomst werd op goed gekozen kostelijke momenten in het patroon van de gesprekken ingepast. Het was een wereld waarin het uiterlijk niet belangrijk was, waar ik eindelijk was bevrijd van de voortdurende opmerkingen over mijn haar en mijn kleren en mijn achterste dat zich door mijn rok heen aftekende.

De tijd was rijp. Ik kocht een schrift, schrijfmachinepapier (Frank zei dat groen rustiger voor je ogen was) en een lint en begon aan mijn roman.

21

Sprake van schatten

Het beeld van een enorme schat die was omgeven door triestheid en verspilling obsedeerde me, en ik begon me in verband met mijn boek een voorstelling te maken van een kindertijd en een leven in een gezin en een inrichting, waarbij ik mensen die ik kende gebruikte als uitgangspunt voor de hoofdpersonen en de minder belangrijke personages verzon. Voor Daphne koos ik een gevoelige dichterlijke, kwetsbare figuur die (naar ik hoopte) diepgang zou verlenen aan de innerlijke wereld en misschien een duidelijker, in ieder geval persoonlijker kijk zou geven op de buitenwereld. De andere personages waren net zo fictioneel en ik gebruikte ze om bepaalde aspecten van mijn 'boodschap' gestalte te geven – de overdreven materialistische opvattingen van 'Chicks', de verwarring van Toby, het aardse karakter van Francie, en de ploeterende ouders, die als personages het dichtst mijn eigen ouders benaderden. De plaats van handeling was W., een klein stadje dat de uitgever later Waimaru noemde. (Toen het boek was verschenen, schrok ik ervan dat mensen dachten dat het autobiografisch was, dat de personages echte familieleden van me waren en dat ikzelf Daphne was bij wie een hersenoperatie werd uitgevoerd. Op verzoek van een arts die het boek had gelezen, voelde ik me genoodzaakt hem te laten zien dat ik geen littekens van een leukotomie op mijn slapen had. Niet ieder beginnend schrijfster beschikt over zo'n afschuwelijke maar afdoende manier om aan anderen 'te bewijzen' dat ze fictie heeft geschreven. Het personage van Daphne leek in veel opzichten op mij, afgezien van haar frêle bouw en het feit dat ze helemaal opging in een fantasiewereld waar de 'werkelijkheid' werd buitengesloten; ik ben altijd sterk en praktisch geweest, in het dagelijks leven zelfs nuchter.)

Het zojuist genoemde binnendringen van de 'toekomst' is onvermijdelijk bij het schrijven van een autobiografie, met name wanneer je de periode van de jeugd achter je hebt gelaten en de kringloop van het zijn de tijd en ruimte en de levens van anderen vult, die nu losstaan van jezelf en duidelijk waarneembaar zijn. Het schrijfproces kan simpelweg worden getypeerd als het aanleggen van een hoofdspoorlijn van Toen naar Nu, met uitstapjes naar zijsporen in de wildernis daarbuiten, maar de echte, de oorspronkelijke vorm is altijd een cirkel, die ontstaat om steeds opnieuw te worden doorbroken en hersteld.

Elke dag ging ik na het ontbijt naar de hut om aan mijn roman te werken. Ik had niet, zoals Frank had voorgesteld, een lijst met personages opgesteld, maar in mijn schrift wat ideeën en thema's opgeschreven, en de titels van de delen van het boek dat ik als een geheel voor me zag voordat ik begon met typen. In mijn schrift had ik lijntjes getrokken voor een werkschema met dag, datum en aantal bladzijden dat ik hoopte te schrijven en een ruimte waar 'Excuses' boven stond. Elke dag noteerde ik met rood potlood het aantal bladzijden dat ik had geschreven.

Ik was me altijd bewust van Franks aanwezigheid en van de plaats die hij innam binnen zijn eigen dagindeling. Omdat hij voor het huishouden zorgde en het een en ander te doen had voor hij aan het werk kon gaan, begon hij later dan ik, en ik kon hem buiten in de tuin tussen de bosjes horen scharrelen wanneer hij zijn jonge tomaten- of paprikaplanten verzorgde. En nog voordat hij aan zijn klusjes begon, zonnebaadde hij een halfuur naakt tegen de oostkant van het huisje. Hij had vroeger tuberculose gehad en zei vaak dat het litteken olie en zonlicht nodig had, die net als de kleur groen heilzaam waren voor het lichaam.

Als ik had zitten dagdromen over wat ik zou schrijven en ik zijn voetstappen gevaarlijk dicht bij mijn heiligdom hoorde knerpen en ritselen als hij een verdwaalde rank van de Chinese kruisbes aanraakte of snoeide, of voor de grap het stuifmeel van de mannelijke bloem overbracht op de vrouwelijke omdat hij meende dat de bijen of de wind hun werk niet hadden gedaan, ging ik snel achter mijn schrijfmachine zitten en begon te typen: *The quick brown fox jumped over the lazy dog,* omdat mijn ideeën zoals altijd verstarden in aanwezigheid van iemand anders. Pas als Frank naar binnen ging om aan zijn eigen werk te beginnen, kon ik me ontspannen en ongestoord verder werken tot ik de deur van het huis hoorde opengaan, voetstappen hoorde ruisen door het hoge gras, er aan de deur werd geklopt en Franks zachte stem vroeg: 'Heb je tijd voor een kopje thee, Janet?' Hij zette de thee op de ingebouwde schrijftafel, wendde zijn blik af van de volgetikte vellen papier die daar open en bloot lagen en liep door het hoge gras terug naar het huis. Vervolgens hoorde ik de deur van het huis dichtgaan en viel ik op de ochtendthee en de roggewafel met honing aan alsof ik uitgehongerd was. Daarna werkte ik weer verder tot ik opnieuw geluiden uit het huis hoorde – Frank die de deur opendeed, de post haalde, schrapende en kletterende geluiden die aankondigden dat de lunch werd klaargemaakt. Dan prompt om één uur weer het ruisende geluid door het gras, het klopje op de deur en de zachte stem die zei: 'De lunch staat klaar, Janet.'

Gretig, weer alsof ik uitgehongerd was, repte ik me naar het huis voor de lunch. Frank had meestal een boek in de hand of voor zich op het werkblad liggen, waaraan we tegenover elkaar ons roerei of gepocheerde ei met roggebrood aten, en hij las hardop passages voor en besprak de stijl, terwijl ik luisterde en alles wat hij zei aannam en geloofde, een en al verbazing over zijn geleerdheid. Ik dweepte met hem en was vol ontzag voor hem, en mijn nu diepgewortelde angst voor autoriteit en mensen die 'de leiding' hadden, maakte dat ik zijn goedkeuring nodig had. Hij was twintig jaar ouder dan ik maar ik zag hem als een oude man. Ik voelde me zowel geestelijk als wat smaak betreft onbenullig vergeleken met zijn strenge bewuste beschaafdheid. Op een toon waaruit bleek dat de arbeidersklasse 'goed' was, liet hij me weten dat ik uit de 'arbeidersklasse' kwam. En weer noemde hij mijn zuster en haar man, bij wie ik meestal de weekends doorbracht, 'bourgeois', en weer verbaasde ik me over het gebruik van termen die mij zo achterhaald voorkwamen. Frank wist iedereen in een 'klasse' te plaatsen.

Na de lunch deed hij een 'dutje' op het bed voor het raam, terwijl ik in mijn verlangen om in het ritme te blijven, ook ging rusten, lezen of schrijven en soms wat rondwandelde in Takapuna. Om drie uur werd Frank wakker en dronken we nog een kop thee met een roggewafel met honing erbij. Daarna hing hij zijn canvastas over zijn schouder en ging boodschappen halen voor 's avonds, wanneer er vaak vrienden kwamen eten. De regelmatigste bezoekers waren Karl en Kay Stead, die pas getrouwd waren. Karl studeerde aan de universiteit van Auckland en Kay was bibliothecaresse. Allebei werden ze omgeven door een gouden gloed van jeugd en liefde, Karl schreef gedichten en verhalen, en allebei werden ze samen met Frank in mijn web van verafgoding opgenomen. Hun intelligentie, schoonheid en liefde waren een bron van vreugde voor Frank, die vaak somber werd door het wijdverbreide negeren van schrijvers en doordat zijn eigen boeken niet meer verkrijgbaar waren. Fairburn scheen ziek te zijn, van R.A.K. Mason werd niets vernomen en waar was A.P. Gaskell? Het was een treurige zaak wanneer schrijvers één veelgeprezen boek schreven en vervolgens zwegen. *Spreken voor onszelf*, ja ja! De boodschap die uit dat stilzwijgen sprak was erg deprimerend. Frank werd ook wat somber door het klaarblijkelijke gemak waarmee ik schreef: hij wist niet hoe vaak ik gedwongen was de snelle bruine vos over de luie hond te laten springen, alle mensen van goede wil de partij te hulp moest laten schieten, en hoe vaak ik broeierig in het 'ongerepte woud' moest zitten terwijl 'de fluisterende dennen en sparren' zich lieten horen en 'wanhopig de roep van het woud beantwoordden'.

De vriendschap met Karl en Kay vulde mijn leven en gaf me eindelijk een plaats binnen mijn eigen leeftijd, want ik had het gevoel dat ik zo veel jaar was kwijtgeraakt dat ik mijn 'echte' leeftijd niet wist te bepalen. Ik voelde me oud naast Karl en Kay en jong naast Frank. Ik was nog geen eenendertig.

Het schrijven ging samen met lezen: ik had heel wat boeken te lezen.

'Heb je Proust gelezen?' vroeg Frank.

'Nee.'

Als hij opgewonden of zenuwachtig was, had hij de neiging om plotseling zijn armen en benen te bewegen alsof hij aan het dansen was. Nu 'danste' hij van opwinding omdat hij me kennis kon laten maken met Proust. Ik was volkomen onwetend, sprak zelfs de naam verkeerd uit, hoewel ik me een opmerking van iemand in Dunedin kon herinneren: 'Het lijkt wel een scène uit Proust.'

In het begin plichtsgetrouw, maar aangespoord door Franks enthousiasme begon ik aan Proust, 's avonds bij het licht van de olielamp in de hut, waarbij de schaduw van de vlam over de bladzijden flakkerde. Gefascineerd door de eenvoud van de eerste zin: 'Lange tijd ging ik vroeg naar bed', raakte ik algauw gevangen in de wereld van Proust en elke dag bespraken Frank en ik de hoogtepunten van wat ik had gelezen.

'Maar *Oorlog en vrede* ken je natuurlijk wel.'

Ik kende het niet.

'Het is eigenlijk tijd om *Oorlog en vrede* nog eens te lezen', zei

Frank en weer was ik onder de indruk van de manier waarop hij zijn leven als schrijver organiseerde (in gedachten houdend dat hij misschien wel de eerste professionele schrijver van Nieuw-Zeeland was, een leerling van geesten uit een verre wereld). Een boekhouder zou kunnen zeggen: 'Ik moet deze oude reeks getallen nog eens bestuderen.' Een schrijver herleest de klassieken, zet de trivialiteiten van het moment opzij en hernieuwt zijn inspiratie terwijl hij zich verwondert over de onsterfelijke waarheid en schoonheid ervan; misschien niet iedere schrijver, maar dit was Franks manier.

Omdat hij onlangs een exemplaar van *Oorlog en vrede* van Roy Parsons had gekregen, die hem voorzag van boeken die hij zich niet kon permitteren, vaak in ruil voor recensies voor *Parsons Packet*, gaf hij mij dat exemplaar te leen, terwijl hij zijn oorspronkelijke uitgave las, met de grotere letters. Frank was zich er altijd van bewust dat zijn ogen een kostbaar bezit waren, en net als de olie en het zonlicht voor zijn litteken, zocht hij dingen die 'goed voor de ogen' waren: in ieder geval wortelen. Groen schrijfmachinepapier en groene lampenkapjes. Hij droeg ook een zonneklep, zoals tennisspelers hebben. Op zijn aanraden kocht ik ook zo'n klep voor mezelf.

Samen beleefden we de gebeurtenissen uit *Oorlog en vrede*. Frank liet uitbundig plezier blijken over de ontdekkingen die ik bladzij na bladzij deed, waarover we samen praatten en waarbij we de karakters, hun handelingen en gevoelens analyseerden, en elke dag bij de lunch vroeg hij gretig: 'Hoever ben je nu?'

Toen we *Oorlog en vrede* uit hadden, gingen we *Anna Karenina*, *Opstanding* en de verhalen lezen. Tolstoj had zijn intrek genomen in Esmonde Road nummer veertien, Takapuna, Auckland – zowel in het huis als in de vervallen legerhut. De personages woonden er ook – in de kamer waar het bed met zijn doorgezakte matras en tot op de draad versleten dekens in de hoek stond; de

hoge boekenplanken met de opgerolde en dichtgebonden vergeelde manuscripten op de bovenste plank; de open haard waar
de blokken manuka al lagen opgestapeld voor het vuur dat
's avonds werd aangestoken; de verzameling ansichtkaarten,
brieven en kleine beeldjes op de schoorsteenmantel; met de
schilderijen aan de wand, zoals *De suikerschuit in Chelsea*; met
het ingebouwde tafeltje tussen de boekenplanken, dat vroeger
als bureau werd gebruikt, maar nu vol lag met vergeelde nummers van de *Times Literary Supplement*, de *New Statesman* en andere kranten, en de elektrische lamp daarboven, afgedekt met een
vierkante lap groene stof die aan de randen verschoten was. De
kamer met het versleten, verveloze werkblad waaraan we onze
maaltijden gebruikten, met de kastjes, het aanrecht en de droog-
kast waar de wrongel voor het ontbijt van de volgende dag stond
te warmen; het kleine Atlas-fornuis in de hoek; het blikken keu-
kengerei in legerstijl, de stuk of drie witte bekers, waarvan twee
zonder oor; de enorme houten radio die, naar Frank zei, was gebouwd door 'Bob Gilbert' en die Frank discreet aanzette wanneer
hij het toilet in de kleine aangrenzende badkamer gebruikte
(hij was een bescheiden, wat terughoudende man, maar zijn
grappen waren op een briljante manier schunnig).

Alle personages van Tolstoj woonden, en sommigen stierven,
in die kamer waarvan de ramen open stonden vanwege de geurige kamperfoelie die de heg overwoekerde, en 's avonds werden
er rijen schilderijen tegen het venster gezet, zodat de nachtelijke
hemel altijd nog kon binnenkijken, en maandenlang zongen de
cicades er de hele dag en de krekels de hele nacht.

De muskieten zongen ook, die kwamen bij zwermen uit het
mangrovemoeras aan het einde van de weg.

We bewaarden *De dood van Ivan Iljitsj* voor het laatst. Frank
was geshockeerd toen hij hoorde dat ik het nooit gelezen had.

'Een echte klassieker', zei hij.

Ik nam het kleine donkerblauwe boekje met zijn zijden blad-wijzer mee naar mijn hut om te lezen, en de volgende avond praatten we over Ivan Iljitsj en de dood.

Wanneer je de grootsheid van de literatuur ontdekt, is dat be-vrijdend, alsof je weggeeft wat je graag zou willen houden, want door het geven wordt er nieuwe ruimte vrijgemaakt om te groei-en, zodat een nieuw seizoen kan toesnellen onder de mysteri-euze zon. Het ontdekken van een groot kunstwerk is als verliefd zijn: je loopt op wolken; alle verval, vernietiging en dood zit van-binnen, niet in het geliefde object; het betekent verliefd worden op onsterfelijkheid, vrijheid, een vlucht naar het paradijs.

Ik kan niet anders dan met liefde terugdenken aan mijn tijd in Esmonde Road. Dan komt meteen het beeld boven van mij op een hoge kruk aan het werkblad met Frank tegenover me terwijl we over *Oorlog en vrede* praatten, en dan waren we niet meer in Esmonde Road, maar bij Pierre om de oorlog te zien en een blik op het gezicht van Napoleon te werpen; of we zaten naast de halsstarrig traag ontluikende eik, de laatste die zich gewonnen gaf aan het jaargetijde, de laatste die zijn bladeren prijsgaf; of aan het sterfbed van de oude prins, die zich even halsstarrig als de eik verzette tegen het jaargetijde.

We lazen ook *Het verhaal van een Afrikaanse farm* van Olive Schreiner en gingen er zo in op dat we Waldo en Bonaparte Blen-kins wérden. Hoewel Frank me niet kon omvormen tot manne-lijk gezelschap, kon hij me wel een jongensnaam geven: Waldo.

Een van mijn bezittingen was een grammofoon uit mijn tijd in het Grand Hotel en mijn plaat van Beethovens *Zevende Symfonie*. Ik voelde meteen Franks afkeuring over dit 'luxeartikel'; 'Als je muziek nodig hebt, draag die dan in je hoofd mee of luister er-naar uit eerste hand.' De radio in de keuken was 'geëxcuseerd'. Ik nam Franks overtuiging over dat grammofoons, camera's en bandrecorders onnodig waren, zelfs bourgeois, en enigszins beschaamd stopte ik mijn grammofoon in de kleerkast weg onder een oude rok. Maar toen Karl en Kay op een avond twee platen meebrachten, *Eine Kleine Nachtmusik* en Beethovens vioolconcert in een uitvoering van David Oistrach, zei Frank: 'We kunnen ze op Janets grammofoon beluisteren.' Toen accepteerde hij het wel. Ik zie nog die kamer voor me met de kale wand en de houten vloer die Frank elke zaterdagochtend bewerkte met een in lijnzaadolie gedrenkte zwabber ('dat houdt het stof vast'), en met de canvas stoelen ('het comfortabelste soort') met hun houten armleuningen. De kamer die al alle personages bevatte uit *Oorlog en vrede* en *Anna Karenina*, uit de verhalen van Tolstoj en Tsjechov, uit Proust, Flaubert, Olive Schreiner en Doris Lessing, stelde zich onder het luisteren nu ook open voor de muziek van Mozart en Beethoven. We draaiden de plaat opnieuw. Karl en Frank begonnen een gesprek over Yeats. Karl las 'Varend naar Byzantium' voor en 'De aftocht van de circusdieren'. Terwijl ik, die was opgegroeid met de 'oude' Yeats, dat wil zeggen de 'jonge' Yeats van 'Verlangend naar het geborduurde kleed van de hemel' en 'Innisfree, het eiland in het meer', luisterde en me koesterde in de woorden en de muziek. Ik geloof dat ik daarna een gedicht voordroeg van Dylan Thomas, 'Na de begrafenis', dat ik uit mijn hoofd kende, en daarna praatten we over de betekenis van: 'De trotse varen strooide zaden op de zwarte rotslaag.'

Die avond las ik in bed bij het licht van de olielamp Franks exemplaar van de *Gedichten* van Yeats:

Wij hadden het hart gevoed met fantasie.
Het hart werd wreed door deze kost;
En ons haatgevoel werd groter
Dan onze liefde; O, honingbijen,
Bouw in het lege nest van de wielewaal.

Twee weken voor mijn eenendertigste verjaardag was ik klaar met *Sprake van schatten*, en met het typoscript dat ik met tape had ingebonden zoals Frank me had geleerd en een exemplaar van *Een fabel* van William Faulkner waarover ik een recensie zou schrijven voor *Parsons Packet*, ging ik voor twee weken naar huis, naar Oamaru en Willowglen.

22

De dennenbomen in de koelte van de avond

Het Zuidereiland ontwaakte met meer tegenzin voor de lente; het gras was berijpt, er was kans op sneeuw en er werd gevreesd voor het leven van de pasgeboren lammeren in de hoger gelegen gebieden; de kranten hadden meer ruimte nodig dan anders voor de gebruikelijke winterse tol van dierbare grootouders. In Willowglen begonnen de knoppen van de oude, met korstmos begroeide bomen in de boomgaard al uit te lopen, de meidoorn zag al wit en de acacia pronkte met zijn gouden dons naast het leegstaande kippenhok.

Siggy van de vele jongen verwelkomde me met een jong konijntje, dat meteen ongedeerd wegsprong naar het naastgelegen weiland. Ik trof Siggy's Matilda, het kleine poesje van vroeger waarop Isabel en ik onze pas ontdekte psychologie toepasten en dat we een 'minderwaardigheidscomplex' toedichtten, dood aan, stijf en berijpt onder de bloeiende aalbessenstruik waar de bijen omheen zwermden – want zoals altijd wanneer ik in Willowglen kwam, ging ik eerst 'buiten' op onderzoek uit, klauterde achter het huis de aarden wal op, door jaren van afgevallen, half-verteerde perenboombladeren en fruit dat aan mijn schoenzolen bleef plakken en waardoor ik omlaagglibberde naar het drassige pad. Ik dwaalde rond bij het riviertje, het moeras en de narcissen die onder de fruitbomen bloeiden en ik liep onder de dennenbomen 'beneden op de vlakte', voelde en rook aan de druppels sapachtige dennenboomparels die aan de stammen van de bomen kleefden. Doordat we hadden moeten verhuizen uit Eden Street 56 waar we werden 'uitgezet', terwijl ik altijd had gedacht dat het óns huis was, en door de angstige tijd waarin we 'een plek' zochten, was Willowglen het equivalent van het paradijs geworden, en omdat het geen mens was, kon het alle liefde die het werd toebedeeld opnemen en overleven en tot bloei komen.

Ik wist dat ik maar een mooiweerbezoekster was, dat ik er niet tegen kon eraan herinnerd te worden dat ons gezinsseizoen de winter was, ongeacht hoeveel fruitbomen en bloemen er buiten bloeiden. Moeder was magerder geworden en sukkelde duidelijk met haar gezondheid, maar ontkende tegelijkertijd dat ze ziek was. Ze was als altijd hoopvol gestemd en genoot er op het moment van dat ze erin was geslaagd een polletje bieslook te laten groeien in de kleine kruidentuin die ze vlak voor het afdak had aangelegd in de rijke, van perenboombladeren verzadigde aarde. Hoewel haar innerlijk leven vervuld was van vreugden en verrassingen die ze levend hield, uitte ze zo weinig persoonlijke verlangens en werden die zo zelden vervuld, dat het polletje bieslook een gebeurtenis in haar leven werd die ervoor zorgde dat ze geleidelijk, met een soort gelukzaligheid, overstapte naar de volgende zegenrijke fase, een 'verse boterham met dik boter en bieslook'. Nu mijn vader geconfronteerd werd met het vooruitzicht van haar dood en met de voor haar ongebruikelijke daad zichzelf een persoonlijke wens toe te staan, zocht hij met angst in zijn ogen zijn toevlucht tot spotternij: 'Ma en haar bieslook, moet je nou toch zien!' Ik heb altijd geweten dat de 'uiterlijke' pa niet dezelfde was als de 'innerlijke' pa, en ik had medelijden met zijn onvermogen een verbond te sluiten met de juiste woorden in plaats van met woorden en daden die in paniek uit de buitenste contreien van menselijkheid werden geplukt. Er school zo veel verspilling in zijn voortdurende spotternij.

Mijn vader was een goede leermeester geweest voor zijn kinderen. Ook ik verzette me tegen de onvermijdelijkheid van moeders dood. Ik voelde me hulpeloos en hopeloos en sprak haar streng toe, smeekte haar de pillen in te nemen, om te rusten en te stoppen met het eeuwige opstoken van het vuur en koken en redderen, en mee te gaan 'naar beneden op de vlakte om in de koelte van de avond van de laatste zonnestralen te genieten' waarover ze droomde. Hoewel ik redelijk goed kon koken omdat ik me de kooklessen uit mijn middelbareschooltijd nog herinnerde en had geëxperimenteerd sinds ik ervoor in de gelegenheid was, werd moeders zelfvertrouwen ondermijnd als iemand anders het eten klaarmaakte of iets bakte. (Ze leed er nog steeds onder dat haar ooit verweten was 'een slechte huisvrouw te zijn'.) Als ik de bloem pakte om brood of cakejes te bakken of een van mijn 'specialiteiten' klaar te maken, ging moeder meteen 'haar' brood, 'haar' cakejes bakken en 'haar' specialiteit klaarmaken in een poging een tegenstem te laten klinken in de keuken, wat zo doorzichtig was dat ik het zowel vertederend als deprimerend vond en mijn eigen bloemrijke melodiestem terugtrok.

In de tijd dat ik thuis was, las ik moeder zorgvuldig gekozen pagina's uit *Sprake van schatten* voor, waarbij ik natuurlijk elke verwijzing naar de dood van de moeder, Amy Withers, achterwege liet. Ik las alleen de 'onschuldige, gelukkige' alinea's voor, waarna moeder trouwhartig zei dat het prachtig was. Zij en pa waren meer geïnteresseerd in 'die meneer Sargeson', maar ze leken tevredengesteld toen ik uitlegde: 'Hij is een oudere man, een beroemd schrijver.' Mijn ouders hadden de hoop opgegeven dat hun dochter die jaren in een inrichting had gezeten, ooit 'de ware' zou tegenkomen, maar mensen die op bezoek kwamen vroegen vaak tersluiks aan me: 'Heb je de ware al ontmoet?' Mij klonk dat als een ouderwetse, haast Victoriaanse uitdrukking in de oren.

Ik bracht ook tijd met pa door, vissend vanaf de kade, en ik was net zo verbaasd en dankbaar als ik als kind was geweest toen we kruiswoordpuzzels en detectiveverhalen deelden en hij me verhalen begon te vertellen die hij zich uit zijn jeugd herinnerde, over zeelieden uit Oamaru. De zeewind stond pal op de kade en het was koud. De groene, melkachtig-troebele golven klotsten en zogen aan de oude houten pijlers aan de binnenhaven waar pa zat te wachten tot de kabeljauw wilde bijten, terwijl ik met mijn gezicht naar het noorden zat, naar de open zee, waar het water helder en steengrijs tegen de rotsen sloeg. We vingen hondshaai en een leng die we als aas gebruikten om blauwe kabeljauw mee te vangen. Ik gaf eigenlijk niets om vissen, maar er waren niet veel gelegenheden om met mijn vader samen te zijn. Hij viste zwijgend; we praatten alleen als we beet hadden.

'Rode kabeljauw moet je nooit eten', zei hij toen ik hem liet zien dat ik er een aan de haak had geslagen. 'Die zitten vol met wormen. De blauwe, die moet je houden.'

Ik luisterde gehoorzaam, vol verwondering toe, alsof ik les kreeg van een beroemde meester, en omdat ik me altijd bewust was van het schrijversleven, sloeg ik zijn woorden achter in mijn geest op voor toekomstig gebruik.

En terwijl ik in Willowglen logeerde, las ik tussen allerlei andere bezigheden door *Een fabel* en andere romans van William Faulkner die ik uit de bibliotheek had gehaald. En als een maalstroom ging steeds maar door mijn hoofd: waar ben ik? Dat beschrijft wel ongeveer wat er door me heen ging toen ik de eerste bladzijde van William Faulkner las. Ik las aan één stuk door, ik las het hele boek uit, en daarna maalde ik nog steeds rond in poelen van woorden en gevoelens, die me net zo raakten als indrukwekkende muziek waarvan de betekenis zelden in twijfel wordt getrokken. Ik was een recensie aan het voorbereiden – hoe kon ik nu een recensie schrijven wanneer de auteur mijn blik zo vertroebelde met emoties? Ik pakte het boek opnieuw, las het nog eens en nog eens, en kwam geleidelijk aan bij het felle bronlicht waar de personages, de gebeurtenissen en de betekenis zich scherp, tastbaar, levensecht en duidelijk aftekenden. Dat was de wereld van William Faulkner, die ik gevonden had om bij me te houden.

Een paar dagen voordat ik de trein naar het noorden nam, haalde ik moeder over om met me te gaan picknicken 'op de vlakte', en dus maakten we op een keer laat in de middag boterhammen met bieslook klaar en vulden een thermosfles met thee. We namen een kleed en kussentjes mee naar 'de vlakte' en liepen langzaam het pad af onder de oude 'spookden' door, langs de oude appelschuur waar de waaierstaarten in en uit dansten door de openstaande deur met zijn kapotte scharnieren. Toen kwamen we langs de koeienstal die de hemel tot dak had en waarvan de sluitboom kapot was, langs de wegrottende varkensstal waar Siggy regelmatig naartoe ging om haar jongen te werpen, voorbij de oude stallen waar meubilair, schilderijen, dozen vol foto's en veel aandenkens uit Eden Street 56 lagen opgeslagen, wanordelijk opgehoopt op die drukke, chaotische dag van de verhuizing. We liepen het hek door en kwamen uit de kille schaduw van de heuvel eindelijk daar waar de jonge dennen zich koesterden in de warme zon, die niet scheen als ónze zon, maar als een andere zon op een andere plek. We spreidden het kleed uit op de dennennaalden en zaten ieder tegen een boom geleund, waarvan de kleverige hars aan onze kleren bleef plakken. Toen ik de warmte van de zon voelde, schurkte ik heen en weer als een hagedis die een zonnebad neemt. We aten onze boterhammen met boter en bieslook en dronken van onze thee, waar kleine zwarte vliegjes uit het riviertje in vielen, terwijl purperkoeten door de afrastering van het weiland ernaast naar ons keken.

Maar moeder was rusteloos. Hoe moest het nu als de telefoon ging? Die zouden we vast niet horen hier beneden op de vlakte. Hoe moest het als pa thuiskwam en het eten niet klaar was? Bovendien was ze van plan geweest om haar wekelijkse bestelling door te bellen naar de kruidenier, de Self Help, anders werd het misschien te laat voor de loopjongen om die nog te bezorgen. We hadden onze klandizie van de Star Stores overgebracht naar de Self Help toen de zoon van een van onze buren uit Eden Street er bedrijfsleider werd. Omdat ons gezin al heel wat jaren in Oamaru woonde, was er een vast netwerk ontstaan van favoriete winkeliers, postbeambten en taxichauffeurs en veel van hen waren 'jongens' die er samen met Myrtle en mij over gedroomd hadden om het 'te gaan maken' in Hollywood. Van een paar van de jongens met wie we samen hadden gedagdroomd, restten nu alleen nog beenderen in de westelijke Sahara, op Kreta of in Italië.

Onze picknick was al te snel weer afgelopen. Moeder kwam moeizaam overeind, buiten adem van de inspanning, en samen liepen we het pad op naar huis. Nu al werd de vlakte niet meer door de zon beschenen en begon het donker te worden op het pad – het werd daar eerder donker doordat er dennenbomen stonden – en toen waren we alweer daar waar de ijzige heuvel zich over het huis boog en het in zijn greep van eeuwigdurende winter hield.

Toen ik twee dagen later de sneltrein naar het noorden in stapte, wist ik dat ik moeder niet terug zou zien en in een verbitterde opwelling zei ik: 'Ik kom nooit meer terug naar Willowglen.'

Mijn woorden deden pijn, maar dat had ik van te voren geweten. Ik nam afscheid en de trein reed zijn vertrouwde traject, en zelfs toen hij inzette: *Kaitangata, Kaitangata, Kaitangata, Winton, Winton, Winton, Kakanui, Kakanui, Kakanui,* wist ik dat het geen zin had iets te ontvluchten, of het nu familie was of de vrieskou of een landstreek. De vluchtpoging werd verhinderd doordat ik als dochter van een spoorwegemployé moest accepteren dat ik elke centimeter spoorrail in het land bezat én toebehoorde: een ijzeren band van wederzijds bezit: een stalen band

van bezit die ons verbond. Toen we de Canterbury-vlakte door-
kruisten, dreunde de trein een nieuw woord: *Willowglen, Willowglen, Willowglen.*

23

Een sterfgeval

Willowglen mag dan het paradijs van bladeren, aarde, donker water en moerassen vol gras met de felgroene kleur van gevaar zijn geweest, maar Auckland was nog altijd het paradijs van licht, vol met kolkende rookachtige wolken, alsof er een vulkaan schuilging in de hemel die in een andere, onzichtbare wereld tot uitbarsting kwam. De tuin van Frank stond boordevol lente-aanplant – voor het raam van de hut groeiden hoge maïsstengels en langs de oostkant van het huis stonden paprikaplanten met hun glanzend groene bladeren. Hij zaaide Russisch Rode tomaten, en liet me het plaatje zien dat op de lege zaadverpakking stond.

'Dit jaar kweek ik vleestomaten en Russische Roden.'

Er stond ook een kleine pawpaw-boom vlak bij de hut die met de grootste zorg werd omringd. Hij hoopte dat hij op een dag pawpaws zou voortbrengen. Barbara en Maurice Duggan, vertelde hij, hadden een pawpaw gekweekt. 'Misschien wel de enige in het land.'

Zijn verwondering was grenzeloos; zijn ogen glansden als hij het over de pawpaw had (ik had bijna gezegd 'zijn ogen straalden', maar het licht in zijn ogen was niet als het regelmatige stralen van planeten, maar een gebroken licht dat door mist, vochtigheid of gewoon door tranen heen scheen).

'Hoe staat het met je manuscript?' vroeg hij. 'Heb je het al naar Pegasus gestuurd?'

Toen Denis Glover bij Caxton Press wegging, had hij blijkbaar een stuk of wat van mijn verhalen en gedichten aan Albion Wright van Pegasus gegeven, die ze terugstuurde naar mij. Ik verbrandde ze meteen. Tussen die papieren zat een brief van John Forrest aan Denis Glover, waarin hij uitlegde dat er voor mij geen kans op herstel was ('als ik aan jou denk, denk ik aan Van Gogh, aan Hugo Wolf...'). Frank legde uit dat Pegasus veel van het werk van Caxton Press had overgenomen.

Ik wist dat ik na de koele ontvangst van mijn verhaal 'Een elektrische deken', Frank niets meer van het boek kon laten zien. Ik las hem voor de vorm wel een paar regels voor uit het begin, die Frank zo mooi vond dat hij voorstelde dat ik die als gedicht zou toesturen aan John Lehmann van het *London Magazine*. Om het nog interessanter te maken (we hadden het gehad over de Australische pastiche *Boze pinguïns en Ern Malley*), stelde Frank voor dat ik wat gedichten bij elkaar zou zoeken, die hij dan naar John Lehmann zou sturen. Hij had een pseudoniem voor me bedacht – Sante Cruz – en zei plechtig, alsof ik dat niet wist: 'Dat betekent Heilige en Kruis.' In zijn brief aan John Lehmann schreef hij dat ik een vrouw was die pas van een eilandengroep in de Stille Zuidzee in Auckland was aangekomen en dat hij onder de indruk was van mijn werk. Er werd vriendelijk op gereageerd. De gedichten waren verfrissend en nieuw, zei John Lehmann; hij hoopte dat ik hem wat meer van mijn werk wilde toesturen als mijn Engels wat beter was.

In de tussentijd hielp Frank me bij het verpakken van het manuscript, en in zijn zorgzaamheid ging hij zo ver dat hij erop stond met me mee te lopen naar het postkantoor om erop toe te zien dat de beambte het correct frankeerde en in de postzak wierp.

Twee weken later hoorde ik dat Pegasus Press mijn boek had geaccepteerd. Ze hadden een contract ter ondertekening meegestuurd. Ik was verbouwereerd, gevleid en angstig, en omdat Frank alles wist over schrijven, uitgeven en wat daar zoal bij hoorde, zei hij: 'Dat moeten we vieren.' Hij gaf meer uit dan hij zich kon veroorloven aan een fles Vat 69-whisky die we die avond opdronken.

De zomer kwam te vroeg. Het was dag en nacht heet. Ik sliep met de deur van de hut open en had mousseline voor de ingang en het raam bij mijn bed gehangen om de muskieten uit het mangrovemoeras en het Pupuke-meer buiten te houden. Nu mijn boek af was en ik weer in de gewone, feitelijke wereld was teruggeworpen, werd ik rusteloos en kon door de warmte niet werken. Ik schreef gedichten en wat verhalen. 's Avonds speelde ik een partijtje schaak of luisterde weer naar de anekdotes en gesprekken van Frank en zijn vrienden, of bespraken we de boeken die we aan het lezen waren, maar we wisten allebei dat er een subtiele verandering in de emotionele balans was opgetreden, dat we niet meer hetzelfde pad bewandelden, dat de wittebroodsweken voorbij waren. Ik besefte dat het gauw tijd zou zijn om te vertrekken, wat ik niet wilde. Begin, midden, eind – hoe vaak hadden we niet gepraat over het proces van het schrijven, hoe elk stadium pijnloos en onopvallend onder woorden kon worden gebracht.

Toen kwamen op een dag in begin december mijn zus en haar man me onverwacht opzoeken. Het was ochtend, tijd om te werken. Ik hoorde dat Frank ze naar de hut stuurde.

June verscheen in de deuropening.

'Ik kom je vertellen dat moeder is gestorven', zei ze. 'Ze kreeg om zes uur vanochtend een beroerte en is om halfelf overleden. Bruddie belde op om het Wilson en mij te vertellen.'

Ik probeerde zo min mogelijk emotie te laten blijken en zei: 'Ze was afgeleefd en klaar voor de dood.'

Bij de dood van Myrtle en Isabel hadden we elkaar omhelsd en gehuild, maar dat was al zo lang geleden, en ik was nu al zo veel jaar op mezelf aangewezen, alleen met mijn gevoelens.

'Ze heeft een vreselijk leven gehad', zei ik.

Dat vond June ook. Zij gingen niet naar de begrafenis, zei ze. Ze vroeg of ik zoals gebruikelijk het weekend bij hen kwam.

'Nee, ik denk het niet', zei ik.

'Maar zien we je binnenkort wel weer?'

'Ja.'

'Ze wilden jou met het nieuws niet van streek maken, daarom hebben ze ons gevraagd het je te vertellen.'

De mengeling van verdriet en opluchting over moeders dood werd versterkt en aangescherpt door mijn vertrouwde gevoel van boosheid en depressiviteit dat ik behandeld werd als het 'kwetsbare, gekke' gezinslid dat afgeschermd moest worden tegen onaangenaam nieuws. De goedbedoelde consideratie van mijn familie leidde ertoe dat mijn afgescheidenheid van hen werd benadrukt en vergroot. Ik was er jaloers op dat mijn zuster eerst van haar dood op de hoogte was gesteld, bijna alsof het een kostbaar geschenk was dat eerst aan haar was gegeven om dan, gebruikt en bezoedeld, tweedehands, aan mij te worden doorgegeven. Het was deels alsof de oude rivaliteit uit onze jeugd weer ontwaakte, waarbij we alles als eerste wilden weten, zien; de eerste wilden zijn om een gekoesterd geheim te verwelkomen; maar eigenlijk was de rivaliteit niet opnieuw ontwaakt, zij had nooit de ogen gesloten!

Ik vertelde het nieuws aan Frank.

'Nou en?' zei hij met enige verbittering over zijn eigen familie. 'Ouders kunnen maar beter dood zijn.'

Dapper stemde ik daarmee in.

Ik heb die nacht in de beslotenheid van mijn hut gehuild, maar toen ik de volgende morgen werd geconfronteerd met Franks minachtende verwijten over 'al dat gesnotter', legde ik uit dat ik huilde om het leven dat moeder had geleid, niet om haar dood. Ik betreurde het dat het leven van onze ouders vrijwel geheel had bestaan uit ons voeden, kleden en onderdak geven, zodat we weinig gelegenheid hadden gehad om ze te leren kennen en met ze bevriend te raken. Mijn leven had eruit bestaan naar mijn ouders te luisteren en ze gade te slaan in een poging hun geheime code te ontcijferen; ik was altijd op zoek naar aanwijzingen. Ze waren de twee bomen die tussen ons en de wind, de zee en de sneeuw in stonden; maar dat was in onze jeugd geweest. Ik had het gevoel dat hun dood ons onbeschermd zou achterlaten, maar dat daardoor ook van alle kanten licht zou kunnen binnenvallen en we de werkelijkheid zouden leren kennen in plaats van het gerucht van de wind, de zee en de sneeuw; dat we alle zijnsmomenten zouden leren kennen.

Dat weekend bleef ik in de hut en deelde dus op zondag de maaltijd die Frank altijd voor zijn vriend Harry klaarmaakte. Harry, die in het begin heel zwijgzaam was, liet algauw zijn argwaan tegenover mij varen en begon een gesprek met me, terwijl Frank, zenuwachtiger dan gewoonlijk, overdreven met zijn handen gebaarde en wapperde en roerde, proefde, hoeveelheden afwoog, dingen pakte en uiteindelijk een zoals altijd perfecte maaltijd op tafel zette. Na het eten ging ik naar mijn hut terug en liet Frank en Harry achter om over oude en nieuwe tijden te praten. Ze kenden elkaar al zo lang dat ze in halve zinnen en losse woorden praatten, en nadat ik Harry wat beter had leren kennen, begreep ik hoezeer Frank hem waardeerde, niet alleen als regelmatig gezelschap, maar ook als bron van informatie over die 'andere' wereld van renbanen, armoedige pensions, trieste eenzame zwervers bij het gebouw van de veerboot en in Queen Street. Frank had zijn eigen leven als schrijver perfect geënsceneerd, en hij zorgde ervoor dat hij omringd werd door personages die hem nieuwtjes konden vertellen over de wereld waarin hij zelf niet meer metterdaad op onderzoek kon uitgaan, omdat de fysieke eisen van het schrijverschap inhielden dat je de hele ochtend of dag in stilte en afzondering achter je bureau zat en veel slaap nodig had.

Niemand verwachtte dat ik naar mijn moeders begrafenis zou gaan; ik voldeed aan die verwachting door te denken dat ik het niet aan zou kunnen. In plaats daarvan vroeg ik mijn vader de rouwbrieven en -telegrammen naar mij door te sturen zodat ik ze kon beantwoorden. Daarna bezong en betreurde ik moeder in een paar gedichten. Het ritme ervan klopt niet helemaal, maar ze geven een beter inzicht in wat er in me omging.

Verbrand de vuile kleren waarin ze stierf,
de smerige sokken, de smoezelige jurk,
het (heilige) onderhemd vol heiligdagen
dat ze droeg toen ze overvallen werd
door een trieste ochtendlijke verrassing.

Hang haar mantelpakje op een kleerhanger
aan de waslijn waar de wind
de flarden van zieke rampspoed
kan verwaaien naar de bomen of de stad.
Leg de lakens van haar doodsbed op de bleek,
zodat dauw en zon ze kunnen reinigen.

Ik vind dat alleen vuur en lucht
mild en barmhartig zijn, dus schenk
daaraan je laatste rest verdriet
en niet aan de aarde en het water die
haar lichaam begroeven en haar
verdronken in een overdaad aan tranen.

En een ander gedicht –

Wier heengaan nooit het eigen moment kan doden, uit
   haar hart
de kleine, felle fret van de tijd niet kan verdrijven,
die nooit meer zal lopen, haar logge lijf in wijde kleren,
zonnebloemhoed; of in zevenmijlsschoenen
door moeras, koeiendrek en sneeuwgras achter haar
   voortvluchtige
Godskonijn zal aanrennen, zijn overbevolkte hol verborgen
   voor de havik
onder een veld vol stenen en distels, lelies en varens.

Ook al kan mijn beitel van zout haar steen niet klieven
of herscheppen,
en mijn tranen niet maken dat de distelpluis sneller vliegt
   of zeggen
hoelang de reistijd is, ook al ranselt de nacht haar lelies,
haar blauwe zonsopgang boven het moeras, haar sidde-
   rende Goden
planten zich voort in het donker, laat toch de opgejaagde
   haviken
neerstrijken op haar bed van varens, slaap gerust.

Wat had ik anders kunnen schrijven met het voorbeeld van
George Barker: 'Zo dichtbij, zo dierbaar en geliefd, en zo veraf',
en 'Na de begrafenis balkt een muildier, zingt een lofzang' van
Dylan Thomas?
   Mijn grootste zorg was toen de gecomprimeerde beeldspraak
en het gebruik van algemene termen – liefde, dood, barmhartig-
heid, hart – die als kleine projectielen in het gedicht zijn geplaatst. Wanneer ze door het gevoel worden aangeraakt, spatten
ze in machteloze brokstukken uiteen, waardoor aan het einde
van het gedicht het gevoel vernietigd of verspreid is en er niets

van achterblijft. De gecomprimeerde beeldspraak heeft ook het effect van een reis per straaljager – je ziet niets van het landschap beneden je en wordt er dus niet door beïnvloed, en als je op je bestemming aankomt – of bij het einde van het gedicht – ben je afgezien van de vermoeienissen van het reizen net zo fris als toen je op weg ging, en het gedicht zou net zo goed niets, een schaduw, kunnen zijn geweest.

Ik had mijn best gedaan toen ik de gedichten schreef, maar ik wist dat ze niet 'goed' waren. Veel van mijn gevoelens (die ik beter had kunnen gebruiken om de gedichten krachtiger te maken) investeerde ik in de hoop dat ze goed waren, terwijl ik wist dat ze dat niet waren – alsof je je in een droom aan een ijsje verlustigt.

Ik schreef nog een gedicht over moeders dood: 'Hun ogen bepleiten het licht dat hen bedriegt' dat ik aan Karl Stead voorlas, en hoewel hij jaren jonger was dan ik en minder poëzie had geschreven, was zijn oordeel en gevoel voor wat juist was scherper ontwikkeld dan het mijne. Hij luisterde en zei niet veel, maar toen hij met gefronst voorhoofd herhaalde: 'De zon is dus de raadsman van de dood', wist ik dat het gedicht een mislukking was, en had ik, als iemand die betrapt wordt op wangedrag van een gedicht, de neiging om te zeggen: 'O, maar dat kan ik allemaal uitleggen.'

Dat kon ik ook. Het beeld werd uitgewerkt, maar overtuigde niet.

Hun ogen bepleiten het licht dat hen bedriegt
alsof er niets achter staat geschreven, binnen, zichzelf –
rond het onheil of vuur cirkelt de litigant,
betwist hun het leven, door verval beloond;
want nu de smart onpeilbaar is, tuurt de familie
het strand af, onderzoekt mijn moeders lichaam,

speurt door kijkers van angst en verdriet
boven de kust naar haar hiëroglief,
waar de ijverigste raadsman van de dood, de decemberzon,
in haar drieënzestigste jaar vroeg is ontwaakt
om haar duistere werk te doen, en haar huid heeft
laten tekenen als met dorre cijnzen zonder tal
huid die op haar botten rust, op uitgemergeld en verteerd
gebeente, misleid, sprakeloos, tot op de smaakrand
van haar stilstaand bloed – wie had dit kunnen voorzien?

Ik was erg getroffen door het feit dat moeder 's ochtends was gestorven, in werktijd, dat ze vroeg wakker was geworden (en niet
'de ogen opsloeg'), naar de keuken ging om het vuur op te stoken
en toen pa haar halfbewusteloos aantrof, tegen hem had gefluis-
terd: 'Ik had even een kop thee willen zetten...' Dat waren haar
laatste woorden; ze is niet meer bij bewustzijn gekomen. Als
een uitspraak over haar leven kunnen deze woorden, zonder cy-
nisme, beschouwd worden als haar beste literaire poging.
    Mijn gevoel verraden te zijn omdat Frank geen medeleven had
betoond toen moeder stierf, smolt weg toen ik hem tegen Kathleen, onze buurvrouw, hoorde zeggen: 'De dood van een moeder
is het zwaarst te dragen. Janet maakt een moeilijke tijd door.'
Ook Frank had gevoelens die hij liever voor zich hield!

24

De zijderupsen

Als de zomer voorbij is en het wat koeler wordt (een droom: in de koelte van de avond) zal ik weer aan een roman beginnen, dacht ik. Nu ik uit mijn fictionele wereld tevoorschijn ben gekomen, zie ik dat mijn verblijf in de hut meer van Franks tijd, energie en gevoelens vergde dan hij zal hebben gedacht, want ik was niet zijn enige *protégee* (in beide betekenissen van het woord), en hij moest ons allemaal (Harry, Jack, oude Jim, de buurman, twee bejaarde tantes van Frank, van wie er een blind was, en die vlakbij het strand in een oud huis met een puntdak woonden dat vol stond met chique donkere meubels) bezoeken, aanhoren en troosten, en de armeren onder ons kregen groenten uit de tuin, of een biljet van tien shilling of een pond. Het bezoek aan zijn tantes vormde de grootste aanslag op Franks energie, want ze hadden een uiterst kritische scherpe tong waar hij geduldig en rustig onder moest blijven. Als hij terugkwam van een bezoek aan hen, zei hij altijd op verbaasde toon: 'Die dikke tantes van me, die kolossale tantes van me.' Het waren inderdaad kolossale tantes die zo omvangrijk waren dat je ze niet anders kon voorstellen. Ik geloof dat het zusters van Franks moeder waren en ik denk dat ze net als het verleden, zijn verleden, niet in staat waren te verdwijnen: het waren geen sneeuwvrouwen; ze kenden geen seizoen of tijd, en toen de zieke blinde tante bedlegerig werd en ik haar op een keer samen met Frank bezocht, leek ze niet kleiner van postuur door haar blindheid of haar ziekte, maar alleen door de hoge eikenhouten boekenkast die boven het bed uittorende.

De hitte van de zomer hield aan. Frank begon te vertellen over de 'gouden tijd' van zijn jeugd toen hij zijderupsen hield. Het was een zomer geweest om nooit te vergeten, zoals 'Die zomer' in zijn korte volmaakte roman. Op een dag wandelde ik door de Karangahape Road (een van de 'verworvenheden' van Auckland, net als Rangitoto) toen ik plotseling zijderupsen in de etalage van een dierenwinkel zag. Ik kocht er zes, pakte ze 's avonds een beetje nerveus uit en zette ze op het werkblad. De overgevoeligheid tussen Frank en mij was nu zo groot dat iedere beweging doordacht moest zijn uit angst elkaar te kwetsen of een geestestoestand te suggereren die de ander niet kon verdragen. Ik had Frank bijna zien huilen boven zijn ansichtkaarten van de Europese reis uit zijn jeugd; ik had het gevoel dat de gouden tijd met zijn oom en de zijderupsen alleen aan hem toebehoorde en ik wilde niet dat hij dacht dat ik, omdat ik naar zijn voortdurend opgehaalde herinneringen aan jeugdig geluk had geluisterd, een poging deed hem een replica van het verleden te geven. Ik deed achteloos over de zijderupsen. Hij was verrukt, met een spontane en niet op herinneringen berustende verrukking. Zelf zag hij de zijderupsen als een middel om míjn aandacht in beslag te nemen, en we maakten plannen voor mijn volgende 'stap', die er volgens Frank uit moest bestaan dat ik 'naar het buitenland' ging om 'mijn ervaring te verruimen', en we realiseerden ons allebei dat dit een vriendelijke manier was om te zeggen dat ik 'maar beter uit Nieuw-Zeeland weg kon gaan voordat iemand besloot dat ik in een inrichting thuishoorde'. We wisten allebei dat er in een conformistische maatschappij een verrassend aantal 'beslissende factoren' van toepassing is op het leven en lot van anderen. Frank stelde zelfs voor om door een verstandshuwelijk mijn naaste familielid te worden, wat ik toen beledigend vond en waar hij op terugkwam nadat hij er een nachtje over had geslapen.

We hielden ons intensief met de zijderupsen bezig. Ik stroopte heel Takapuna af tot ik in een ouderwetse tuin met uitzicht op het strand en *pohutukawa*-bomen, een moerbeiboom vond met bladeren die we onze 'protégés' te eten konden geven. De eigenaar was zo vriendelijk me een voorraad bladeren mee te geven. Frank nam uit Hannahs schoenenwinkel een schoenendoos mee naar huis, maakte er een nestje van moerbeibladeren in en legde daar voorzichtig de zijderupsen in. Ze begonnen meteen te eten. Overdag zetten we de doos op het werkblad bij de boekenkast en 's avonds nam ik de doos mee naar de hut en zette hem op mijn schrijftafel. We wisten dat de zijderupsen aten of hun leven ervan afhing. 's Nachts als het stil was en ik in bed lag, hoorde ik een geluid dat klonk of er minuscule bladzijden in een minuscule bibliotheek werden omgeslagen, een geluid dat ik sinds die tijd alleen, zij het wat versterkt, heb gehoord in de bibliotheek van het British Museum, waar de lezers gestadig bladzij na dierbare bladzij van hun uitverkoren boek consumeerden. Het consumeren van de zijderupsen was letterlijk, en het geluid van hun gestadige gekauw en gemaal was dag en nacht onafgebroken hoorbaar, ook al werd er overdag niet naar geluisterd, totdat die fase van hun leven afgelopen was: een maaltijd die een leven lang duurt. Frank legde uit wat er daarna zou gebeuren en we keken toe hoe de zijderupsen aan hun volgende levensfase begonnen en met hun kopjes een rondzwaaiende beweging maakten waarbij er een soort gouden spinrag uit hun bek kwam. Frank had ze elk op een reepje karton gezet, dat ze als ankerplaats gebruikten terwijl ze zichzelf en het karton insponnen in een gouden cocon. Toen binnenin alles stil werd, sneed Frank de zijde voorzichtig open, haalde de naakte poppen eruit en stopte ze in een nestje van watten – het gebruikelijke ingrijpen dat berust op de overtuiging dat wij de wereld, haar schepselen en voortbrengselen bezitten. De kronkelige zijde hing aan de muur bij het raam van dezelfde kamer waar Ivan Iljitsj en de oude prins waren gestorven en Pierre Napoleon had gezien, en waar de eik in knop stond of zijn bladeren liet vallen en de muziek van Mozart en Beethoven werd gespeeld: een gouden kamer die rijk was aan sfeer.

Na verloop van tijd veranderden de poppen in hun behaaglijke watten in vlinders waarvan de mannetjes en vrouwtjes elkaar tijdens hun allereerste levensmoment opzochten, waarna het mannetje op het vrouwtje ging zitten voor de paringsdaad die net als het eten en spinnen een hele dag en nacht duurde, tot de mannetjes verstijfd neervielen en een voor een doodgingen. De vrouwtjes werden weer van het nodige voorzien en legden keurige kleine rijen witte eitjes op het kartonnetje, die op braillepunten of borduursteken leken; daarna gingen zij ook dood. Tijdens alle ontwikkelingsfasen van de zijderupsen herhaalde Frank zijn handelingen van jaren geleden en gaf er uitleg over en beschreef wat er zou gebeuren. De stukjes karton waarop de zijderupsen zich hadden omgeven met hun eigen verleden, heden en toekomst, legde hij in de schoenendoos, die hij ging begraven en als een geïmproviseerde doodskist in de aarde liet zakken.

'Dat is de cyclus', zei hij, en zijn woorden en blik omvatten andere verwijzingen, naar andere soorten.

'Van de winter blijven ze daar en als het warmer wordt, graaf ik ze op. Dan komen ze uit en begint de cyclus opnieuw.'

De volmaaktheid, de perfectie en het vrijwel onvernietigbare van de cyclus ontging ons niet.

Die avond brachten we als goden met een fles Vat 69 een dronk uit op de levens die geheel gewijd waren aan eten, spinnen en paren.

De volgende dag stelden we een brief op voor het Fonds voor de Letteren, waarin ik een reisbeurs aanvroeg omdat ik 'naar het buitenland wilde reizen om mijn ervaring te verruimen'. Nu kon ik de uitnodiging aannemen van een van Franks vriendinnen, Paula Lincoln, die bekendstond als P.T. Lincoln of Paul en me had gevraagd of ik in afwachting van de beslissing op mijn aanvraag in haar strandhuis in Mount Maunganui wilde komen logeren.

25

Juffrouw Lincoln, Beatrix Potter en Dr. Donne

Ik had Paula Lincoln al een keer ontmoet toen ze bij Frank op bezoek was en in mijn herinnering was ze een kleine vrouw met grijs haar die met een door tranen verstikte stem praatte over hoe haar lichaam was 'veranderd' en dat ze beroofd was van haar gemoedsrust. Ze was overstuur geweest die middag. Ik had gezien hoe Frank een beetje bij haar uit de buurt ging, want hij had een hekel aan het tentoonspreiden van gevoelens en probeerde te ontkomen aan de fontein van onverklaarbare misère waarvan zij het middelpunt, het standbeeld was, dat alles over zich heen kreeg.

Als ze daar nu maar niet steeds weer over begon, dacht ik.

Ik vermoedde dat haar verleden en dat van Frank in haar gevoel met elkaar verbonden waren. Ik heb het raadselachtige van de middag nooit kunnen verklaren. Toen ze weg was, zei Frank zacht en bedroefd, zonder nadere toelichting: 'Arme vrouw. Ze was over haar toeren. Ze is altijd over haar toeren als ze hier komt. Ze heeft je trouwens uitgenodigd om in de Mount te komen logeren als je eens behoefte aan vakantie hebt. Arme vrouw. Ik ben erg dol op haar.'

Hij liet me een foto zien van een jonge Frank met drie leeftijdsgenoten. Een van hen was een kleine, knappe donkerharige vrouw. 'Dat is Paul.'

Hij vertelde het een en ander over haar leven, dat ze op een beroemde meisjeskostschool had gezeten, zich had losgemaakt van haar 'chique' familie door op haar dertigste naar Nieuw-Zeeland te gaan, als fysiotherapeute had gewerkt en zich tijdens de oorlog voor de pacifistenvereniging had ingezet; dat ze snel te interesseren was voor liefdadige projecten, hoe ze elkaar ontmoet hadden, dat ze belangstelling kreeg voor schrijven, dat een inkomen uit een kleine erfenis haar de vrijheid gaf om te schrijven, maar dat ze pas een paar verhalen had geschreven. Ze had Frank aan geld geholpen om zijn huis te bouwen en was bijgesprongen om zijn eerste boek uit te geven.

Ik zei dat ik me haar verhaal herinnerde uit *Spreken voor onszelf*.

'Ze is een fantastisch mens', zei Frank. 'En ze is lesbisch, weet je.'

Zelfs nu ik meer wist over de verschillende seksuele voorkeuren, wist ik niets over de betekenis en implicaties van het lesbisch zijn, en toen Frank het me uitlegde, merkte ik dat ik het net als koningin Victoria niet kon geloven!

Ik ging met de trein naar Mount Maunganui. De reis nam bijna de hele dag in beslag en dat was toen maar een van de treintrajecten die zo lang waren en zozeer deel uitmaakten van de omringende natuur – van de bush, watervallen, varens, natte klei: één glinsterende wereld van nattigheid – dat het hart van het land de wagon binnendrong en er een eenzaam en vervreemd gevoel ontstond alsof je op een privé-ontdekkingsreis was. Er waren maar weinig passagiers, van wie sommigen lagen te slapen op de banken en anderen zoals ik alleen op een tweepersoonsbank zaten, geheel ten prooi aan de onherbergzame wereld buiten. Eén keer moest de trein stoppen omdat door een aardverschuiving een wal van klei de spoorrails versperde. De machinist, de stoker en een hele ploeg spoorwegarbeiders waren met schoppen bezig de rails vrij te maken, terwijl de passagiers stil verzonken zaten in de groene droom. Toen de trein eindelijk weer in beweging kwam en knarsend langzaam de ene scherpe bocht na de andere scherpe bocht nam in een landschap waar het regenwater uit alle poriën van aarde, bast, blad en varen droop, was er – alsof je een geheim was toevertrouwd – het voorrecht te weten dat dit niet de 'hoofdlijn' was, die als vanzelfsprekend werd gezien met zijn onderbrekingen voor verfrissingen en zijn steden onderweg, maar een 'zijlijn', met al zijn geheimzinnigheid, verwaarlozing en vage sfeer van verbanning die alle zijlijnen kenmerkt, zelfs die in dromen, denken en geschiedenis.

Eindelijk stopte de trein in Tauranga en hoewel hij doorreed over de landengte richting Mount Maunganui, had Paula Lincoln voorgesteld me in Tauranga af te halen, zodat we samen de avondpont naar de overkant van de haven konden nemen. Het was al donker en er stond een winterse volle maan. Paula Lincoln stond op het perron te wachten en had precies dezelfde kleren aan als toen ze bij Frank op bezoek was: een grijze broek met een witkatoenen blouse die wat op een schoolblouse leek, een grijs vest en een gabardine regenjas. Ze droeg zwarte 'sportieve' winterschoenen met veters. Ze was enthousiast en een beetje gespannen, en sprak Engels met een accent dat wij 'Oxfords' noemden en dat je hoort spreken door leraren, artsen en leden van het koninklijk huis, waardoor je het associeert met autoriteit – licht berispend. In de stem van P.T.L. klonk iets verdedigends door, als een constant aanwezig: 'Het is nu eenmaal zo en daar valt niets aan te doen.'

We liepen van het station naar de pier en juffrouw Lincoln keek opgewekt en werd nu niet overspoeld door een fontein van misère, maar door een fijne nevel van maanlicht; plotseling was de bewolkte hemel opgeklaard en straalde het maanlicht over de haven. Zelfs de zijderupsen hadden tegelijk met hun moerbeibladeren tijd geconsumeerd: de koude van de nacht was die van mei, winters en kil.

We gingen aan boord van de pont en toen we door de uitgestrekte haven voeren, liet juffrouw Lincoln haar hand over de rand hangen om het water aan te raken en zei zacht: 'Vloeibare stukjes licht.'

'Zo beschreef Greville het', zei ze. 'Heeft Frank het met je over Greville Texidor gehad? Ken je haar verhalen?'

Ik vertelde dat ik *Die donkere glazen*, de verhalenbundel van Greville kende. Ik was onder de indruk en een beetje gedeprimeerd geraakt door de zelfverzekerde toon en het raffinement ervan. Frank had ook het een en ander over Greville verteld en me een korte beschrijving van haar leven gegeven waarmee hij al zijn verhalen over vrienden en kennissen doorspekte, en waarbij hij altijd zijn verbazing uitte over aard, talent of ervaringen die ieder van hen als een duizelingwekkende verlokking bezat: het bijzondere van Greville was dat ze ooit getrouwd was geweest met een slangenmens en de hele wereld met hem had afgereisd 'toen ze nog heel jong was'. Frank had ook bewondering voor haar werk, maar het was 'haar levenservaring' die hem het meest boeide: waar ze geweest was, wat ze geweest was, wat ze had gezien en gedaan – met haar man, het slangenmens!

Terwijl de pont de Mount naderde, vertelde juffrouw Lincoln over Greville en over Frank in zijn jonge jaren met zijn vrienden. Toen zwegen we en genoten van het maanlicht. Toen de pont aanlegde bij de pier, zei juffrouw Lincoln: 'Ik vind het heerlijk om met iemand samen te zijn met wie ik niet steeds hoef te praten.'

'O, ik ook', zei ik met het enthousiasme van een nieuwe goede vriendin. Frank had me verteld dat Paula mensen niet zo snel 'mocht'. 'Jou vindt ze vast wel aardig', zei hij. 'Jullie zullen elkaar goeddoen.'

Frank schreef soms mensen voor alsof het medicijnen waren en hij de verantwoordelijke arts was. Hij schreef zichzelf ook wel eens wat voor. En hij vond het niet alleen leuk om op zondag eten te maken voor Harry en hem aan te horen wanneer hij vertelde over zíjn wereld die uit paardenraces bestond; of te luisteren naar Jacks tegenspoed en zijn hoopvolle verwachtingen, en te zorgen voor Jim de buurman – Frank beschouwde dat ook als 'goed voor hem'. Ik vroeg me af wat er zou gebeuren als juffrouw Lincoln me niet zou 'mogen' of als het, in haar taalgebruik waarin nogal wat woorden uit schoolverhalen en Somerset Maugham waren opgenomen, tussen ons niet 'klikte'.

'Iedereen noemt me Paul', zei ze toen we naar de strandweg liepen. 'Ik werd al Paul genoemd toen ik nog op school zat.' (Ik had van tijd tot tijd 'juffrouw Lincoln' gemompeld.)

'Goed...' zei ik.

Mount Maunganui leek een zanderige nederzetting in zee, met de zee als enige horizon, en toen we langs het rijtje strandwinkels waren gelopen waar juffrouw Lincoln stopte om brood en fruit te kopen, kwamen we ineens bij de Ocean Beach Road.

Om de kaap verscheen plotsklaps de zee
En de maan keek over de bergrand heen

citeerden we tegelijk.

'Daar denk ik elke keer aan', zei juffrouw Lincoln opgewonden met haar speerscherpe Oxford-accent.

'Ik ben dol op "De begrafenis van een taalkundige" ', zei ik, op zoek naar andere methoden om het 'klikmechanisme' te bedienen.

'Dat verband zie ik even niet', zei juffrouw Lincoln.

Het strand was woest en eenzaam, één lange uitgestrekte branding die maar aanrolde, terwijl de maan in Tauranga aan de overkant van de haven bleef, maar ons toch volgde, op ons neerkeek met zijn zweem van schaduwrijke pieken en een pad ontsloot dat over open zee naar Ocean Beach Road voerde. Juffrouw Lincoln wees op een donkere vorm die nu de horizon deelde met de zee.

'Dat is het eiland Matakana, dat is helemaal begroeid met dennenbomen; het andere heet Rabbit Island.'

Ze wees links achter ons.

'Dat is de Mount.'

Ik was er inmiddels aan gewend dat mensen van het Noordereiland heuvels als bergen betitelden.

'En aan het einde van Ocean Beach Road kun je om de hoek White Island zien liggen, waar op het moment een vulkanische uitbarsting is.'

Ik keek intelligent de kant uit waar je White Island zou moeten kunnen zien.

We kwamen bij een klein witgekalkt strandhuis dat me meteen deed denken aan de pastorie van Haworth. Het huis en de winterse oceaan werden alleen van elkaar gescheiden door de grindweg en de duinen. Het eerste stuk bestond uit een zandvlakte waar een paar grijsbladerige dwergplanten wegleunden van de wind in de richting van het huis.

Binnengekomen nam juffrouw Lincoln me mee naar een kamer met wanden vol boeken, een groot doorgezakt bed in het midden en zand op de houten vloer. Het was er koud en kaal. De vergrendeling van het raam zag eruit alsof zij vastgeroest was. De openslaande ramen leken wel bevroren door het donker dat zich erachter uitstrekte, want de maan, die ons tot aan huis was gevolgd, had zich teruggetrokken en had aardedonker achtergelaten, afgezien van wat lichtflitsen die werden veroorzaakt door de brekende golven.

'Ik heb al *pipi's* gezocht', zei juffrouw Lincoln. 'Voor een feestelijke maaltijd.'

Alle ingrediënten waren aanwezig die ooit nauwgezet door Frank Sargeson waren beschreven in zijn boek *Het dak op en weer omlaag*, toen hij en de vrouw die hij aanduidde met K. (juffrouw Lincoln) samen hadden gegeten hier in Mount Maunganui. En toen juffrouw Lincoln bezig was het eten klaar te maken en water bij de rijst goot, citeerde ze woordelijk uit Franks beschrijving: 'O god, als het maar niet te veel is.' Die passage uit Franks beschrijving was ontegenzeggelijk van haar en verheerlijkt pronkte ze met de scène waar zij en Frank het toneel hadden gedeeld.

Ze maakte een fles wijn open. 'De lievelingswijn van Keats', zei ze. 'Je gaat vast zijn huis in Londen bekijken hè, als je die reisbeurs krijgt?'

Ik kreeg het gevoel dat ik werd voortgestuwd door de wensen van anderen, maar dat was in mijn leven niet ongebruikelijk. De opwelling waarin ik de beurs had aangevraagd, joeg me nu al angst aan: ik wilde helemaal nergens naartoe... maar waar zou ik me kunnen vestigen? Ik wist dat het tijd werd om weg te gaan uit Esmonde Road, maar er was geen kans op dat ik zelf een huisje zou krijgen of voldoende geld voor de eerste levensbehoeften zou hebben, want als ik daarvoor zou aankloppen bij het Fonds voor de Letteren, werd de aanvraag vast en zeker afgewezen. De toverspreuk luidde 'ervaring verruimen in het buitenland'.

'Ik neem aan dat je allerlei plannen hebt voor het buitenland?'

'Ach', en ik geneerde me voor mijn eenvoudige verlangens, ingegeven door een sonnet van Wordsworth:

Vraag van de vorstelijke Heilige geen loze uitgaven,
Of misplaatste zaken van de Architect die
(ofschoon hij alleen zijn werk deed voor een kleine groep in
    het wit gehulde Geleerden) dit immense
en glorieuze werk van groot vernuft bedacht!

Ik droomde ervan King's College Chapel in Cambridge te zien. Ik wilde rondzwerven door het landschap van de Geleerde Zigeuner, en dat uit de romans van Hardy; en in het land van Shakespeare wilde ik 'de plek waar de wilde tijm bloeit' zien, en in Kew Gardens tussen de seringenbomen wandelen! – allemaal weinig modieuze dromen in die nieuwe tijd van *Spreken voor onszelf*. Ook wilde ik graag door de *Euganeïsche heuvels* zwerven:

Vele wensen die het groene eiland kende
Liggen in de diepe weidse zee van Ellende
Of besloten in de zeeman, afgeleefd en bleek
die zo niet verder reizen kon
Dag en nacht, nacht en dag...

en ook de zee zien uit:

De blauwe Middellandse Zee uit zijn zomerdromen
Deed ontwaken, zoals hij daar lag,
In slaap gesust door het kronkelen van zijn kristallijnen stromen

Deze romantische voorstellingen van het platteland en geestelijke afzondering werden in balans gehouden door die van de 'donkere satanische fabrieken' en de ellende in de steden. Keer op keer had ik me laten vertellen dat wij Nieuw-Zeelanders ons geen voorstelling konden maken van de misère in steden als Londen, Parijs en Glasgow, en als ik me probeerde voor te stellen dat ik bijvoorbeeld in Londen was, stoffeerde ik mijn beelden met duisternis en armoede en verwilderd kijkende middeleeuwse types, tegen een achtergrond van hoge grijsstenen gebouwen.

'Ik heb nog niet besloten waar ik naartoe ga', zei ik.

Die avond aten we als dessert korrelige, naar aardbei smakende guaves, die achter aan een struik bij het 'huisje' groeiden, en omdat ze wist dat dit de eerste keer was dat ik guave at, keek juffrouw Lincoln gespannen hoe ik proefde en smulde van het nieuwe fruit. Toen ik mijn goedkeuring uitsprak, keek ze zo voldaan alsof ik háár had beoordeeld. Ze deed ook erg gevoelig over haar huis en bezittingen. Ik vertelde haar dat ik het heerlijk vond dat haar huis zo dicht bij de zee lag; je kreeg haast het gevoel dat het midden in zee lag, en de kamer met de boeken was ideaal.

'Ik ga lezen, lezen en nog eens lezen.'

Ik werd een beetje zenuwachtig van juffrouw Lincoln, Paul, omdat ze kort na onze kennismaking had verkondigd dat ze 'altijd eerlijk zei wat ze dacht'. Hoewel ik eerlijkheid waardeer, ben ik soms wat bang voor de scherpte, de zweem van agressie waarmee die vaak naar voren wordt gebracht.

'Ik zeg wat ik denk', herhaalde juffrouw Lincoln en haar Engelse stem klonk dominant. Ik besloot ervoor te zorgen dat ik mezelf niet tot het mikpunt van afkeuring of kritiek maakte, want meestal verkondigen mensen alleen in zo'n geval dat ze 'volkomen eerlijk' zijn.

'Heb je *De bron van eenzaamheid* van Radcliffe Hall gelezen?' vroeg ze toen ik naar mijn kamer wilde gaan. Ik had het niet gelezen en er ook nooit van gehoord. Ze zei dat ik het op de boekenplank kon vinden als ik het wilde lezen, dat het een van de eerste boeken over lesbische liefde was en dat er een schandaal was ontstaan rond de publicatie ervan.

'Je weet toch dat ik lesbisch ben?' vroeg ze.

'Ja, Frank heeft daar geloof ik wel iets over gezegd.' Ik praatte er luchtig over, want ik begreep er niets van.

Ik las het boek diezelfde avond nog met een vreemde mengeling van afkeuring en verwondering, terwijl ik me probeerde voor te stellen hoe vrouwen lichamelijk de liefde bedreven met elkaar – ik die nog nooit de liefde met wie dan ook bedreven

had! De volgende dag geloofde ik juffrouw Lincoln en had medelijden met haar toen ze vertelde dat ze een levenslange passie
koesterde voor een meisje van haar voormalige kostschool. Ze
praatte over Lily alsof ze voor haar stond en de hartstocht nog
leefde. De tranen sprongen haar in de ogen.

'Lily was zo mooi.'

Lily was haar eeuwige en enige geliefde. Er waren nog wel
andere vriendinnen geweest met wie het 'geklikt' had, maar ze
had geen liefde meer gekend zoals die tussen man en vrouw.

Ik kwam tot de conclusie dat ik Paul wel mocht, dat ze gewoon
ook een van die onbegrepen buitenbeentjes van de wereld was.
Zowel de gedachte aan mannelijke als vrouwelijke homoseksualiteit stond me tegen, maar ik begon langzamerhand de geze-
gende verschillen tussen mensen te accepteren, hoewel ik toen
niet op de hoogte was van biologische en hormonale feiten. Ik
wist toen alleen dat zulke seksuele verschillen een bedreiging
vormden en kwetsend waren voor mensen die van de andere sekse hielden.

Ik had er begrip voor dat Paul overstuur raakte wanneer ze ervaringen uit haar verleden ophaalde, dat ze terugverlangde naar
wat geweest was en wat niet, en ik wist dat ze net als alle uitge-
stotenen een dubbel zo zware strijd moest leveren om de dagelijkse aanslagen op haar gevoeligheid te overleven. Ik realiseerde
me dat ze bijna even oud was als mijn moeder was geweest – misschien twee of drie jaar jonger – en toch zaten we te praten als
twee gelijken. Meer dan door seksuele bekentenissen werden
mijn gedachten tijdens de logeerpartij hierdoor in beslag genomen. Telkens vonden we een nieuw onderwerp van gesprek – literatuur, Frank in zijn jonge jaren met zijn vrienden, de Mount,
Nieuw-Zeeland zoals een Engelse het zag, en ik dacht bij mezelf:
Waar zou moeder over gepraat hebben, als zij en ik ooit als twee
gelijken hadden kunnen praten? Moeders gedachten waren ver-

kleefd met haar gezin en zodra ze als volwaardig mens had geprobeerd te praten, vond ze tussen haar gedachten fragmentve-
zels van 'je vader', 'de kinders', 'de koeien', 'de bestelling bij de
Self Help', 'de rekening van Calder Mackay voor de dekens'... Ik
kon me niet voorstellen dat juffrouw Lincoln en moeder historische herinneringen of gedachten gemeen hadden gehad. Wanneer had moeder nu tijd gehad om een boek te lezen?

Ik kon tijdens mijn verblijf doen wat ik wilde, zei Paul. Er stond
een fiets die ik mocht gebruiken en het zanderige vlakke terrein
was daar uiterst geschikt voor. Ze wilde ook weten of ik een paar
van haar kennissen wilde ontmoeten. Zo was er Michael Hodgkins (de neef van Frances Hodgkins), die aan de andere kant van
de haven woonde, maar naar het strand kwam om te wandelen
en schelpen te zoeken. Verder de Gilberts, meneer Gilbert, een bekend schelpenkenner, en zijn vrouw Sarah, een specialiste op
het gebied van interessante mensen. Het was een intelligent gezin, 'een van de oude families', en hun dochter die in Londen
woonde, kende verscheidene dichters.

Dat maakte indruk op me.

'Het enige probleem is dat wanneer ik interessante vrienden
uitnodig naar de Mount, Sarah Gilbert de neiging heeft ze af te
pakken, zodat ze uiteindelijk eerder háár vrienden worden dan
de mijne', zei Paul op wat klaaglijke toon. In die fase van mijn leven kon ik me niet helemaal voorstellen dat sommige territoria-
le behoeften en beperkingen in de vriendschap tussen mensen
belangrijk waren. Hoe kon ik zo snel alle wanhopige noodgrepen
zijn vergeten die mensen toepassen om zich keer op keer te verzekeren van hun p(a)leisterplaats te midden van anderen? De
wanhoop van mensen in hun 'normale' omgeving was weliswaar minder zichtbaar maar niet minder intens dan onder mensen die als abnormaal worden beschouwd; en in beide gevallen
kan de wanhoop toenemen onder invloed van de omgeving!

Dit was het zanderige gure Mount Maunganui, waar tijdens de winter maar weinig mensen kwamen en waar zelfs de planten met jute moesten worden bedekt om ze te helpen overleven; met zijn eenzame zandbestoven wegen; de paar huizen waarvan de bewoners, zoals overal op eilanden en schiereilanden, wachtten op nieuws van het vasteland, op interessante bezoekers om hen te herinneren aan het voortdurende bestaan van zichzelf en de driezijdige wereld die ze van de zee mochten pachten. Ik kon me nu wel voorstellen dat het afpakken van vrienden iets was om bang voor te zijn, en als je zo een vriend kwijtraakte, was dat een bitter verlies.

Gelukkig werd de erkende zonderling van de Mount, die gewaardeerd werd om wat hij was en omdat hij de neef van een beroemd schilderes was, door iedereen gedeeld. Op een dag kwam hij naar het strandhuis en wachtte ons buiten op om gezamenlijk een wandeling langs het strand te maken. Hij was waarschijnlijk midden veertig; lang, donker, mager, zeer ongewassen en hij had felblauwe ogen die je altijd ontweken. We liepen over het strand, zochten schelpen en gingen toen terug naar huis voor een kop thee. Hij kwam wel de huiskamer binnen, maar het was duidelijk dat hij zich niet prettig voelde tussen vier muren en hij ging snel weer naar buiten waar hij de branding kon zien, en eenmaal weer thuis op het strand ontspande hij zich, deels met ons en deels met de zee en de lucht. Hij leek haast een aandenken dat zijn tante, de beroemde schilderes, had nagelaten, zoals sommige schilders een mysterieuze figuur op een doek nalaten, of een onverklaarde speling van kleur en licht die een bron van verbazing blijft.

Ik maakte ook kennis met de Gilberts, andere vrienden van juffrouw Lincoln. Meneer Gilbert zat in een hoek van de kamer bij het haardvuur een trui te breien met wol die hij zelf had verzameld, gekaard en gesponnen. Zijn vrouw Sarah serveerde thee met scones en cakejes op een plateau van meerdere verdiepingen met een handgreep eraan, en hoewel meneer Gilbert weinig zei en alleen nu en dan een geamuseerde blik wisselde met juffrouw Lincoln ('wij begrijpen elkaar', zei ze later), vertelde mevrouw Gilbert, die had gehoord dat ik een reisbeurs had aangevraagd om 'mijn ervaring te verruimen' dat haar dochter in Londen een aantal bekende dichters kende en met een van hen nauw bevriend was. Ze noemde een naam. Kende ik zijn werk? Ja, ik had een gedicht van hem gelezen in een verzamelbundel van Penguin.

Ik luisterde met ontzag, een gevoel van mislukking en een steek van afgunst naar haar, terwijl ze vertelde hoezeer haar dochter opging in het Londense literaire leven.

(En ik probeerde heimelijk mijn paniek te onderdrukken bij de gedachte aan de gebouwen, de stad zelf!)

Ze praatte maar door over haar dochter en de dichter en zei ontspannen en vol vertrouwen: 'Ze staan elkaar heel na.'

Sarah Gilbert was een sterke vrouw. Ik begreep wel hoe ze vrienden van juffrouw Gilbert had weggelokt (in de oorspronkelijke betekenis van met aas verlokken). Zelfs juffrouw Lincoln had zich laten verlokken.

'Ze komt uit een van de óúdste families', bracht ze me in herinnering. 'Zij en haar man zijn dé Gilberts.'

Mijn verblijf bij juffrouw Lincoln (ik kon niet goed 'Paul' tegen haar zeggen) werd nog heugenswaardiger door de boeken die ik las – *Alice in Wonderland*, *De avonturen van Alice in Spiegelland*, de verhalen van George Borrow, de boeken van Beatrix Potter, die ik allemaal nooit eerder had gelezen, en de *Verzamelde preken* van Dr. John Donne. 's Nachts lag ik in bed te lezen, terwijl de golven vlak bij het huis braken en de wind het zand voortjoeg over de duinen tussen ons en het strand en een laag zand achterliet in de voortuinen van Ocean Beach Road, in de dakgoten, de scheuren in de muren en het de schoorsteen injoeg. Er lag altijd een hoopje zand vlak achter de voordeur als een voorbode van een invasie, of als herinnering eraan.

En alsof ze een ouderwetse meisjeskostschool was ontvlucht, knielde juffrouw Lincoln elke dag in haar daagse witte blouse en grijze broek neer bij haar door de wind geranselde planten bij de heg en bond ze met repen jute aan *manuka*-staken vast – het juiste tenue, vond ik, voor planten die hier aan zee leefden, want juffrouw Lincoln had net als Frank een intense hekel aan 'ruches en tierelantijntjes' en dus gingen zelfs de planten naar haar smaak gekleed. Ik schaamde me altijd een beetje wanneer Frank of juffrouw Lincoln hun tirade begonnen af te steken tegen wat zij 'vrouwelijke tierelantijnen' noemden, omdat ik nog niet genezen was van mijn levenslange obsessie voor kleren die ik nooit bezeten had maar op een dag misschien zou hebben, al was het maar door het toppunt van tovenarij: de ene na de andere laag zijde ontvouwen uit een kleine bruine hazelnoot. Frank en juffrouw Lincoln deden me aan mijn vader denken met zijn: 'Waar heb je nou kleren voor nodig? Je hebt toch een schooluniform, dat is goed genoeg.'

Ondanks hun sobere kleding tooiden de planten van Mount Maunganui, van de 'pastorie van Haworth', zich trots met een bijzonder glinsterend lint van zout en regenbooglicht dat de oceaan ze verleende.

Een paar dagen voordat ik terug zou gaan naar Auckland, kwam er een telegram van Frank.

'Via via gehoord. Beurs van driehonderd pond. Gefeliciteerd.'

Mijn reis weg van Nieuw-Zeeland zou dus werkelijkheid worden. Ik was zo weinig op de hoogte van de waarde van geld dat ik niet wist of driehonderd pond, wat mij een fortuin leek, veel of weinig was en of het genoeg zou zijn voor reisgeld en onkosten, en hoe lang ik ermee toe zou kunnen.

Juffrouw Lincoln deelde in mijn opwinding over het nieuws. De avond voor mijn vertrek aten we, net als op mijn eerste avond, een feestelijke maaltijd van pipi's en rijst ('O god, ik hoop dat het niet te veel is!') met de rode wijn van Keats. Toen ik mijn koffertje aan het inpakken was, bracht juffrouw Lincoln me een keurig opgevouwen grijsflanellen broek.

'Die past je vast', zei ze. 'Neem maar mee voor op reis.'

Hij paste me inderdaad. Ik kon haar niet vertellen dat ik niet graag een broek droeg, dat ik deze met zijn slobberige pijpen lelijk vond en dat de grijze stof me te veel deed denken aan het uniform van de middelbare school.

De volgende dag reisde ik opnieuw door de woestenij van de door struikgewas omgeven spoorbaan terug naar Auckland en zijn vochtige winterse wereld en het licht hoog in de hemel, en terwijl Frank en ik wachtten op de officiële toezegging van de beurs en de cheque van driehonderd pond, kreeg mijn leven iets opwindends, omdat ik nu een vrijwel zichtbare 'toekomst' voor me had.

26

Advies voor de reizigster

Ik kreeg een officiële bevestiging van mijn reisbeurs, maar voordat de cheque werd verstuurd, wilde de adviescommissie dat ik een gesprek had met een van haar leden, juffrouw Louden, een oud-directrice van een school die in Auckland woonde. Nu bekend was dat ik langdurig opgenomen was geweest, vormde dit het begin van een serie onderzoeken naar mijn gezondheid door mensen die er zelf achter wilden komen of ik ongeneeslijk ziek was zoals de medische diagnose impliceerde, of dat er (zoals later tijdens mijn verblijf in Londen werd aangetoond) al de eerste keer dat ik werd opgenomen een vreselijke vergissing was gemaakt, waarna mijn toestand voortdurend verkeerd was geïnterpreteerd. De toen heersende opvatting in de literaire wereld werd bevestigd door het stukje in *De nieuwe Nieuw-Zeelandse encyclopedie* over mijn 'tragischerwijs gestoorde geestelijke vermogens' en 'labiele persoonlijkheid', een opvatting die vele malen werd nagebauwd door mensen die ik helemaal niet kende.

Toen hij over het gesprek hoorde, probeerde Frank me als gewoonlijk op te beuren.

'Dat stelt niets voor', zei hij. 'Je moet gewoon net doen alsof je een schoolmeisje bent en aardig en beleefd zijn tegen de directrice.'

Hij verzekerde me dat juffrouw Louden een aardige, gevoelige en verstandige vrouw was die, ongeacht wat ze van mijn 'verleden' vond, wel zou inzien dat het voor mij het verstandigst zou zijn om weg te gaan uit Nieuw-Zeeland.

Een paar dagen later ging ik met de bus naar Remuera voor mijn gesprek met juffrouw Louden die ik, bij de thee met scones en cake van weer zo'n sierlijk plateau, probeerde te overtuigen van mijn 'normaliteit' door me te presenteren als een gelukkige, gezonde vrouw. Net als de meeste andere gepensioneerde leraressen die ik kende, woonde juffrouw Louden in een huis dat volgepakt was met meubelen en boeken, in kamers waarin tapijten met roze en donkerrode patronen lagen, als in een bioscoop; zelf maakte ze de indruk volgepakt te zijn met Cultuur. Ik praatte op een, naar ik hoopte, onbevangen manier over mijn reis naar het buitenland, waarop ze over mijn schooltijd begon, en in antwoord op haar vragen over onderwerpen die eeuwen geleden waren afgesloten – sport, prefecten, het kopjaar – speelde ik het door haar gekozen spel van het verleden mee en somde mijn activiteiten van lang geleden op: aanvoerster van het B-basketbalteam, de gymtrofee, mijn eervolle vermelding, huisleidster zijn, enzovoort.

Het werd een prettige, maar nogal zweterige middag; en ik wist dat ik in mijn opzet was geslaagd toen Frank via de voortdurend onderhouden, gesmeerde en dus soepel draaiende literaire geruchtenmolen, waarvan hij in Auckland de beheerder leek te zijn, vernam dat juffrouw Louden me een 'normaal, gelukkig en gezond "meisje" had bevonden.

De cheque arriveerde. Ik staarde er vol ongeloof naar en liet hem toen aan Frank zien.

'Wat zal ik ermee doen?' vroeg ik. Ik had nog nooit een bankrekening gehad, want net als zo veel andere faciliteiten was een bankrekening niet iets voor 'ons soort mensen'. Bij ons thuis had alleen Myrtle ooit een bankrekening gehad, een spaarboekje bij de postspaarbank waar de ene week drieënhalve shilling werd ingelegd en de volgende week tweeënhalve shilling werd afgehaald, zodat die magische ene shilling waardoor je rekening 'open' scheen te blijven, erop bleef staan. Toen Myrtle stierf, kregen we die shilling en een paar pence terug, samen met het spaarboekje waarop *vervallen, opgeheven* stond gestempeld.

In plaats van zoals gewoonlijk te rusten ging Frank die middag met mij en de cheque naar de bank van New South Wales, waar hij me aan de directeur voorstelde. Hij zei dat hij me zeer kon aanbevelen als cliënte en prees me als schrijfster.

Mijn volgende stap was om achtenzeventig pond te betalen voor een slaapplaats in een zespersoonshut van de Ruahine, die eind juli van Wellington naar Southampton zou afvaren. Daarna vroeg ik een paspoort aan en maakte een afspraak voor mijn eerste pokkeninjectie. Mijn reis naar het buitenland was begonnen!

De adviezen stroomden binnen. Het eerste en meest waardevolle kwam van Jess Whitworth, die twee keer naar Europa was gereisd van wat ze had gespaard van haar pensioen; ze wist een logeeradres in Londen. Ik ging in Northcote op bezoek bij haar en haar man, Ernest, en luisterde de hele middag naar haar ontwapenende reisverhalen. Ze had haar eerste zeereis in haar eentje gemaakt toen ze zeventig was, terwijl Ernest, die geen belangstelling had voor fysieke reizen, thuis bleef met de stereoplatenspeler die hij had gebouwd om naar zijn verzameling platen van Schubert en Mozart te luisteren. Iedereen die Jess gekend heeft, is het erover eens dat ze een bijzondere vrouw was. Ze had getalenteerde kinderen uit haar eerste huwelijk met Oliver Duff. In haar boek *Otago interval* had ze een levendig verslag geschreven over hoe ze opgroeide als dochter van een caféhouder in Midden-Otago en over haar meisjestijd in Dunedin, een boek dat toen al niet meer verkrijgbaar was en veel mensen dus niet kenden. Jess was muzieklerares geweest en deelde haar liefde voor muziek met haar tweede echtgenoot. Ze was hartelijk, verstandig, belezen, avontuurlijk en zachtmoedig, en de paar jaar jongere Ernest was zeer aan haar verknocht.

Door een merkwaardig toeval raakte ik een halfjaar na mijn moeders dood bevriend met twee vrouwen van haar generatie die misschien in hun late jeugd iets met haar hadden gedeeld door hun liefde voor kunst en hun extra grote verbeeldingskracht, maar die toch sterk van elkaar verschilden doordat ze een ander leven hadden geleid en door wat in hen was achtergebleven na de lange strijd om te overleven. Jess had ook een periode meegemaakt met veel kinderen en luiers in een huishouden waar niet veel geld was. Paula of Paul Lincoln had zich losgemaakt van haar familie; mijn moeder was door haar huwelijk vervreemd van haar afkeurende familie. Toen ik zo naar Jess en haar reisverhalen luisterde, dacht ik ongewild terug aan het leven vol woorden die moeder nooit had uitgesproken: ik zag ze in enkele of dubbele rijen (zoals woorden dat doen) naar het puntje van haar tong marcheren om dan teruggestuurd te worden omdat het niet het juiste moment was, of omdat er niemand was om naar ze te luisteren, en zelfs haar haastig geschreven gedichten, ingezonden brieven aan de krant en gebeden aan God konden al die woedende opgesloten gevangenen niet bevrijden die het voorvertrek van haar gedachten bevolkten. Had ze maar 'voor zichzelf' kunnen spreken!

Jess zat vol goede raad: ik moest een paar kleine pannetjes kopen en een kookstel dat op metablokjes werkte, zodat ik in een hotel geld kon besparen door zelf thee te zetten, eieren te koken enzovoort. Ze kende een vrouw die een pension had in Clapham Common, met een rijtje tuinkamers achter het huis, legde Jess uit. Zij had altijd wel kamers vrij voor zeventien shilling per week. Ze raadde me aan voor de eerste paar nachten in Londen een kamer te nemen in een pension van het Genootschap der Vrienden op Euston Square. Ik kon maar het beste meteen schrijven om een kamer te reserveren. Zij had alleen 's zomers door Europa had gereisd met kookspullen, twee jurken, een onderjurk die ze ook als nachthemd gebruikte, en twee of drie lange broeken – dat wil zeggen met zo min mogelijk bagage – dus kon ze me geen advies geven over winterkleding. Ze stelde voor dat ik een geldriem zou aanschaffen.

'Een geldriem?'

'Daar kun je je geld in doen en hem om je middel dragen, of je kunt een geldtasje om je hals hangen, onder je kleding.'

'O.'

Jess ging ook altijd naar Salzburg, waar ze in een pension logeerde 'vlak om de hoek van Mozarts geboortehuis'. Voor ik die middag wegging, ging ze nog even achter haar oude walnootgouden piano zitten en speelde twee vroege stukken van Mozart.

Ze lachte. 'Wat heet "vroeg". Hij componeerde ze toen hij zes was!'

Daarna kreeg ik advies van vrienden van Frank, die net uit Spanje waren teruggekomen.

'Als je lang met je geld wilt doen, moet je naar Ibiza gaan', zeiden ze.

'Ibiza?'

'Je schrijft het met een "z", maar je spreekt het op zijn Spaans uit, een beetje slissend.'

'O.'

'Op Ibiza kun je van drie of vier pond per maand leven.'

Frank herinnerde me eraan dat Greville nu in Tossa woonde en een flat in Barcelona had. Hij zou haar schrijven, dan kon ze me in Barcelona afhalen en op de boot naar Ibiza zetten.

'Ik denk dat Ibiza wel wat voor mij is, want zo veel geld heb ik niet.'

'Kijk, hier ligt het op de kaart, vlak onder Majorca en Menorca. Majorca waar Robert Graves woont.'

'Robert Graves!'

We hadden zijn proza en gedichten gelezen. De vrienden van Frank vertelden dat vrienden van hen naar Majorca waren geweest en Robert Graves hadden bezocht. Ze hadden ook Freya Stark ontmoet.

'Freya Stark?'

'De reisboekenschrijfster.'

'O.'

Iedereen zat vol reisverhalen! Iedereen vertelde wat ik kon doen, waar ik naartoe moest gaan en wat ik daar kon verwachten, terwijl ik trots, blij en angstig luisterde. Op een avond kwam Una Platts met uitgelaten verhalen over de doorvaart door het Suezkanaal naar Londen. Het Suezkanaal. De handel in blanke slavinnen! Una droeg een plooirok van een stof die ze 'teryleen' noemde.

'Iets nieuws', zei ze. 'Die hoef je nooit meer te strijken. De plooien blijven er permanent in.'

(O, een rok met permanente plooien!)

Ik begon te bedenken welke kleding ik op reis moest meenemen. Mijn beeld van allerlei aspecten van het leven op het noordelijk halfrond, waaronder het weertype (opgedaan uit gretig gelezen beschrijvingen in de Angelsaksische 'Zwerver' en 'Zeereiziger'), was extreem, grimmig en angstaanjagend. Ik zag mijn kleding als op zijn minst een eerste bescherming tegen het noordelijke gevaar.

'Het enige wat je nodig hebt', zei Frank (die zijn advies net zo begon als mijn vader zou hebben gedaan), 'is de broek van Paul en een blouse. En het vest dat je gebreid hebt.' In de afgelopen weken van wachten was ik als een zwangere vrouw gaan breien; ik maakte een bovenmaatse grijze trui voor Frank en voor mezelf een groot bruin vest met capuchon. Het bruin had ik gekozen omdat ik niet dapper genoeg was om een échte kleur te kiezen. Ik had de afgelopen tijd de folders van de scheepvaartmaatschappij bestudeerd, waar indrukwekkende foto's in stonden van vrouwen in schitterende avondkleding en modieuze badpakken.

Ik was vooral onder de indruk van een foto van een vrouw in een nauwsluitende japon met blote rug die zich klaarmaakte voor het diner, terwijl een knappe man in jacquet haar rits dichtmaakte; ze lachten naar elkaar en zij wierp hem over haar schouder een romantische blik toe. Het leven aan boord werd afgeschilderd als één grote werveling van seksuele extase waarbij ogen en handen elkaar ontmoetten met de belofte van lijfelijk contact, en alle passagiers waren zo mooi, aantrekkelijk en naar de laatste mode gekleed, en overdag zo voortdurend actief bezig met flaneren, spelletjes en dineren aan tafels vol gebraden kalkoen, kreeften, pudding, champagne, en met dansen in de maanbeschenen uren, dat je je afvroeg of er wel genoeg energie overbleef voor de resterende activiteiten van die nacht. Ik kon haast niet geloven dat ik daarbij zou zijn, misschien zelfs wel in een blote avondjurk, terwijl iemand anders lachend mijn rits dichtdeed.

Mijn fantasieën verdwenen even snel als ze gekomen waren. Ik zou een Spartaans leven leiden. Kleren deden er niet toe.

En toen ik mijn driehonderd pond snel zag slinken, pakte ik een koffer vol met mijn redelijk nieuwe kleren, nam de veerboot naar de stad, waar ik te midden van het ochtendlijke winkelpubliek met hun witte handschoenen en hoeden zat, want in die tijd 'kleedde' men zich nog voor een bezoek aan de stad. Ik leurde met mijn kleren langs tweedehandswinkels waar ik al snel ontdekte dat mijn pleidooi van 'Ze zijn vrijwel splinternieuw' overal tot dezelfde reactie leidde: 'Maar vrijwel niets waard.' Oog in oog met de 'echte' wereld, waar niemand zich ergens iets van aantrok, waar mensen een onverschillig, meedogenloos gezicht hadden, stadsmensen waren, werden mijn misère en paniek groter en kon ik mezelf niet eens troosten door te denken: het geeft niet, want het gaf wel: ik had meer geld nodig. Ik wilde mijn grammofoon en de platen aan Frank geven, maar hij stond erop dat ik ze verkocht; de zoveelste winkelier met een onverschillig gezicht gaf me er tien pond voor en de platen gaf ik aan mijn zus. Als door een wonder stuurde een 'anonieme schenker', waarvan ik terecht veronderstelde dat het Charles Brasch was, vijftig pond naar Frank 'zodat Janet wat kleren kan kopen voor haar reis'. En verrassend genoeg hing ik nu de Spartaan uit en hield vol dat het zonde was om die vijftig pond 'alleen maar' aan kleren uit te geven. En weer nam ik de veerboot naar Auckland waar ik mijn nieuwe olijfgroene jas van Mademoiselle Modes hoopte te kunnen verkopen. Ik herinnerde me de moeite die het me had gekost om de tien pond bij elkaar te sparen en hoe leuk het was geweest om de jas te kopen, en ik dacht dat hij vast wel iets waard zou zijn.

'Twee shilling, meer niet', zei de winkelbediende.

Ik besloot dat ik hem liever hield dan te moeten aanzien hoe hij op een hoop glimmende, slobberige afgedankte kleding werd gegooid in de armoedige, naar zweet en mottenballen ruikende winkel.

Omdat ik mijn eigen reisplan wilde opstellen, kocht ik een oude *Fodor-gids voor Europa* die ik meenam naar de hut zonder hem aan Frank te laten zien, die het misschien een uitspatting zou vinden. Bij het lezen van de gids ging het me steeds meer duizelen en ik voelde me verward, opgewonden en gealarmeerd. Was reizen naar het buitenland echt zoals hier werd beschreven? De gids stond boordevol informatie die allemaal even belangrijk werd geacht, met veel opsommingen van wat je waar moest kopen, gegevens over de beste koopjes op het gebied van leer, zijde, wol, bont, porselein en sieraden, met namen erbij van winkels, steden en landen waar die goederen verkrijgbaar waren, in de veronderstelling dat in iedere reiziger een koopman school die op zoek was naar waardevolle koopjes. In de reisgids stonden ook lijsten met bezienswaardigheden – musea, galeries, kathedralen; rondleidingen; kleren die je op reis mee moest nemen; en ten slotte 'Veelgebruikte woorden en zinnen in diverse talen' (waar ik korte metten mee maakte door die pagina's eruit te scheuren en op karton te plakken om tijdens mijn reis te kunnen raadplegen).

Ik bestudeerde de kledingadviezen. Het boek benadrukte dat een reiziger naar het winterse Europa een dikke jas met een warme 'uitneembare' voering moest dragen, zodat de voering ook kon fungeren als kamerjas.

Ik kocht meteen vier meter goedkope molton stof met een blauwgrijs streepje en probeerde met weinig succes een voering voor mijn jas te naaien: het maaksel bolde en wilde niet 'mooi vallen' en delen ervan kwamen onder mijn jas uit. In een leger-dump kocht ik een groene canvas rugzak, een legerpannetje met inklapbare handgreep en drie kleine groene canvas zakjes, die deden denken aan de knikkerzak van een kind, om te gebruiken als geldtasje. Frank had gezegd dat een rugzak beter was dan een koffer. Zijn vrienden hadden me verzekerd dat je altijd een hutkoffer moest hebben als je per boot reisde. Hoe onthand zou ik zijn zonder hutkoffer, vroeg ik me af?

Ook bezoeken aan mijn zus in Northcote leverden me een hele collectie adviezen op. Toen een Engelse vriendin van mijn zus hoorde dat ik van plan was in Clapham Common een kamer te zoeken, staarde ze me vol afgrijzen aan.

'Toch zeker niet in Clapham? Dat kan ik je niet aanbevelen. Het is er vreselijk stédelijk', en al haar gevoelens ontlaadden zich in dat woord 'stedelijk'. Ik vroeg me af of ik het woord 'stedelijk' misschien verkeerd opvatte, of het tegenwoordig meer betekende dan 'van de stad'.

'Wat bedoel je precies met "stedelijk"?'

'Ach, je weet wel, stedelijk. Met fabrieken en zo.'

Vanaf dat moment had ik een beeld voor ogen van waar ik in

Londen zou wonen. Ik zag een verlaten straat voor me met louter fabrieken, enorme gebouwen als op een luchthaven, elk met een kleine grijze deur die op straat uitkwam. Mijn tuinkamer zou tussen twee fabrieken in staan, in een smal steegje waar een andere kleine deur naar een betonnen binnenplaats leidde, met geen spoor van een echte tuin; de naam bleek alleen gegeven in een opwelling van verlangen. Ik was helemaal alleen in een straat vol fabrieken, waar de machines dag en nacht stonden te stampen zonder dat er een mens aan te pas kwam. Ik dacht aan Jess Whitworth, die had beschreven hoe zij een grote stad 'bedwong': ze zocht eerst een kamer, liet daar haar bagage achter en ging er dan op uit om 'zich te oriënteren', waarbij ze de namen onthield van straten en van winkels waar ze inkopen kon doen. Na deze eerste verkenning ging ze terug naar haar kamer om 'op stoom' te komen (veel van haar metaforen waren afkomstig uit de scheepvaart) voor een nadere verkenning. Ik probeerde me voor te stellen hoe ik kilometers zou lopen zonder een spoor van mensen of winkels en weer terug zou keren naar mijn 'tuinkamer'. In die weken vóór mijn vertrek tolde mijn hoofd zo van de onheilspellende beelden van het noordelijk halfrond, dat ik me achteraf afvraag of ik wel zo nuchter was als ik zelf dacht, maar ik kan het deels verklaren uit het feit dat ik weer werd omringd door mensen die mijn toekomst aan het inrichten waren.

Ik speelde opnieuw de meegaande, passieve rol die me in de inrichting was opgedrongen, wat met mijn verlegen aard maar al te makkelijk was: op zijn best is het de rol van de koningin die wordt omringd door haar bedienden; op zijn slechtst die van slachtoffer zonder macht of bezittingen, en in beide gevallen ben je niet in het bezit van je eigen zelf, omdat iedereen belang heeft bij de voorziene toekomst.

Mijn paspoort kwam. Ik had mijn reisbescheiden (met een retourbiljet door toedoen van de anonieme weldoener van wie ik vijftig pond voor kleren had gekregen) al in huis en ik had een couchette gereserveerd op de nachtsneltrein naar Wellington.

Toen werd ik ziek, heel erg ziek van de pokkeninjectie. Ik dacht dat ik dood zou gaan. Ik lag in de hut en was maar half bij kennis. Frank voerde me met een lepel: *Farex* met melk, het soort voedsel dat baby's en jonge katjes krijgen die te jong bij de moeder zijn weggehaald. En juist toen ik wat herstelde van de pokkeninjectie, kreeg ik griep, de 'Spaanse griep' die zich in 1918 over Auckland uitbreidde. Ik herstelde maar langzaam, en zag ertegen op waar dan ook heen te moeten reizen. De altijd vriendelijke en geduldige Frank probeerde me op te vrolijken zoals je dat bij een ziek kind zou doen, en bracht dingen voor me mee ter afleiding en amusement – een glazen bol waarin het sneeuwde, een Japanse papieren bloem die zich in water ontvouwde. Hij hing een Chinees windorgel in de deuropening van de hut, waar het een tinkelend wijsje voortbracht als er een bries het raam binnenwaaide en door de deuropening weer naar de ruime tuin met de pawpaw-boom verdween.

Frank noch ik konden onze sombere gevoelens verhullen, het was alsof een eeuw ten einde liep of dat er een ras uitstierf dat vele miljoenen jaren had weten te overleven; de tijd werd geaccentueerd alsof die huiverde als hij werd aangeraakt of zelfs maar bekeken, als een diertje dat uit zijn schelp is gehaald; de tijd was als de zijderups die is afgesneden van al zijn zijde.

Onze vrienden Karl en Kay woonden niet meer in Auckland. We misten ze heel erg en zagen verlangend uit naar hun brieven uit Armidale. Maurice Duggan was wanhopig en kon niet werken. Op een dag nam Frank me mee naar Maurice en Barbara en de pawpaw-appelboom en we zaten in een lichte ruime kamer naar Victoria Los Angeles te luisteren en op een tafeltje lagen nummers van *The Paris Review. The Paris Review.* Ik keek naar

Maurice (die door Frank werd beschreven als een 'smachtende romanticus') en Barbara, en in mijn ogen waren ze heel knap en belezen en de subtiele kleuren in hun huis zouden de kunstdocent aan de kweekschool in vervoering hebben gebracht. Ik was nog altijd rijkelijk bedeeld met het vermogen me te vergapen en me te verwonderen over alles en iedereen en de hele wereld.

Er waren nog een paar dingen te doen: Albion Wright van Pegasus Press vond mijn titel *Sprake van schatten* niet mooi en stelde voor dat ik iets anders zou kiezen. Ik kwam met *Bij de klank van de zee*, maar hij zei dat er pas een boek was verschenen (van een onderwijzer) dat *Bij de klank van de bel* heette. Dan misschien *Wanneer uilen roepen?* zei ik. Nee, *Uilen roepen*, zei hij.

's Avonds luisterde ik nu naar het nieuwste onderwerp van gesprek. 'Janet gaat op Ibiza wonen zolang haar geld strekt...' 'Janet is van plan eerst naar Londen te gaan en dan de trein naar het zuiden te nemen... waarschijnlijk overnacht ze dan in Parijs... gaat daarna naar Barcelona... dan neemt ze de boot naar de Balearen... Janet is... Janet gaat... Janet heeft...'

Mijn somberheid maakte plaats voor een gevoel van avontuur. Ik wist dat Franks somberheid opluchting camoufleerde: hij had straks meer rust om verder te schrijven. Ik kon me niet eens meer herinneren hoe we hadden besloten dat ik naar het buitenland zou gaan; ik wist alleen dat er geen weg terug meer was. Als mijn pad wel terugvoerde, zou ik geen tweede kans om te overleven krijgen. Ik kon maar beter het land ontvluchten waar al sinds mijn studententijd het anderszijn dat alleen mijzelf was, of zelfs mijn ambitie om te schrijven, beschouwd was als een teken van abnormaliteit.

Maar o, wat was ik geïntimideerd door de lengte en onbekendheid van het pad dat zich voor me uitstrekte, de zeereis over de immense Stille Oceaan, de oversteek van het Kanaal, de nacht in Parijs, de reis door Frankrijk en Spanje, de oversteek van de Middellandse Zee! Waarom toch? Ik werd toen, net als altijd, gesterkt door het vooruitzicht dat ik 'door de ogen van Shelley' het landschap zou zien en

De blauwe Middellandse Zee uit zijn zomerdromen
Deed ontwaken, zoals hij daar lag,
In slaap gesust door het kronkelen van zijn kristallijnen
stromen.

27

De reizigster

Als de hoofdpersoon uit een mythe die zich opmaakt voor een lange reis, moest ik eerst een beproeving ondergaan, een louteringsproces onder toezicht van mijn familie dat vier dagen zou duren, daarna vertrok mijn schip. Ik zou bij tante Polly en oom Vere in Petone logeren, terwijl mijn vader, die in deze tijd van het jaar meestal naar het noorden reisde voor de rugbywedstrijden, ook naar Wellington zou komen en bij tante Polly zou logeren. Ook Elsie en Joy, de twee zusters van moeder, hoopten dat ze me in Wellington konden ontmoeten. Na een lange treinzieke reis vanuit Auckland zag ik als een berg op tegen het proces van bijschaven dat ontstaat door natuurlijke wrijving binnen families.

In Petone wees tante Polly me mijn bed, een lage stretcher die vlak achter de deur van de huiskamer stond, dicht genoeg bij de vloer om de ijzige tocht op te vangen die onder de achterdeur doorkwam.

'Je vader slaapt natuurlijk in de logeerkamer.'

'Ja, natuurlijk.'

Ze nam me streng op. 'Ik begrijp niet waarom je je vader alleen laat om helemaal naar het buitenland te gaan. Je moeder is pas overleden en jouw plaats is thuis om voor je vader te zorgen.'

Daar had ik geen antwoord op. We zouden pa de volgende morgen afhalen bij de pier van de veerboot.

Vervolgens richtte tante Polly haar aandacht op mijn kleding. (Tante Polly, de handige kleermaakster, die zelfs nu nog haar werkkamertje vol had liggen met 'moeilijk' naaiwerk – herenoverjassen, pantalons, kostuums en japonnen met ingewikkelde mouwen en lijfjes.)

'Waarom heb je in vredesnaam dat vreselijke vest aan? Het is veel te groot en het is een afschuwelijke kleur. Het ís helemaal geen kleur. Je ziet eruit als een kluit aarde. En je hele figuur tekent zich door je rok af!'

'Ik heb het vest zelf gebreid', zei ik trots. 'En het is een kleur die overal bij past.'

'Het is een saaie kleur.'

Toen tante Polly haar hart had gelucht, werd ze vriendelijker. 'Zo, dus jij hebt griep gehad. Pas maar op dat je niet weer kouvat.'

Toen 's avonds de lange zachtaardige oom Vere met zijn bruine koeienogen thuiskwam van zijn werk in de autofabriek, onderwierp tante Polly hem op zijn beurt aan haar oordeel over zijn uiterlijk. 'Kijk nou toch eens hoe je sjaal zit, dat hoort helemaal niet zo. En wat heb je met je jas uitgevoerd dat die zo raar valt?'

Kleermaakster van de wereld! Als een kunstenaar die voortdurend door een kader ziet en objecten uitlicht en bevriest om ze door verbeeldingskracht te transformeren.

Toen oom Vere tot tante Polly's tevredenheid was getransformeerd, was er weer plaats voor gewone conversatie, zelfs vriendelijkheid en vrolijkheid.

Ik ging vroeg naar bed en kroop onder de enige deken, terwijl de snijdende Wellingtonse wind onder de deur en mijn doorgezakte stretcher door joeg.

De volgende ochtend reed tante Polly me in haar kikkergroene auto naar de veerboot om pa af te halen, en toen ik hem de loopplank zag afkomen met zijn grijzende haar dat nog grijzer leek door het winterse licht van de hemel en de zee, en de verloren blik op zijn gezicht die voortkwam uit de innerlijke chaos van het rouwen (hoewel hij er uiterlijk verzorgd uitzag met zijn gepoetste schoenen en zondagse pak), barstte ik in tranen uit en liep op hem af. Ik had hem na moeders overlijden niet meer gezien. Zijn lip, die kinderlijk pruilde, begon te trillen en we omhelsden elkaar en huilden. In tegenstelling tot tante Polly was pa trots op mijn reisbeurs en mijn reis naar het buitenland, en als zijn trots was gewekt, overheerste die altijd andere, pijnlijker gevoelens.

'Zo, dus jij gaat naar huis', zei hij.

Ik was verbijsterd. Ik had hem het noordelijk halfrond nog nooit thuis horen noemen; meestal lachte hij mensen uit als ze het Verenigd Koninkrijk thuis noemden; ik had hem minachtend horen zeggen: 'Thuis, je kan me wat. Thuis is hier. Anders ga ik in hink-stap-sprong naar Puketeraki.'

In die paar dagen heb ik hem een aantal keren horen zeggen: 'Janet gaat naar huis, weet je.' Ik merkte dat dit me een prestige verleende dat bijna mijn identiteit als 'het gekke nichtje' overschaduwde. Ik was nu het 'nichtje dat naar het buitenland gaat, naar húís'.

Plotseling realiseerde ik me dat mijn vaders gebruik van 'naar huis' gaan een aanpassing was aan het taalgebruik van tante Polly en oom Vere en de andere familieleden, want hij had uit intuïtieve hoffelijkheid of afkeer van afwijkend gedrag hun taalgebruik overgenomen. Hij hanteerde ook zijn mes en vork anders, zoals tante Polly dat deed. En hij liet niet één keer een wind. Zoals gezegd vond de familie dat tante Polly en oom Vere zich 'in betere kringen' bewogen, een schemerig, grillig gebied dat werd beheerst door een paar burgemeesters en gemeenteraadsleden en andere erkend 'belangrijke' mensen. 'Hij is niet zomaar iemand, weet je', zei tante Polly vaak. Ik heb haar nooit over iemand horen zeggen 'Hij is zomaar iemand', maar ze impliceerde wel dat niet iedereen iemand was.

Met de zusters van moeder, Elsie en Joy, ging ik 's morgens theedrinken bij Kirkcaldies. Ook zij hadden kritiek op mijn kleding en op het feit dat ik 'de ware' nog niet had gevonden, dat wil zeggen ongetrouwd was, maar hun kritiek was vrij van scherpte en bitterheid. Het waren prachtige vrouwen die wegsmolten in gelach als ze herinneringen ophaalden over Kirkcaldies zoals het in hun jeugd was geweest. Ze waren zachtmoedig, vriendelijk en bezorgd, en in de bruine ogen van tante Joy was af en toe een flits van angst en schrik zichtbaar als in de blik van een wild dier, maar omdat ik haar niet goed kende, kon ik alleen maar gissen naar de oorsprong daarvan.

Ze waren het er allebei over eens dat ik een dikkere jas nodig had voor de noordelijke winter en kochten samen een warme bruine winterjas voor me.

'Zo, nu zie je er beter uit', zeiden ze.

En zelfs tante Polly keurde mijn nieuwe jas goed.

'Dan zie je in ieder geval dat vreselijke vest niet meer.'

Ik vergaf het haar; het is een grote verantwoordelijkheid om kleermaakster van de hele wereld te zijn.

De Ruahine kwam de haven binnenvaren. Het was de avond van mijn vertrek. Tante Polly, oom Vere en pa brachten me aan boord van het schip en hielpen me de zespersoonshut te vinden die een paar verdiepingen onder het hoofddek lag; daarna gingen ze van boord, bijna alsof ze bang waren te worden opgesloten, alsof het schip een gevangenis was.

'We blijven niet om haar uit te zwaaien.'

Pa sprak trots over het schip zoals hij vroeger over de locomotief sprak, die hij ook 'zij' en 'haar' noemde. Rivieren noemde hij ook 'zij', wanneer hij ze met een scherp oog voor het weer bekeek en waarschuwde: 'Ze komt vuil opzetten...'

Ik voegde me aan dek bij een menigte passagiers die serpentines gooiden, die werden opgevangen door de toeschouwers op de kade, want in die tijd was het reizen per schip nog een gedenkwaardige gebeurtenis. Er was een fanfarekorps dat oude wijsjes speelde, Maori-liederen en een paar militaire marsen. Ik bleef aan dek om nog een glimp op te vangen van tante Polly, die er kwetsbaar mooi uitzag in haar blauwe mantel, van oom Vere, die rijzig naast haar stond, en van Pa, die ineengedoken tegen de wind in de luwte van een gebouw op de kade stond. Toen zwaaide ik voor de laatste keer, omklemde het vijfpondbiljet dat tante Polly me had toegestopt met de gefluisterde woorden: 'Iets van oom Vere en mij', en liep naar de trap op het moment dat de band 'Now is the hour' begon te spelen, en de muziek reikte als een lange lepel tot diep binnen in me en roerde en roerde.

Ik ging naar mijn zespersoonshut. Het onderste bed bij de deur was van mij. Op aanraden van mensen die het konden weten, had ik een hartvormig flesje met naar lavendel geurend reukzout meegenomen en een trommeltje waterbiscuits en een buisje Kwells-tabletten tegen zeeziekte. Ik legde ze met enige minachting in een laatje, omdat ik wist dat ik ze niet nodig zou hebben. Ik voelde het stampen van de motoren en de trage beweging van het schip toen het de haven van Wellington uit voer.

Het gaat goed, dacht ik, en alle angst om zeeziek te worden verdween. 'Mijn eerste zeereis en alles verloopt gladjes.'

Ik ging weer aan dek. Het was nog te vroeg om passagiers in avondkleding te zien dansen, maar ergens vandaan klonk muziek en gelach en gepraat.

Heel in de verte zag je nog de lichtjes van Wellington. Ik leunde over de railing en kon wel huilen van angst en verrukking. Toen veranderde de beweging van het schip in een veel heftiger rijzen en dalen en begon het schip te rollen: we waren op open zee. Mijn reis was begonnen.

Korte verantwoording van de vertaalsters

Voor de geciteerde gedichten is zo veel mogelijk gebruikge-
maakt van bestaande vertalingen; in de overige gevallen
hebben wij de vertaling zelf verzorgd.

Voor haar onschatbare hulp bij de vertaling van dit boek
zijn wij Jo Nesbitt zeer dankbaar.

Ook willen we de Queen Elizabeth II Arts Council van
Nieuw-Zeeland en Fletcher Challenge Finance Ltd., Nieuw-
Zeeland, danken voor hun financiële bijdrage.

Anneke Bok en May van Sligter

Janet Frame bij De Geus

Naar het Is-Land

Het eerste deel van Janet Frames autobiografische drieluik.
Een Nieuw-Zeelands meisje groeit op in de jaren dertig. Ondanks de bittere armoede en schokkende gebeurtenissen in de familie ontwikkelt ze haar grote literaire talent en ziet kans aan een universitaire studie te beginnen.

De Herinneringsbloem

De herontdekking van de mystieke Maori-legende van de Herinneringsbloem lokt toeristen naar het onbeduidende stadje Puamahara in Nieuw-Zeeland. Volgens de overlevering is Puamahara ontstaan op de plaats waar de Herinneringsbloem verdween. De rijke Amerikaanse Mattina Brecon reist graag en heeft een romantische belangstelling voor autochtonen en hun cultuur. Een brochure over Puamahara wekt haar belangstelling.
Tijdens haar verblijf in het stadje legt ze een verzameling geschreven portretten aan van de bewoners. Mattina ontdekt dat de werkelijkheid achter de oppervlakkige façade die toeristen te zien krijgen vaak hard en ontnuchterend is.

De gezant van Spiegelstad

Het laatste deel van Janet Frames autobiografische drieluik, waarin Frame vertelt over haar eerste reis naar Europa. Ze woont in Londen en gaat naar Ibiza en Andorra. Weer in Londen wordt na onderzoek door Engelse psychiaters vastgesteld dat ze nooit aan schizofrenie kan hebben geleden. Na de dood van haar vader keert ze terug naar Nieuw-Zeeland, waar ze merkt dat haar reputatie gevestigd is.

De lagune

In de vierentwintig korte tot zeer korte verhalen die deze debuutbundel telt, blinkt Janet Frame uit door haar bijzondere observatievermogen, een fijn gevoel voor sfeer en psychologische nuance en een ongewone sensitiviteit voor taal en stijl. Veel van de verhalen gaan over kleine, maar veelbetekende kinderervaringen. Frames solidariteit met haar dikwijls kwetsbare personages is op elke bladzijde voelbaar.

Gezichten in het water

Acht jaar van haar leven bracht Janet Frame, op grond van een verkeerde diagnose, door in een psychiatrische inrichting. De wederwaardigheden en gevoelens van Istina, de hoofdpersoon in deze roman, geven voor een belangrijk deel die van de schrijfster zelf weer: de verwarring, de voortdurende angst, de talloze elektroshockbehandelingen, de onmacht en soms ook wreedheid van het verplegend personeel, en de toenemende dreiging van de hersenoperatie 'die alle problemen zal oplossen'…

Uilen roepen

Francie, Toby, Daphne en Chicks zoeken naar schatten op hun liefste speelterrein, de vuilnisbelt. Ze dromen van een gelukkige toekomst, maar wat staat verder af van een kinderdroom dan de dood, ziekte en opname in een psychiatrische inrichting?
In Janet Frames debuutroman, waarin de kwetsbare, poëtische Daphne en haar belevingswereld centraal staan, verwerkt de schrijfster de thema's en motieven die in haar latere, onverbloemd autobiografische romans terugkeren.